창세기 1장 vs 진화론

창조주
하나님

지은이 | 이재만
초판 발행 | 2014. 1. 20.
16쇄 발행 | 2024. 10. 29.

등록번호 | 제3-203호
등록된 곳 | 서울특별시 용산구 서빙고로65길 38
발행처 | 사단법인 두란노서원
영업부 | 2078-3333   FAX | 080-749-3705
출판부 | 2078-3477

▌책 값은 뒤표지에 있습니다.
 ISBN 978-89-531-2006-8 03230

▌독자의 의견을 기다립니다.
 tpress@duranno.com   www.duranno.com

두란노서원은 바울 사도가 3차 전도여행 때 에베소에서 성령 받은 제자들을 따로 세워 하나님의 말씀으로 양육하던 장소입니다. 사도행전 19장 8-20절의 정신에 따라 첫째 목회자를 돕는 사역과 평신도를 훈련시키는 사역, 둘째 세계선교TIM와 문서선교단행본·잡지 사역, 셋째 예수문화 및 경배와 찬양 사역, 그리고 가정·상담 사역 등을 감당하고 있습니다. 1980년 12월 22일에 창립된 두란노서원은 주님 오실 때까지 이 사역들을 계속할 것입니다.

창조주 하나님

창세기 1장 vs 진화론

이재만 지음

두란노

추천사

이 시대의 가장 중요한 영적 전쟁터는 창세기 1장이다. 하나님께서 창조주이 심을 선포하는 창세기 1장이 무너지면 나머지 모든 성경이 무너지기 때문이다. 이러한 영적 전쟁의 한복판에 있는 창조과학은 하나님의 창조를 인간의 과학으로 증명하지 않고 창조 질서와 하나님께서 만드신 과학 법칙이 서로 모순 되지 않음을 이해하여 창조 신앙을 돕는 것이다. 그래서 이재만 선교사님의 글과 강의는 언제나 전투적이다. 이 전쟁에서 승리하려면 정확한 진리만을 전해야 하기 때문이다.《창조주 하나님》은 우리가 믿는 진리의 제1막 1장을 다시 세우는 소중한 머릿돌이 될 것으로 확신한다.

이재훈 온누리교회 담임목사

저자와 함께 했던 창조과학여행을 나는 평생 잊지 못한다. 창조론에 대한 정확한 이해와 함께 진화론이 얼마나 잘못된 가설인가를 깨닫도록 도와주었기 때문이다. 저자가 이번에 쓴 책은 창조주 하나님만을 증거하고 있다. 창조론과 진화론의 차이를 구체적으로 잘 설명해 준다. 또한 창조의 현장에서 창조에 동참하신 예수님을 증거 한다. 이 책은 하나님의 형상을 따라 창조된 인간이 얼마나 존귀한 존재인가를 보여 준다. 이 책을 창조론을 더 깊이 이해하고 싶어 하는 모든 그리스도인들에게 추천한다.

강준민 새생명비전교회 담임목사

이성 없는 신앙은 맹목적이며, 신앙 없는 이성은 공허하다고 합니다. 이재만 선교사는 우리 신앙과 이성^{과학}의 균형을 찾는 분입니다. 이 책은 그 균형을 위한 고민의 결과입니다. 무엇보다 우리가 알고 있는 창조의 이야기를 과학적이지만 난해하지 않게 설명해 주고 있으며, 또한 진화론의 허점을 구석구석 밝히고 있습니다. 메마른 과학으로 인한 마음의 공허함을 채우기 원하면서도 맹목적이지 않은 신앙을 추구하는 분들에게, 그리고 진화론이라는 거대한 도전 앞에 신앙의 길을 모색하는 분들께 적극 추천합니다.

권오서 춘천중앙교회 담임목사

앞서의 전작들로 우리가 가졌던 진화론의 패러다임이 깨졌듯이 이제 창세기 1장을 통해서 우리의 참된 역사인 성경에서 떠난 자녀들이 하나님과 성경, 그리고 교회로 돌아올 것을 믿습니다. 저도 열역학 제2법칙을 가르칠 때는 진화론이 잘못되었음을 분명히 설명하겠습니다.

김문찬 부산대학교 조선해양공학과 교수

과학적으로 진화는 이미 그 오류가 끝없이 발견됨으로 상상의 이론으로 격하된지 오래입니다. 그럼에도 진화론이 아직 명맥을 유지하는 이유는 과거 진화론으로 교육 받은 사람들이 진화론의 허상을 미처 접하지 못했기 때문입니다. 이제 그들에게 이 세상이 어떻게 조성되었는지 진실을 알려 주어야 합니다. 이 책이 중요한 역할을 하리라 믿습니다.

김인중 안산동산교회 담임목사

이재만 교수의 다른 책처럼, 처음 독서를 시작한 후 마지막 페이지에 이르기까지 결코 멈출 수 없는 책이다. 진화론은 일종의 믿음이다. 진화론 교과서를 무비판적으로 공부하고 신봉하는 것으로 우리가 진리에 더 가까워졌다고 착각해서는 안 된다. 이 책은 진화론적 세속사조에 대한 영적 전쟁의 선포이다. 이는 진화론적 전제를 믿으면서도 스스로를 과학적이라고 간주하는 사람들이 허공 위에 서 있음 지적하는 역작이다. 이 책은 21세기 기독교계의 세계관 전쟁을 이끄는 기드온의 횃불과 나팔이다. 이 책의 도전은 자연과학, 인문학, 그리고 사회과학, 철학 및 신학 등 각 영역의 전문가들로 하여금 성경에 입각한 진지한 각론을 쓰도록 격려하고 있다는 점이다.

민종기 충현선교교회 담임목사

지난 수십 년 동안 인류 사회는 잘못된 논리인 진화론 때문에 고통을 받았다. 주님께서 저자를 통해 창조의 진리를 분명하게 깨달을 수 있는 귀한 책을 주심에 감사하며 모든 성도와 자녀가 이 책을 읽고 이 시대를 창조주 하나님만을 믿는 믿음으로 살며 하나님이 보시기에 좋았던 세상을 다시 회복할 수 있기를 소망한다.

박은조 은혜 샘물교회 담임목사

창조신앙은 기독교 신앙의 근본적인 것입니다. 창조와 타락, 구속과 완성은 기독교 세계관의 4개의 기둥입니다. 어느 것 하나만 믿고, 안 믿고의 문제가 아닙니다. 기독교 세계관의 바른 형성을 위해 이 시대의 모든 그리스도인들 특히 젊은 신앙인들이 이 책을 읽었으면 하는 바람이 있습니다. 이재만 선교사는 과학자로서 오랫동안 창조 신앙의 기초인 성경연구 특히 창세기 연구에 몰두해 왔고 창조과학 투어를 인도해 왔습니다. 이 책을 통해 창조신앙의 성경적 근거를 확신하고 세상을 향해 성경적 진리를 담대하게 증거하는 부흥이 있기를 기도합니다.

이동원 지구촌교회 원로목사

하나님 앞에 겸손하고 순수하게 살아가는 저자의 모습과 창조과학에 대한 분명한 이해와 전공 분야에 대한 깊은 지식이 우리의 마음과 머리를 풍요롭게 한다. 이 책을 다 읽고 나면, 만물의 주인이시며 내 삶을 이끌어 주신 창조주 하나님께서 동일하게 당신에게도 와 주실 것이다.

이승규 서울 아산병원 간담도, 간이식외과 교수, 대한민국학술원 회원

자연과학인 의학자로서 나는 '창조는 신학이고 진화는 과학이다'라고 믿었다. 당연히 성경의 시작인 창세기부터 과학적으로는 믿어지기가 어려웠다. 내적 갈등 속에서 성경을 읽을 수 밖에 없었다. 창조과학을 통해서 그리고 이재만 선교사를 통하여 창조가 과학임을 깨닫게 되었다. 창세기가 믿어지니 신구약이 모두 진실이며 과학임을 알았다. 이제는 보고 믿는 믿음보다 보지 않고도 믿는 믿음이 더 귀한 것임을 고백한다.

이철 연세대학교의료원 의무부총장 겸 의료원장

이 책은 저에게 창세기 1장을 통해 성경 전체를 보고, 하나님의 마음을 알고, 창조주 예수님을 만나는 시간을 주었습니다. 성령님이 이재만 선교사님과 함께하셔서 창세기 1장을 통해 성경에 계시된 창조주 하나님의 은혜와 사랑을 만나게 했습니다. 이 책은 말씀대로 창조를 전하는 저자의 깊은 지적 통찰과 성경적 해석에 큰 감동을 받게 됩니다. 진지하게 창조와 진화를 고민하는 분들과 예수님을 영접한 기독 신앙들인들에게 창조의 증인이시며, 구원자이신 창조주 예수님을 만나는 기회가 되는 이 책을 적극 추천합니다.

정선호 건국대학교 생명특성화대학 특성화학부 교수

드디어 꼭 필요한 책이 나왔습니다. 21세기에 들어서자마자 포스트모더니즘에 영향으로 상대주의 신앙으로 물들어가고 있는 이때, 이재만 선교사의 절대 신앙과 성경이 말하는 창조 신앙을 과학적으로 설명해 주는 역작입니다. 이 책은 일반 신자는 물론이요, 신학자들에게까지 좀먹고 있는 진화론적 사고방식이 어디서부터 잘못되었는지 명확하게 규명해줄 것입니다. 그리고 우리를 창조 신앙의 풍성함과 행복으로 이끌어줄 것이 분명합니다.

조봉희 지구촌교회 담임목사

멸망으로 치닫는 불신자들의 구원과, 이미 믿으면서도 때때로 흔들림을 경험하는 자들을 견고하게 세워 주기 위해, 하나님이 이 시대에 보배롭게 쓰시는 이재만 교수님이 성 귀한 저서를 다시 출간하게 됨을 무한히 기뻐하며 하나님께 감사드립니다. 기도하면서, 보혜사 성령님의 인도함을 따라 쓴 이 책을 접하는 모든 분들이 이 책을 다 읽기 전에, 살아 계신 하나님을 만나게 될 것이고 이 신비로운 하늘과 땅과 그 가운데 있는 모든 것을 지으신 창조주 하나님 앞에 엎드려 경배하며 무한한 감격과 기쁨과 은혜를 힘입게 되리라는 믿음을 가지게 됩니다. 아무쪼록 많은 분이 이 책을 통해 주시는 하나님의 구원과 사랑과 은혜를 풍성하게 경험하게 되길 기도드립니다.

지용수 양곡교회 담임목사

감사의 글

이 책은 여러분의 도움으로 이루어졌습니다.

많은 분들께서 글을 읽어 주시고 바로 잡아 주셨습니다. 표현 하나하나를 꼼꼼하게 지적해주신 김우실 집사님과 노휘성 사모님, 바쁜 가운데 교정해 주신 미시건주립대의 정상협 교수님과 조희천 형제님께 감사드립니다. 여러 조언과 교정을 해주신 풀러신학교에서 유학 중이신 이대학, 이현재, 이현철, 최영진 목사님께도 감사의 인사드립니다. 책이 나오기 전에 마지막 글을 읽어 주신 큰누나 이미혜 사모께 감사드립니다. 이분들의 도움으로 훨씬 이해하기 쉽고 잘 짜여진 책이 되었습니다.

특별히 천문학 분야를 감수해 주신 이동용 박사님께 감사드립니다. 저와 함께 전임사역 하시는 최우성 박사님의 도움도 빼놓을 수 없습니다.

또한 기꺼이 추천사를 작성해 주신 강준민 목사님, 권오서 목사님, 김문찬 교수님, 김인중 목사님, 박은조 목사님, 이재훈 목사님, 이철 박사님, 정선호 교수님, 조봉희 목사님, 지용수 목사님께 감사의 인사를 전합니다.

그리고 무엇보다 제게 성경을 처음 주신 분이시며, 간절한 기도로 항상 힘을 주시는 부모님께 감사드립니다.

일 년의 반 이상 집을 비우고, 책을 쓴다는 이유로 밤낮 가리지 않는 저이지만, 사무실을 오갈 때도 격려로 함께 해준 아내 이향배와 늘 밝은 모습으로 아빠에게 힘을 주는 두 딸 은지, 은실에게는 감사란 말을 하는 것이 오히려 미안합니다.

이 시대에 창조과학 분야의 중요성을 아시고 창조과학선교회에 사역에 한결 같은 기도와 물질로 후원해 주실 뿐만 아니라, 다음 세대 사역자를 위한 ITCM^{Intensive Training for Creation Ministry, 창조사역집중훈련}에 묵묵히 도움을 주신 여러분 없이는 이 책이 나올 수 없었습니다.

마지막으로 이 책을 쓰는 동안 밤잠과 새벽잠을 깨우기도 하시고, 찬양하게도 하시고, 안타깝게도 하시고, 기뻐 감격하게 하신 하나님께 모든 영광을 돌립니다.

"모든 이론을 무너뜨리며 하나님 아는 것을 대적하여 높아진 것을 다 무너뜨리고 모든 생각을 사로잡아 그리스도에게 복종하게 하니"^{고후 10:5}

목차

그랜드캐니언에서 만난 예수님

"이스라엘 성지순례를 가장 많이 간 나라가 어딘지 아세요? 바로 일본입니다."

일본인들을 대상으로 매년 열리는 창조과학탐사가 어느덧 여덟 번째를 맞았다. 300회 가까이 탐사를 진행해 온 것에 비하면 일본인 대상 탐사는 아직 시작 단계이지만, 창조과학을 통해 선교의 사명을 감당하도록 허락하신 하나님께 늘 감사하다. 또한 이들만이 갖고 있는 독특한 분위기 때문에 인도하는 것 자체만으로도 많은 것을 배운다.

위의 질문은 일본에서 탐사 참가자를 모집해 오는 일을 담당하고 있는 마츠자키 씨가 지난해 그랜드캐니언에서 내게 던진 말이다. 기독교 인구가 0.2퍼센트밖에 안 되는 나라가 성지순례 참석 비율이 가장 높다는 것이 놀

창조주 하나님

랍지 않은가? 그러나 그 다음 마츠자키 씨의 말은 귀 기울일 필요가 있었다.

"그러나 성지순례에서 예수님을 만나는 사람은 아무도 없습니다!"

그들은 이스라엘을 4대 성인 중 한 명이 살던 곳으로 의미를 둘 뿐, 예수님을 자신의 진정한 구원자로 받아들이지는 않는다.

마츠자키 씨와 대화하며 몇 년 전 일본인 창조과학탐사에 참석했던 한 부부가 생각났다. 아내는 그리스도인이지만 남편은 교회를 다니지 않았다. 이름도 독특하게 '유다'湯田, ゆだ 였다. 탐사에 동행했던 CGN-TV에서 유다 씨의 변화를 밀착 촬영해 〈창세기 속으로〉라는 제목으로 두 편의 멋진 다큐멘터리를 제작했다. 창조과학탐사 첫날, 유다 씨는 아주 단호했다.

"난 하나님이나 그리스도를 잘 몰라요."

"아내가 미국 간다고 해서 따라왔어요."

"선교사님이 하나님에 대해 아무리 말씀하셔도 소용없습니다."

"저는 그저 그랜드캐니언을 보기 위해 왔습니다."

유다 씨는 첫날 버스에서 강의를 들을 때도 지루해 했고, 저녁 식사 후 진행되는 정리 강의도 참석하지 않았다. 그러나 이동 중에는 어쩔 수 없이 강의를 들어야만 했다. 그러면서 그는 차차 변하기 시작했다. 버스에서의 강연과 비디오 시청, 숙소에서의 정리 세미나에서 나오는 이야기에 조금씩 관심을 보였다. 촬영 팀이 이 변화를 놓칠리 없었다. 드디어 셋째 날 그랜드캐니언에서는 활짝 웃는 표정도 카메라에 잡혔다. 다음 날 오후, 자이언캐니언을 통과하며 피디가 마이크를 가까이 대었을 때 처음으로 긍정적인 반응이 나왔다.

"하나님 말인가요? 무작정 생각을 바꾸라고 해서 되는 일이 아니죠. 이번 탐사를 통해 65년 동안 흔들리지 않던 마음이 일주일 사이에 바뀌려 해요. 그랜드캐니언은 자연적으로 생긴 것이 아니라는 생각이 듭니다."

마지막 날, 저녁 얼바인 온누리교회에서 마무리 집회를 가졌다. 유다 씨의 아내가 간증을 마치고 기도할 무렵이었다. 그가 고개 숙여 눈물을 닦더니 남들 몰래 슬그머니 일어나 화장실로 향했다. 그리고 얼굴을 정돈하곤 자리에 돌아왔다. 이 모습이 고스란히 카메라에 잡혔다. 분명히 심경의 변화가 찾아온 것이다.

그날 밤 숙소에서 진행된 인터뷰는 이 추측이 틀리지 않았음을 보여 주었다.

"BOX방주에 타셨습니까? 아직 타지 않으셨습니까?"

정말 기막힌 질문이었다. 창조과학탐사에서 가장 많이 다루는 내용이 노아 홍수 심판 사건에 대한 증거들이다. 실제로 지금 우리가 살고 있는 지구는 창조 때의 모습이 아니라 심판 이후 모습이며 그 증거가 도처에 널려 있기 때문이다. 홍수 심판 동안 방주는 하나님이 만드신 유일한 구원 도구가 아닌가? 방주는 탑승자가 운전할 수 있는 보트가 아니라 조정할 도구가 전혀 없는 박스 모양인데, 이 방주에 대하여 설명할 때 유일한 구원자 예수님을 전했다. 이 진지하고 흥미로운 내용을 유다 씨가 들었음에 틀림없다. 피디가 프로그램 전체 내용과 의미를 함축해서 지혜롭게 물어본 것이었다.

그는 잠시 망설였으나 곧 대답했다.

"선교사님 말씀을 듣고 BOX방주에 타야겠다고 생각했습니다. 이 여행에 참석했기 때문에 가능한 변화지요."

이와 같은 변화는 단지 유다 씨만이 아니다. 창조과학탐사를 거쳤던 대부분의 일본인들에게 나오는 반응이다. 예수님이 이 땅에 오셔서 이적을 행한 곳을 방문하는 성지순례에서도 만나지 못한 예수님을 왜 성경에 등장하지도 않은 미국 대륙 한 귀퉁이 그랜드캐니언에서 만나게 되는 것일까?

몇 년 전 가졌던 중국인 창조과학탐사도 마찬가지였다. 당시 참가자는 그리스도인과 미국에 와 있던 열다섯 명의 중국인 교환교수였다. 그들은 시종일관 조용했다. 무덤덤해 보이던 이들은 마지막 날 소감 시간에 자신들의 변화를 고백했다.

"미국에 온 이래 가장 의미 있는 시간이었습니다!"

"좋은 기회를 주신 교회에 감사드립니다!"

1년 반 뒤 LA공항에서 당시 통역을 맡았던 목사님을 우연히 만났다. 그때 참석했던 중국인들에 대해 물으니 놀라운 이야기를 들려주었다.

"그중 다섯 명이 세례를 받고 중국으로 돌아갔습니다!"

우리나라 사람도 예외는 아니다. 복음이란 예수님을 믿고 영접하면 구원을 얻는다는 의미다. 성경 전체가 복음이다. 창세기 첫 장부터 요한계시록 마지막 장까지. 예수님은 신약시대에 육신으로 오신 것일 뿐, 그분은 이미 태초 이전부터 계셨다.

*"이 복음은 하나님이 선지자들로 말미암아 그의 아들에 관하여 성경에 미리 약속하신 것이라"*롬 1:2

복음은 이미 선행된 약속의 말씀에서 시작되었다. 예수님은 예고 없이 등장하신 것이 아니다. 이 땅에 오시기 전에 구약의 선지자들을 통해 수많은 약속을 하셨다. 선지자란 단지 이사야, 예레미야, 에스겔, 다니엘의 대선지서나 미가, 나훔, 하박국 등의 소선지서 저자만을 말하지 않는다. 성경은 모세부터 선지자라고 말하고 있으며, 실제로 여호와와 대면했던 모세 이상의 선지자는 없다고 한다.

> "그 후에는 이스라엘에 모세와 같은 선지자가 일어나지 못하였나니 모세는 여호와께서 대면하여 아시던 자요"신 34:10

하나님이신 예수님이 자신을 믿을 수 있는 필요 조건에 대하여 이렇게 말씀하셨다.

> "모세를 믿었더라면 또 나를 믿었으리니 이는 그가 내게 대하여 기록하였음이라"요 5:46

성경 중 모세가 쓴 첫 책이 무엇인가? 이 세상의 시작과 역사가 기록된 창세기다. 창조과학탐사에서 참석자들이 예수님을 만나는 이유가 바로 여기에 있다. 창세기의 역사가 사실임을 인정할 때 자연스럽게 창조자며 구원자이신 예수님이 떠오를 것이다.

창조과학 프로그램을 진행하면 자신이 믿고 있는 성경이 정말 사실일까 궁금해 하는 사람들의 많은 질문을 받는다. 프로그램을 진행하며 거의 동일한 질문을 받는다. 이 책은 특별히 창세기 1장을 다룰 때 많이 받는 질문에 대한 답이 실려있다. 그리고 이 창세기 1장이 어떻게 예수님의 이야기인 복음과 연결되는지도 설명해 준다.

또한 우리가 믿어야 하는 성경의 사실됨에 불신과 의심을 주었던 주된 요인인 진화론에 대해 다룰 것이다. 특별히 모두가 배운 교과서에 수록된 진화론의 진실을 보여 줄 것이다.

그리고 진화론이 등장했을 때 교회가 어떤 태도를 보였는지, 그리고 그것으로 인한 결과와 각 나라의 실례들을 살펴보며, 한국 교회가 나가야 할 방향도 제시하려고 한다.

1DAY

세상의 시작

하나님이 천지를 창조하시니라

우리의 시작은 까마득하게 막연하지 않다. 오히려 아주 분명하다. 하나님은 창조하셨을 뿐만 아니라 지금까지 우주의 각 별들과 태양계의 행성들을 유지하고 계신다. 창조를 끝으로 자신의 임무를 마쳤다고 생각한 분이 아니라, 그 이후에도 여전히 일하고 계신다. 그분이 바로 예수 그리스도다!

"태초에 하나님이 천지를 창조하시니라"^{창 1:1}

창세기 1장 1절은 성경의 첫 구절인 동시에 창조의 첫 행위다. 모든 것을 초월하신 하나님이 무언가를 창조하셨다. 태초라고 하는 시간의 시작과 동시에 하늘이라는 공간과 지구라는 첫 물질이 생긴 것이다. 이는 시간-공간-물질이 동시에 창조되었음을 말한다. 과학자들은 '시공간 속에 있는 물질'이라는 표현을 사용한다. 시간-공간-물질, 이 세 가지를 늘 동시에 표현하는 것은 각각 구분해서 표현할 길이 없기 때문이다.

뿐만 아니라 우리는 이 세 가지를 두 번 다시 경험하지 못한다. 어떤 사람이 휴가를 다녀오면서 "다시 집에 돌아왔구나"라고 말했다고 하자. 그러나 따져 보면 이는 정확한 표현이 아니다. 이미 시간이 지났고, 지구가 자전과 공전을 했기 때문에 공간도 이미 바뀌었다. 또한 그 사이 공기도 바뀌었고, 만나는 사람들도 달라졌고, 집도 부식되었다. 결국 물질도 이전과는 다르다. 돌아왔다기보다는 새로운 환경을 접하고 있는 것이다.

그러므로 우리는 매시간 돌이킬 수 없는 새로운 삶을 살고 있다. 어떤 종교는 인생을 윤회라고 말하기도 하지만, 이는 과학적으로도 결코 맞지 않는 이야기다. 그런 면에서 "한번 죽는 것은 사람에게 정해진 것이요 그 후에는 심판이 있으리니"^{히 9:27}는 각 사람의 인생에 대하여 정확히 지적하고 있다. 성경이 말하는 바와 같이 인생과 역사는 단 하나며 원圓이 아닌 돌이킬 수 없는 직선이다. 성경은 말씀의 첫 구절을 통해 우리 각자의 인생에 대하여 묻는다.

> "다시 돌아올 수 없는 이 직선의 인생길을 시공간과 물질의 창조주와 함께 갈 것인가? 아니면 혼자 갈 것인가?"

시간-공간-물질을 창조하신 하나님 외에는 어느 누구도 전능자가 아니며 진정한 구원자도 될 수 없다.

시간이 존재하지 않는다는 말이 무엇일까? 아무도 모른다. 누구도 시간을 벗어나 본 적이 없기 때문이다. 그러므로 시간을 창조하신 분은 시간을 초월한 분임에 틀림없다. 그래서 하나님을 영원하신 분이라고 부른다. 즉 시간도 하나님의 피조물이다. 그런 면에서 바울 사도가 피조물들을 나열하며 "현재 일이나 장래 일이나 … 우리를 우리 주 그리스도 예수 안에 있는 하나님의 사랑에서 끊을 수 없으리라"롬 8:38-9 고 기록한 것은 시간도 피조물이며, 그 시간을 초월하신 전능하신 분의 우리를 향한 사랑을 의미한다.

그렇다면 공간이 없다는 것은 무엇일까? 이미 우리는 공간에 들어와 있지 않은가? 공간 역시 아무도 벗어나 보지 못했다. 그러므로 공간의 창조자는 공간을 초월하신 분임에 틀림없으며, 우린 그분을 무소부재 하신 분이라고 부른다.

공간이란 과학자에게 참으로 감당하기 어려운 연구의 대상이다.

우리 몸에서 공간을 모두 제외시킨다면 그 부피가 어느 정도일까? 바늘 구멍 안에 다 들어가고도 남을 것이다. "정말?"이라며 의아해하는 사람들도 설명을 조금만 부여하면 쉽게 이해할 수 있다. 우리 몸은 분자로 되어 있고 분자는 원자로 구성되어 있다. 그런데 이 원자를 구성하는 핵과 전자는 부피가 거의 없다. 그렇다면 핵과 전자는 모두 물질일까? 아마도 이들을 들여다 볼 수 있다면 역시 그들의 대부분도 공간일 것이다. 즉 몸의 대부분은 공간인 셈이다. 몸뿐 아니라 모든 물질은 분자로 되어 있으므로 이들 역시 공간으로 구성되어 있다.

그렇다면 몸도 공간, 벽도 공간이므로 서로 통과할 수 있을 것 같지만 벽에 부딪히면 머리에 혹이 나 버린다. 과연 무엇과 무엇이 부딪힌 것일까? 확률적으로도 물질끼리 부딪힐 가능성은 거의 없다. 엄밀히 말하자면 물질과 물질이 아니라 공간의 힘과 공간의 힘이 부딪힌 것이다. 분자와 분자, 핵과 전자, 핵 속의 소립자와 미립자들 사이에서 서로 당기는 힘이 무척 강하기 때문에 그 공간 사이를 통과할 수 없는 것이다. 이들을 분리시키려면 엄청난 에너지가 필요하다. 단지 핵과 전자뿐 아니라 모든 물질은 인력이라는 서로 당기는 힘에서 벗어나지 못한다.

하나님이 욥에게 물으셨다.

"누가 … 티끌이 덩어리를 이루며 흙덩이가 서로 붙게 하겠느냐?"욥 38:37-38

정말로 근본적인 질문 아닌가? 과학자들이 지금껏 고민하던 질문이다. 하나님이 처음부터 공간 안에 서로 달라붙게 하는 성질을 넣었다는 말이다. 만약 인력을 누군가 처음부터 창조하지 않았다면 어떠했을까? 아마도 물질이 존재할 수 없을 것이다. 하나님은 바로 그 질문을 하고 계신 것이다.

그렇다면 마지막으로 물질이 없다는 것은 무슨 의미일까? 역시 우리는 알 길이 없다. 한시도 물질을 초월해 본 적이 없기 때문이다. 우리는 이미 태어날 때부터 물질이지 않은가? 그러므로 시간-공간-물질을 그것도 동시에 창조하셨다고 말씀하시는 하나님은 모든 것을 초월하신 분이며, 모든 것을 아시는 분이며, 불가능한 것이 없는 분이 틀림없다. 창세기의 첫 구절은 우리에게 바로 그 창조자에 대하여 말하고 있다.

성경은 우리에게 '이 창조자만이 나의 구원자'라는 믿음을 일관되게 요구한다. 전능한 분 이외에 진정한 구원자가 될 수 없기 때문이다. 각 개인은 자신의 역사가 있다. 그가 겪은 역사는 단 하나뿐이다. 그러나 역사를 말할 때 한 사람의 인생만 말할 수 있을까? 주위 사람들과 만물의 역사도 단 하나뿐이다. 지구, 해, 달, 별, 동물, 식물, 인류 각각은 서로 어우러져 하나의 역사를 이룬다. 각각이지만 다른 시공간에서 산 것이 아니기 때문에 모두 한 역사를 경험한 것이다. 그러므로 첫 절인 창세기 1장 1절의 이야기는 앞으로 언급될 이야기가 시간-공간-물질 속에 사는 우리 모두의 역사라는 의미를 담고 있다.

만약 창세기 1장 1절을 받아들인다면 그 뒤에 이어지는 창조 역사와 그 이후의 기록도 믿는다고 고백할 것이다. 만약 어떤 사람이 '나는 창세기 1장 1절은 받아들이지만 1절 이후의 내용 중에는 그대로 믿지 않는 것도 있어'라고 말한다면 이 말씀에 대한 바른 의미를 모르는 사람이다. 이는 '하나님은 전능하시다'라고 하는 의미가 무엇인지 확실히 이해되지 못했거나, 그 자리에 있던 하나님이 아닌 그 자리에 없던 사람들의 말에 더 신뢰를 두고 있기 때문일 것이다. 예를 들면 간단한 것부터 복잡한 순서대로 생물들이 수십억 년 동안 진화와 멸종이 반복되어 인간이 되었다는 진화 역사에 대한 신뢰에 영향을 받았기 때문이다.

역사란 시간-공간-물질의 역사며 이는 돌이킬 수 없다고 이미 언급했다. 이 세 가지를 돌이키려고 한다면 그것은 거짓말이다. 거짓말이란 과거에 하지도 않았던 것을 했다고 하고, 현재 하지 않고 있으면서 한다고 하며, 미래에 일어나지도 않을 것을 일어날 것이라고 말하는 것이다. 그러므로 시공간을 창조하신 전능하신 하나님도 이 역사를 거꾸로 돌릴 수 없다. 돌리려고 하셨다면 하나님 자신도 거짓말하시는 분이 되기 때문이다. 아담이 범죄하였을 때 정말 안타까웠지만 돌이키지 않으신 이유도 바로 여기에 있다. 돌이키셨다면 스스로 거짓말 하는 분이 되기 때문이다. 이는 하나님의 능력의 문제가 아니라 그분의 성품의 문제가 된다.

진화론자들도 시간-공간-물질이 분리될 수 없다고 말한다. 과학적으로 시인할 수밖에 없는 한계이기 때문이다. 그러나 진화론자들은 이것이 스스로 변하여 만물을 만들었다고 주장한다. 그러나 성경은 이 시간-공간-물질을 초월하신 분이 계시며 그 전능자가 자신의 목적에 따라 창조했다고 말한다. 진화론자들은 이 세 가지만을 언급하려 하지만, 창세기 1장 1절은 이 세 요소뿐 아니라 이를 초월한 '하나님'이 있고, 그분께서 행하신 '창조했다'라는 동사가 있다.

탐정소설인가, 사건 현장인가?

전 세계에 수많은 독자들이 있으며 영화로도 제작되어 흥행에 성공한 아서 코난 도일의 《셜록 홈즈》라는 탐정소설을 알 것이다. 이 책은 흥미진진한 내용과 달리 현실과 동떨어진 상황이 일관되게 진행된다. 현장에 있던 '증인'이 등장하지 않는 것이다. 그런데 명탐정 셜록은 증인이 없어도 현장의 증거만 가지고 범인을 기막히게 잡는다. 다른 대부분의 탐정소설들도 제대로 된 증인이 등장하지 않는다. 작가는 증인을 등장시키지 않으므로 주인공을 독자로 하여금 명탐정으로 확실히 느끼게 만든다.

그러나 현실은 다르다. 탐정소설이 아니기 때문이다. 그래서 살인 사건을 맡은 형사들은 한결같이 "증인 없습니까?", "CCTV는 켜져 있었습니까?"라고 물으며 증인부터 찾는다. 증인의 증언을 토대로 범인을 잡는다. 이때 형사 앞엔 완벽한 증거들도 있다. 시체의 모습, 혈흔, 열

세상의 시작

려진 창문, 쓰러진 의자, 엎어진 물컵…. 그럼에도 형사는 증인을 찾는다. 왜냐하면 누가, 언제, 어떻게 이 사건을 저질렀는지 그 과거의 사실에 대하여 목격자 없이는 정확히 밝혀내기 어렵기 때문이다. 조금 전에 엎질러진 물도 증인이 없으면 그 때와 원인을 알기 어려운 법이다. 그러나 증인을 만났을 경우 그의 증언을 통해서 역으로 증거들을 검증할 수 있다.

이제 들을 건 다 들었다

창조과학 세미나를 하다 보면 중간에 자리를 뜨는 사람들이 간혹 있다. 대부분 그들이 떠나는 시점은 과학 이야기가 아닌 성경을 읽을 때 즈음이다. '결국 성경 이야기 하는구나'라고 생각하기 때문일까? 개인적으로 이야기할 때도 간혹 '성경 이야기는 빼고 말해 주세요'라는 사람이 있다. 아마도 성경에다 과학을 꿰어 맞춘다고 여기는 듯하다.

그러나 이런 말은 과학에 대하여 잘 모르고 하는 것이다. 과학은 크게 '실험과학'과 '역사과학'으로 나눈다. 실험과학이란 우리가 알고 있는 통상적인 과학이다. 예를 들면 시료를 통한 화학분석, 현미경을 통한 세포분열 과정, 공을 이용한 중력 실험, 비행기나 컴퓨터 제작 등이다. 이들은 모두 실험을 통해 그 결과를 얻어 낼 수 있으며 재현이 가능하다.

역사과학은 현재 내 손안에 있는 연구 대상을 통해 과거 사실을 추적하는 분야다. 역사과학과 실험과학 모두 연구의 대상이 현재 내 손에 있다는 점에서는 동일하다. 그러나 역사과학은 실험과학과 달리 현재 일어나는 현상이 아니라 '과거'에 일어났던 일을 알고자 한다는 점에서 그 목적이 다르다. 세상의 시작을 알고 싶어하는 '기원 과학'도 과거에 일어난 일을 다루므로 역사 과학의 한 부분이다.

역사과학에 대한 가장 쉬운 예가 앞에 언급 된 살인사건 현장일 것이다. 이때 사건 현장에 등장한 형사는 현재 손으로 만지고 눈으로 볼 수 있는 시체 앞에 있으며, 그의 목표는 과거 사실을 파악해 범인을 잡는 것이다. 만약 독자들이 시체 앞에 있는 형사라면 누구를 만나고 싶어할까? 물어보나 마나 '증인'이다. 역사과학은 실험과학과 달리 과거에 반드시 일어난 일을 다루기 때문에 증인을 만날 가능성이 있다. 물론, 만나지 못할 수도 있다. 그러나 증인을 만날 경우 그것만큼 반가운 일은 없을 것이다.

우리는 지금 이 세상이 어떻게 시작되었는지 알고 싶어한다. 산의 모양, 이를 덮고 있는 나무와 꽃, 하늘의 수많은 별, 동물, 그리고 사람이 모두 완벽한 증거다. 그러나 지금부터 시작하려는 역사과학의 대상은 살인 사건과는 비교할 수 없이 방대하고 복잡하다. 분명히 역사과학 앞에 서 있지만, 쉽게 답을 찾기 어려울 것이다. 그런데 사건의 현장에 스스로가 그 자리에 있던 증인이라고 주장하는 자가 등장했다.

"만물이 그로 말미암아 지은 바 되었으니 지은 것이 하나도 그가 없이는 된 것이 없느니라"요 1:3

"그가 친히 보고 들은 것을 증언하되"요 3:32

여기서 '그'는 예수님을 말하며, 자신이 만물의 창조자며 친히 봤던 것을 이야기한다고 말한다.

증인은 기본적으로 두 가지 조건을 갖추어야 한다. 첫째 현장에 있었어야 하며, 둘째는 지금까지 살아 있어야 한다. 이 둘 중에 한 가지만 갖춰지지 않았어도 증인으로서 자격 미달이다. 그런데 인생이 백살이라고 할 때 이 세상의 시작에 관한 한 누구도 그 자리에 있지 않았기 때문에 증인의 조건을 만족하는 사람이 없다.

창조과학자는 세미나 중에 성경을 자주 언급한다. 왜냐하면 역사과학을 하는 한 현장에 있었다고 하는 증인을 채택하는 것은 결코 주저할 일이 아니기 때문이다. 이 증인이라고 주장하는 예수님의 말씀이 담긴 책이 성경이며, 특별히 창조 과정이 기록된 부분이 창세기 1장이다. 그래서 이 책에서도 주저함 없이 창세기 1장을 살펴볼 것이다. 그리고 이 증언을 토대로 현재 눈앞에 있는 증거들이 그의 증언과 잘 맞아떨어지는지 검증해 볼 것이다.

일단 자신이 거기에 있던 증인이라고 하는 사람이 등장한 이상 형사는 그를 증인으로 채택하는 데 주저하지 않는다. 또한 형사는 증인을 검증한 다음에 채택하지 않는다. 반대로 채택한 후에 검증한다. 그러므로 창조과학 세미나 중에 성경을 인용할 때 이를 거부하거나 자리에서 일어선다면 이는 역사과학이 무엇인지 모르는 사람이다. 현실을 탐정소설로 착각하는 것이나 다름없다. 사실 성경을 읽을 때가 가장 중요한 순간이다. 이때가 탐정이 그토록 기다리던 증인의 증언을 듣는 순간이기 때문이다.

우리는 창세기의 첫 절을 증거로 채택했다. 말씀은 시간-공간-물질을 전능하신 분이 동시에 창조하셨다고 말한다. 증인을 채택해 보니 정말 이 세 가지는 분리되지도 않고, 분리시켜 본 적도 없지 않은가?

증인을 만난 형사는 만나지 못한 형사보다 그 증거들이 눈에 잘 보이기 시작한다. 그리고 그것은 문제의 실마리를 쉽게 풀도록 도와준다. 지금 당신에게 창세기 1장 1절이 어떻게 보이는가?

지구의 첫 모습

"땅이 혼돈하고 공허하며 흑암이 깊음 위에 있고, 하나님의 영은 수면 위에 운행하시니라"창 1:2

2절에서는 앞 절에 창조된 땅地, earth 을 구체적으로 묘사한다. 1절은 '지'地라는 한자로 2절은 '땅'으로 번역되어 있어 얼핏 보면 서로 다른 것처럼 보인다. 그러나 히브리 원어로는 둘 다 우리가 발을 딛고 있는 에레츠erets 다. 영어 성경도 둘 다 지구earth 로, 우리말성경도 모두 '땅'이라고 번역했다. 이 땅이 지금 우리가 살고 있는 지구라는 것은 별들이 만들어지는 넷째 날을 제외한 1장의 나머지 닷새 동안 창조된 궁창, 바다, 뭍, 식물, 동물, 사람 등이 모두 지구에 존재한다는 것을 통해 알 수 있다.

그 땅을 개역개정에서 '혼돈과 공허'로 번역한 것은 다소 오해의 소지가 있다.[1] 실제로는 '형태가 없고 비어 있다'는 중립적인 묘사일 뿐, 오히려 하나님의 선한 성품을 드러낸 보기에 좋은 모습이었음에 틀림없다. 왜냐하면 첫째 날 창조 사역 가운데 빛을 만드시며 "보시기에 좋았더라"고 하신 일련의 과정에서 발생한 것이기 때문이다. 전능하고 선한 것이 하나님의 능력과 성품이며, 이 모습이 창조 때에도 그대로 나타나고 있는 것이다.

이어서 "흑암이 깊음 위에 있다"고 하며 주위가 깜깜한 모습을 그리고 있다. 이때 '깊음'은 깊은 바다를 의미하는데, 홍수 심판 때 '깊음의 샘들이 터지며'[창 7:11]에 등장하는 단어다. 즉 지구는 처음부터 물이 있는 상태로 창조되었다는 의미다. 이 사실은 곧바로 '하나님의 영이 수면에 운행하시니라'는 구절이 뒷받침해 준다. 또 앞으로 자신의 형상인 인간이 살게 될 지구를 감싸며 창조 사역에 함께 참여하시는 성령님의 모습도 엿볼 수 있다.

진화론자들은 처음에는 뜨거운 불덩이였던 지구가 수십억 년이란 시간을 거쳐 점차 식으며 생명이 존재할 수 있는 좋은 환경으로 변했

---

1 대표적인 영어 성경들도 'formless and empty'(NIV), 'without form and void'(KJV), 'formless and void'(NASB)와 같이 모두 '형태가 없으며 비어 있다'라고 번역되었다. 우리말성경에서도 '형태가 없고 비어 있었으며'로 번역되었다. 혼돈과 공허란 단어를 사용할 경우 얼핏 무질서(chaos)한 모습으로 비춰지기 쉽다. 자세한 이해는 뒤에 간격이론이 도움될 것이다.

창조주 하나님

세상의 시작

다고 상상한다. 이런 생각은 단지 태양이 뜨겁고, 지구 내부가 뜨겁기 때문에 지구의 과거도 그랬을 것이라는 편견일 뿐이다. 반면에 성경은 완전히 반대로 말한다. 처음부터 물과 함께 물의 지구^{watery earth} 로 창조되었다고 말한다.

어떤 면에서 물은 성경에 언급된 물질 중 우리가 구체적으로 인지할 수 있는 첫 번째다. 물의 화학식은 H_2O다. 물 분자 하나는 수소^H 두 개와 산소^O 한 개로 이루어졌다. 물에 대한 어려운 화학적 성질을 논하려는 것이 아니다. 물이 세상에서 가장 단순한 물질이 아니란 의미다. 수소, 산소, 핵, 소립자, 미립자 등 훨씬 단순한 것도 많다. 그러나 하나님은 바로 물을 만드셨다. 실제로 수소는 폭발성이 있고 산소는 불이 나게 한다. 핵, 소립자, 미립자가 독립적으로 존재할 때 모두가 불안정하다. 그러므로 산소와 수소가 자연적으로 합쳐져 물이 되었다는 것은 상상하기 힘들다. 하나님은 단순한 것부터가 아니라 '필요한 것'부터 창조하셨다.

진화론자들은 모든 것이 단순한 것부터 시작되었다고 주장한다. 복잡한 것부터 만들어졌다면 결국 물질을 초월하는 창조자를 인정해야 하기 때문이다. 진화론자들은 앞으로 언급될 동식물의 기원이나 우주의 기원에서도 모두가 이런 선상에서 이야기를 전개해 나가려고 한다. 그러나 우리가 갖고 있는 증거들은 이와 반대다. 단순한 것은 진화론자들이 바라는 다음 단계인 안정하고 조직화된 더 복잡한 기능으로 넘어갈 수 없다.

"내가 땅의 기초를 놓을 때에 네가 어디 있었느냐 네가 깨달아 알았거든 말할 지니라"욥 38:4

욥에게 물어보시는 하나님의 말씀은 증인을 배제한 땅에 대한 상상을 경고하고 있다.

처음부터 지동설을 말하는 성경

"저녁이 되고 아침이 되니 이는 첫째 날이니라"창 1:5

"태양도 없었는데 어떻게 하루를 계산할 수 있었을까요?"

창세기 1장이나 천문학 분야를 다룰 때 거의 빠지지 않고 등장하는 질문이다. 질문인즉 지구는 첫째 날 창조되었고 태양은 넷째 날 창조되었다면 첫째 날부터 셋째 날까지 '날'하루이 언급된 성경은 모순이 아니냐는 것이다. 어떤 사람들은 이 질문을 하며 창조 주간의 하루가 오늘날의 하루가 아닌 알 수 없는 기간이란 주장을 펴기도 한다.

이런 질문을 받을 때면 나는 어김없이 다음과 같이 되물어 본다.

"하루는 어떻게 되어 하루가 되나요?"

대부분 사람들은 이렇게 대답한다.

"해가 동쪽에서 떠서 서쪽으로 지기 때문이죠."

참으로 천동설적인 대답이 아닌가? 이 시대에 태양이 지구 주위를 돈다는 천동설을 믿는 사람은 아무도 없다. 그럼에도 불구하고 우리는 여전히 태양이 지구 주위를 돌며 하루를 만든다고 생각한다. 매일매일 움직이는 태양을 보기 때문인지 학교에서 반복적으로 배웠던 지동설 교육이 하나도 소용이 없나 보다. 그러나 하루는 태양 때문에 발생하는 것이 아니라 전적으로 지구의 자전 때문에 발생한다. 그런 면에서 성경에서 태양도 창조되기 전에 지구만 가지고 하루라는 시간 단위를 사용한 것은 놀라운 일이다.

하나님이 창세기 1장 1절에 태초라고 하는 '시간'을 창조하셨다. 또한 시간만 창조하신 것이 아니라 아울러 '시간의 주기'도 창조하셨다. 첫 번째 시간 주기가 바로 '하루'day다. 그리고 이 하루는 태양 없이 지구만 창조되었을 때 등장한다. 즉 하나님은 처음부터 지구는 자전하도록 창조하셨으며 지구만 가지고 하루라는 주기를 사용하신 것이다. 만약 태양이 창조되기 전인 첫째 날에서 셋째 날까지는 하루를 사용하지 않으시고, 태양을 창조하셨던 넷째 날부터 하루라는 말을 사용하셨다면 어땠을까? 성경은 더 큰 의심과 비난을 면치 못했을 것이다.

하나님이 또 다른 시간의 주기를 만들었는데 바로 '해'年, year 이다. 그리고 해는 넷째 날 태양을 창조하셨을 때 처음 등장한다.창 1:14 모든 물질은 질량이 무거운 것을 중심으로 돌게 되어 있다. 태양도 행성들의 질량의 비만큼 공전하는데 태양이 너무 무겁기 때문에 공전하지 않고 있는 것처럼 보이는 것이다. 즉 모든 물질은 질량이 있기 때문에 두

하루 DAY
_지구의 자전

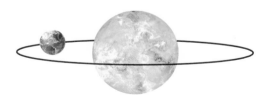

해 YEAR
_태양을 중심으로 지구의 공전

물체를 공전시킬 때 어떤 물체가 전혀 움직이지 않는 완전한 중심일 수는 없다는 말이다. 만약 질량이 같은 두 별들이 서로 공전 관계를 갖는다면 각각의 별은 서로 공전하며 공전의 중심은 두 별 사이 중앙에 존재할 것이다.

그렇다면 성경에 기록된 하루와 해의 순서는 쉽게 이해될 수 있다. 지구가 첫째 날, 둘째 날, 셋째 날까지 세 번 자전하고 네 번째 자전할 때 훨씬 무거운 태양이 창조되므로 자전만 하던 지구가 공전도 시작하게 된 것이다. 그리고 이때 성경은 정확히 '해'를 언급했다. 완벽한 순서가 아닌가!

코페르니쿠스 이전에는 어느 누구도 지구가 하루를 만든다고 생각해보지 못했다. 이유는 간단하다. 아무도 태양계를 벗어나 지구를 포함한 행성이 공전하는 모습을 직접 관찰하지 못했으며 겉보기에 태양은 동쪽에서 떠서 서쪽으로 움직이기 때문이다. 그런데 성경은 시간의 주기가 지구의 자전과 공전을 통해서만 설명될 수 있음을 창조 때부터 언급하고 있다. 이런 창세기 1장의 기록은 시간, 그 시간의 주기, 지구, 태양, 중력 등의 모든 것을 한 번에 고려할 수 있는 창조자 외에는 감히 나올 수 없다. 마치 이 태양계와 우주 밖에서 창조자가 지구와 태양과 행성 그리고 별들을 바라보시며 말씀하는 것 같지 않은가!

"네가 너의 날에 아침에게 명령하였느냐?"욥 38:12

하나님이 욥에게 던지신 이 질문은 참으로 의미심장하지 않은가? 이 세상엔 두 가지 종류의 사람이 있다. 한 사람은 아침이 어떻게 시작했는지 혼자 곰곰이 생각하는 사람이다. 다른 한 사람은 아침을 창조하신 분, 바로 거기 계셨던 증인을 만난 사람이다. 욥에게 하신 이 질문은 자신이 아침의 창조자라고 말씀하고 있는 것이다. 그분께서 첫 아침의 모습을 이렇게 말씀하셨다.

"저녁이 되고 아침이 되니 이는 첫째 날이니라"창 1:5

우리는 시작이 까마득하게 막연하지 않다. 오히려 아주 분명하다. 아침도 초월하신 거기 계셨던 전능자를 통해서 알기 때문이다. 그러나 보이지 않는 그 전능자를 잃어버린, 보이는 것이 전부라고 생각하는 자연주의 곧 진화론으로는 아침을 포함해서 모든 시작이 까마득해질 뿐이다. 그분은 창조하셨을 뿐만 아니라 창조 이래로 지금까지 우주의 각 별들과 태양계의 행성들을 유지하고 계신다. 창조를 끝으로 자신의 임무를 마쳤다고 생각한 분이 아니라, 그 이후에도 여전히 일하고 계신다. 그분이 바로 예수 그리스도다! 그 예수님을 성경은 이렇게 표현하고 있다.

"그 예수님의 능력의 말씀으로 만물all things을 붙드시며"히 1:3

태양 없어도 존재하는 빛

"하나님이 이르시되 빛이 있으라 하시니 빛이 있었고, 빛이 하나님이 보시기에 좋았더라. 하나님이 빛과 어둠을 나누사"창 1:3-4

'빛'이란 무엇인가? 일반적으로 빛은 물리학적으로 파동적 성질과 입자적 성질을 가진 것으로 표현한다. 그러나 어떤 과학자도 빛에 대한 정확한 정의는 내리지 못한다. 빛은 한마디로 이야기해 전자기적 에너지의 모든 영역을 말한다. 빛은 가시광선뿐 아니라, 자외선, X선, 적외선, 전파를 포함하며 열, 전기, 자기, 분자 상호 운동의 영역까지 해당하는 포괄적인 에너지다. 빛은 에너지의 가장 기본이며 전자기적인 모든 형태를 활성화시키는 데 필수적이다. 그러므로 빛을 창조하셨다는 말은 시간-공간-물질을 창조하신 하나님이 여기에 에너지를 추가시키셨다는 의미다.

빛 가운데 눈으로 볼 수 있는 빛의 영역인 가시광선은 3900-7700Å옹스트롬=10⁻⁸cm 파장의 범위다. 이 가시광선 범위 내의 파장의 길이에 따라 짧은 것부터 보남파초노주빨인 무지개 색으로 나누어진다. 이 일곱 색깔의 가시광선이 한꺼번에 와 닿을 때 색감을 구분할 수 없으므로 가시광선을 소위 백색광이라고 부른다. 또, 우리가 물체를 보고 있다는 것은 실제로 반사된 빛을 인식하고 있는 것이다. 반면에 가시광선의 영역을 벗어나면 사람은 그 빛을 감지할 수 없다. 이 보이지 않

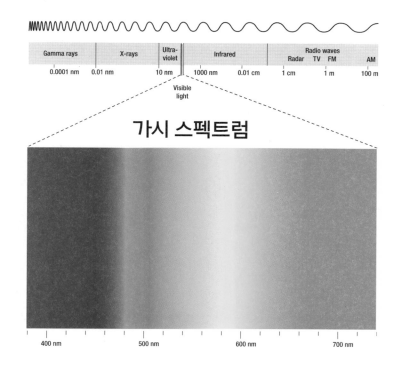

Gamma rays	X-rays	Ultra-violet	Infrared	Radio waves		
				Radar	TV FM	AM
0.0001 nm	0.01 nm	10 nm	1000 nm 0.01 cm	1 cm	1 m	100 m

Visible
light

가시 스펙트럼

400 nm   500 nm   600 nm   700 nm

전자기식 스펙트럼

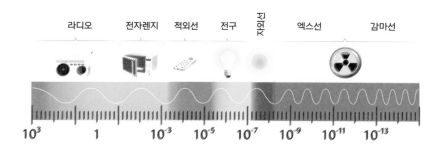

라디오   전자렌지   적외선   전구   자외선   엑스선   감마선

10^3 1 10^{-3} 10^{-5} 10^{-7} 10^{-9} 10^{-11} 10^{-13}

는 빛은 가시광선보다 짧은 파장인 자외선, 엑스선, 감마선 등이며 긴 파장으로는 적외선, 마이크로파, 전파 등이 해당된다. 이런 빛은 우리에게 보이진 않지만 일상생활에서 이들이 존재한다는 것을 알 수는 있다. 자외선차단제를 바른 사람과 그렇지 않은 사람이 바닷가에서 하루를 지낸 후에 그 피부의 그을린 차이를 보면 자외선의 존재 여부를 알 수 있다. 눈으로는 보이지 않지만 병원에서 엑스선 촬영을 하고 필름을 통해서도 그 존재를 알 수 있다. 적외선은 열로 다가오는데 화로에서 따뜻하게 느끼게 하는 복사에너지가 바로 적외선이다. 또한 더 긴 파장을 통해 우리는 라디오를 수신할 수 있다.

빛은 에너지의 근본이란 점에서 성경이 태양과 다른 별들을 언급하기 전에 빛을 먼저 언급했다는 것은 매우 중요하다. 실제로 빛이 먼저 없었다면 별들이 빛을 비추지도 못할 뿐 아니라 별 그 자체가 존재하는 것도 상상할 수 없다. 성경은 이 첫째 날의 빛이 넷째 날 창조된 해, 달, 별들보다 훨씬 근본임을 강조한다.

"태양이 없는데 어떻게 빛이 존재해요?"

참으로 많이 접하는 질문이다. 창세기를 보면 하나님이 첫째 날 빛을 창조하셨고, 넷째 날에서야 큰 광명체, 작은 광명체, 그리고 별들을 창조하셨다는 것을 알 수 있다. 하지만 태양이 빛을 보내 주고 있으니 빛보다 태양이 먼저 창조되어야 옳은 순서라는 생각에서 위 질문이 등장한 것이다.

그러나 간단히 접근해 보면 빛이 태양보다 먼저 창조되었다는 기록이 옳다는 것을 어렵잖게 이해할 수 있다. 엄밀히 빛과 태양은 같은 것이 아니다. 이미 앞에서 빛이 분자운동을 활성화시키는 전자기적 모든 에너지의 기본이라고 언급했다. 한편 태양은 헬륨과 수소로 구성되어 있다. 즉 이런 사실은 빛이 먼저 존재하지 않는다면 태양이 자신의 역할을 하는데 심각한 문제가 있음을 의미한다. 그런 면에서 성경이 빛과 별들을 창조될 때부터 구분해서 취급하는 것은 주목할 만하다.

히브리어 원어를 보면 첫째 날 창조된 빛은 오르[ore]이다. 반면에 넷째 날의 광명체는 마우오르[maw ore]다. '오르'는 지금까지 말했던 빛[light]인 반면에 '마우오르'는 빛을 주는 하나의 장치[light giver]다. 즉 첫째 날에는 에너지의 근본 되는 빛을 창조하셨고, 넷째 날에는 그 에너지를 발광시키는 장치를 창조하셨다.

여기서 간단한 예를 들어 살펴보자. 전기가 먼저일까? 백열전구가 먼저일까? 물어보나 마나 전기가 먼저이다. 백열전구는 그 전기에너지를 빛으로 전환시키는 장치다. 그러므로 에너지인 전기가 백열전구보다 먼저이듯이 빛이 태양보다 먼저 창조된 것이 훨씬 타당하다. 만약 이 순서가 바뀌어 기록되었다면 성경은 과학자들에게 더욱더 공격을 받을 것이 틀림없다. 빛을 먼저 만드시며 다음에 광명체를 염두에 두신 하나님. 그분의 전능함과 지혜를 누가 따라갈까? 우리는 성경을 읽으며 그냥 끄덕거릴 뿐이다. 역시 여기서도 증인이 먼저다. 이것은 우리가 깨달아 알게 된 것이 아니다.

낮과 밤의 시작

> "하나님이 빛과 어둠을 나누사 하나님이 빛을 낮이라 부르시고 어둠을 밤이
> 라 부르시니라"창 1:4-5

하나님이 빛을 창조하시고 이때 가시광선에 의해 형성되는 두 상
대적인 현상을 언급하신다. 바로 낮과 밤이다. 빛의 영역 가운데 가시
광선이 존재하는 한, 빛이 비추는 면과 그림자가 지는 어두운 면은 언
제나 함께 존재한다. 그런 면에서 이 상대적인 현상이 동시에 언급된
다는 점은 당연한 모습이다. 그리고 하나님은 현상의 결과를 각각 낮
과 밤이라고 칭하셨다.

빛이 없어도 보실 수 있는 하나님이 빛을 창조하신 후 낮과 밤을
나누는 장면은 가시광선영역에서만 볼 수 있는 앞으로 창조될 사람을
염두에 두셨음을 보여 준다. 이와 같이 인간이 살게 될 환경을 염두에
두시는 모습은 창세기 1장 전체 창조 과정 가운데 흐른다. 역으로 말하
자면 인간 창조 이전의 모든 창조 과정은 여섯째 날 하나님의 형상대
로 창조될 사람이 살 수 있는 영역의 한계를 정하는 모습이라고 해도
과언이 아니다.

MMON

GEN

e beginning God created[a]
vens and the earth. 2 The
vithout form and void, and
s upon the face of the deep;
t[b] of God was moving over
e waters.
said, "Let there be light";
light. 4And God saw that
good; and God separated
n the darkness. 5 God
Day, and the darkn
And there w

45
세상의 시작

창세기 1장 1절은 시간-공간-물질의 창조를 통해 하나님이 모든 피조물을 초월하시는 창조주시며, 인간은 이 세 가지에서 벗어날 수 없는 존재라고 말한다. 한편 이후에 등장하는 각각의 창조 과정은 하나님이 시공간 속에서 인간이 살 수 있는 완벽한 환경을 조성해 주심과 동시에, 인간이 살 수 있는 영역의 한계를 정하셨음을 보여 준다. 창세기 1장에 언급된 지구의 물과 빛, 대기, 바다, 식물, 해, 달, 별, 물고기, 새, 육지 동물은 하나하나가 독특하게 조화를 이루며 인간이 살 수 있는 환경을 제공한다. 다시 말해서 이런 완벽한 조건을 조금이라도 벗어나서는 인간이 살 수 없다는 것도 함께 말하고 있다.

엄밀히 말하자면 우리는 이 피조물과 조건 때문에 사는 것이 아니라, 이 완벽한 피조물을 초월하시고 조건을 조성하신 창조주 때문에 산다. 이 창조자가 디자인했기 때문에 피조물이 완전한 것인데, 만약에 창조자를 빼고 피조물만을 바라본다면 그 피조물 자체를 완전한 존재로 여기게 되어 결국 피조물 자체를 창조자의 자리에 앉혀 놓게 된다. 그래서 등장한 것이 진화론이다.

진화론적 생각에는 시간의 창조자가 제거되었기 때문에 오랜 시간이 필수적으로 등장한다. 또한 공간과 물질의 창조자가 없기 때문에 작고 간단한 것부터 시작되었다고 생각할 수밖에 없다. 한마디로 말하자면 진화론은 시간-공간-물질이 신이라고 말하는 것이다! 여기서 '시간-공간-물질'과 '이를 초월한 창조자'의 명백한 대립이 있다. 즉 모든 것을 초월한 창조자가 있느냐 아니면 시공간을 따라 흘러온 자연이 있느냐이다. 성경은 그 시간도 피조물이며, 이 모든 것이 시간을 초월한 전능하신 분의 창조 결과라고 말한다.

성경은 보이는 것에 '자연'nature 이란 단어를 사용하지 않는다. 시공간과 그 속에 있는 모든 것은 '피조물 또는 창조물'creature 또는 creation 이라고 한다. 왜냐하면 이 모든 것은 자연적으로 생긴 것이 아니라 하나님에 의해 창조된 것이기 때문이다. 분명히 스스로 있는 분은 하나님밖에는 없다.출 3:14 그러므로 자연自然이란 단어를 스스로 존재하는 무엇이라고 정의한다면, 이 자연은 오히려 하나님께 더 어울리는 단어다. 하나님을 자연이라고 말하자고 하면 사람들은 잠시 혼돈이 온다. 이제까지 피조물을 자연이라고 불렀던 습관 때문에 하나님을 폄하하는 것처럼 느끼기 때문일 것이다. 그러나 단어 뜻 그대로 하자면 스스로 계신 하나님이 곧 자연이다. 피조물을 자연이라고 할 때 이들이 스스로의 힘으로 발생하고 발달했다는 진화론이 탄생하게 됐다.

인간도 결코 자연이 아니므로 스스로 존재할 수 없다. 생명 되신 전능하신 분과 붙어 있지 않으면 '스스로' 열매를 맺을 수 없는 존재다.요 15:4 또한 스스로 지혜를 발휘할 수도 없는 존재다. 그러므로 스스로 지혜 있다고 할 때 어리석게 되며롬 1:22, 어리석은 진화론을 탄생시킨 것이다.

가끔씩 첫째 날 창조된 빛을 예수님으로 해석하는 사람들을 만난다. 이런 생각은 요한복음에서 예수님께서 "나는 세상의 빛이니"요 8:12 라고 하신 말씀 때문일 것이다. 그러나 이는 예수님이 어둠을 악용하는 사탄의 상대적인 존재라는 것을 이해시키기 위한 비유다. 마태복음에서 예수님이 우리를 아버지 하나님께 영광 돌릴 수 있는 존재로서 "너희는 세상의 빛이라"^{마 5:14}고 말씀하셨다고 해서 우리가 첫째 날 창조되었다고 주장하고 있는 사람이 있을까? 예수님은 시공간에 갇혀 계신 분이 아니라, 이를 초월한 만물의 창조주시다. 그러나 성경 전체를 통해 예수님을 피조물이라고 언급한 곳은 어디에도 없다. 오히려 예수님은 자신이 창조자라고 말씀하신다.

> "만물이 그로 말미암아 지은 바 되었으니 지은 것이 하나도 그가 없이는 된 것이 없느니라"^{요 1:3}
> "그는 모든 피조물보다 먼저 나신 이시니 … 또한 그가 만물보다 먼저 계시고 만물이 그 안에 함께 섰느니라"^{골 1:15-17}

이는 예수님이 최후의 만찬 때 제자들을 위해 기도하면서 자신이 누구인지 드러내실 때 더욱 분명히 드러난다.

> "아버지여 창세전에 before the world began 내가 아버지와 함께 가졌던 영화로써 지금도 아버지와 함께 나를 영화롭게 하옵소서"^{요 17:5}

예수님은 창세기 1장 1절 이전부터 계셨던 분이다.
인간은 인생 가운데 낮과 밤을 벗어날 수 없다. 이 낮과 밤 모두가 우리를 염두에 두고 먼저 창조하신 하나님의 피조물이다. 아마도 이 둘을 마음대로 주관하시는 하나님의 모습을 가장 잘 보여 주는 장면이 이스라엘의 출애굽 하는 것이다.

"여호와께서 그들 앞에서 가시며 낮에는 구름 기둥으로 그들의 길을 인도하시고 밤에는 불 기둥을 그들에게 비추사 낮이나 밤이나 진행하게 하시니"출 13:21

이 장면을 보며 낮과 밤을 초월하신 창조자 하나님이 그려지지 않는가?

날마다 자신이 하나님께 속했다는 마음을 시편 기자는 다음과 같이 표현했다.

"낮도 주의 것이요 밤도 주의 것이라"시 74:16

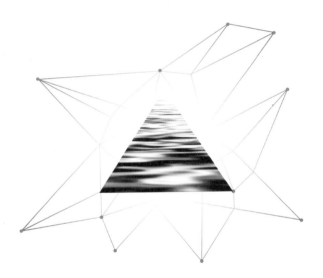

증거 vs 증명

궁창 아래 물과 궁창 위의 물로 나뉘게 하시니

창조과학자는 증명하지 않는다. 인간이 어떻게 지구, 별, 동식물, 생명을 만들어 볼 수 있겠는가? 우리는 증명이 아니라 증거를 보여 주는 것이다. 그리고 성경과 그 증거를 통한 창조주를 향한 믿음을 말하는 것이다. 궁극적인 목표는 이 믿음인데 이는 '오직 믿음'으로만 믿어진다.

"하나님이 이르시되 물 가운데에 궁창이 있어 물과 물로 나뉘라 하시고 하나님이 궁창을 만드사 궁창 아래의 물과 궁창 위의 물로 나뉘게 하시니 그대로 되니라 하나님이 궁창을 하늘이라 부르시니라 저녁이 되고 아침이 되니 이는 둘째 날이니라." 창 1:6-8

둘째 날 하나님은 첫째 날 지구를 묘사할 때 하나님의 영이 운행하시며 등장했던 수면인 그 물을 둘로 나누시며 궁창을 만드신다. 여기서 궁창은 넓게 퍼진 공간을 의미한다. 창조 둘째 날 나오는 궁창이라는 단어는 창조 둘째, 넷째, 다섯째 날에도 등장한다.

- 둘째 날은 지금 언급하고 있는 물을 아래위로 나누실 때 사용된 궁창
- 넷째 날은 해, 달, 별들을 떠 있게 하신 궁창 하늘의 궁창에 광명체들이 있어, 창 1:14
- 다섯째 날은 새가 나는 땅 위의 궁창 하늘의 궁창에는 새가 날으라, 창 1:20

위에서 넷째 날의 궁창과 다섯째 날의 궁창은 쉽게 구분이 된다. 넷째 날은 별들이 있는 오늘날의 우주 공간을 말하는 것이며, 다섯째 날은 새가 나는 대기권이다. 우리나라 말에도 '하늘의 별들'과 '하늘을 나는 새'에서 '하늘'이란 단어를 동일하게 사용하듯이 성경도 별들이 떠 있는 공간과 새들이 나는 공간을 지칭할 때 '하늘의 궁창'이란 단어를 사용했다. 둘째 날의 궁창이 이 둘 중에 어디에 속하는지는 분명치 않지만 어쨌든 궁창이란 말은 '넓게 퍼진 공간'을 총칭한다.

이즈음에서 대기권만을 살펴보자. 순수한 건조대기는 질소 78퍼센트, 산소 21퍼센트, 기타 1퍼센트가 일정한 비율로 혼합되어 있다. 이 가운데 우리에게 가장 친숙한 기체는 산소다. 산소는 생물 호흡에 절대적 필요 요소다. 산소가 없으면 생물은 살 수 없다.

그러나 이런 이유로 산소가 지금보다 더 많으면 좋을까? 아니다. 오히려 다른 어려움이 발생한다. 산소 함량이 너무 높으면 불이 잘 붙게 되고, 불이 나면 끄기도 어렵다. 만약 산불이 나게 되면 진압하는데 지금보다 훨씬 많은 힘이 들 것이다. 물론 산소의 양이 지금보다 적어져도 그 반대 현상으로 불을 붙이는데 어려움을 겪게 되어 요리하는데도 불편할 것이다. 뿐만 아니라 당장 호흡이 힘들어진다. 또한 산소 함량이 높으면 물체가 빨리 썩을 것이며, 낮으면 안 썩어서 문제가 될 것이다. 이와 같이 산소 함량은 지구가 지금의 안정된 모습을 갖게 하는데 절대적인 역할을 한다.

대기 중 가장 많은 기체인 질소는 모든 생물에게 필요한 영양소를 공급한다. 비 온 뒤 식물들이 눈에 띄게 성장하는 것은 비가 대기 중의 질소를 공급해 주기 때문이다. 식물에게 필요한 질소는 토양에서 얻는 양만으로는 충분하지 못하다. 그렇기 때문에 가뭄이 오래 지속될 경우, 물 부족만큼이나 질소 부족으로 인한 문제도 심각해진다. 또한 가연성 기체인 산소 사이에서 질소는 대기를 안정시켜 주는 매우 중요한 역할을 감당하고 있다.

부인할 수 없게 대기는 특별하고 완벽한 설계로 이루어졌으며, 이 창조 과정 가운데 시간이 들어갈 틈이 없다. 진화론자들이 말하는 것처럼 처음에 무질서하던 것이 시간이 지나면서 지금의 대기로 점점 조화롭게 된다는 생각은 정말로 불가능하다. 대기는 처음부터 완전했어야 하며 그 대기가 지금까지 그대로 유지되어 왔어야만 한다.

물에 대한 경이로움도 끝이 없다. 앞서 언급했듯이 물은 수소 두 개와 산소 한 개로 이루어진 'H₂O' 분자다. 이 수소와 산소는 모두 기체지만 일단 상온에서 합해지면 액체가 된다. 재미있는 것은 수소는 그 자체로 물질을 태울 수 있으며, 산소는 그렇게 붙은 불을 지속시키는 성질을 갖고 있다는 점이다. 그런데 수소와 산소가 결합하면 오히려 불을 끄는 데 사용하는 물이 된다. 참으로 묘하지 않은가?

이와 같이 원소들이 무엇과 어떻게 결합하느냐에 따라서 전혀 다른 물질이 되기도 한다. 현대 화학이 시작되었을 때 화학자들을 놀라게 하고 그들로 하여금 빠져들게 했던 화학의 매력이 바로 이런 물질의 다양한 화학적 변화였다.

그리고 일단 분자로 결합하고 나면 여간해서는 분리되지 않는다. 이 결합된 모양 때문에 전기력을 띠며 대부분의 물질을 녹이는 용매 역할을 수행한다. 마시는 물에 수많은 광물질^{미네랄}이 포함된 이유도 물이 지하수나 냇물 사이를 흐르는 동안 돌을 구성하는 광물들을 용해시켜 그 성분을 함유하기 때문이다.

물은 특별한 방울 모양인데, 그 이유는 바로 물의 표면장력 때문에 일어나는 현상이다. 모세관 현상도 물의 표면장력에 의한 결과이다.

모세관 현상은 가는 대롱 안의 액체가 중력과 반대로 상승하는 현상인데, 이런 성질은 식물이 물을 통해 영양분을 공급 받는 데 반드시 필요하다.

물은 섭씨 0도 이하로 떨어지면 고체인 얼음으로 변한다. 특이한 점은 다른 물질들이 액체에서 고체로 변하면 부피가 줄어드는 데 반해 물은 고체인 얼음으로 변하면 오히려 부피가 늘어나고 밀도가 낮아진다. 이런 성질은 얼음이 물 위에 뜨고 호수가 표면부터 어는 것을 설명해 준다. 표면에 언 얼음은 완전한 절연체 역할을 담당하여 어느 정도 얼음 결정이 성장하면 차가운 온도가 물 아래로 전달되지 않게 하고 이로 인해 더 이상 결정은 성장하지 않는다. 이런 현상 때문에 물속에 있는 생물들이 겨우내 추위에 얼어 죽지 않고 아무런 어려움 없이 지낼 수 있다.

지구 상 어디에도 물의 대용품은 없다. 어떤 과학자도 물의 성질을 변화시키지 못한다. 단지 변하지 않는 물의 독특한 성질을 이용할 뿐이다. 이런 완벽한 물의 성질은 누군가 처음부터 이런 화학 법칙을 물에 넣었다는 해석 없인 도저히 이해 불가능하며, 물이 이런 성질을 갖추었을 때만 우리와 생물이 살 수 있는 것이다. 이 경이로운 물이 시간이 지나면서 이런 경이로운 성질을 저절로 갖추게 되었단 말인가? 물만 보더라도 시간이 아닌 전능하신 분의 지혜를 볼 수 있다.

하나님이 욥에게 던지신 물에 관한 질문은 하나님 외에는 어느 누구도 물어본 적도 없고, 물어볼 수도 없는 질문이다.

"비에게 아비가 있느냐 이슬방울을 누가 낳았느냐 얼음은 누구의 태에서 났느냐 공중의 서리는 누가 낳았느냐 물은 돌같이 굳어지고 깊은 바다의 수면은 얼어붙느니라"욥 38:28-30

물의 세 가지 상태가 등장하고 표면부터 어는 물의 성질까지 물어보고 계신 것이다.

하나님의 창조 방법

"하나님이 세상을 무엇으로 창조하셨나요?"
"말씀이요!"
그리스도인들은 이 세상이 하나님의 말씀으로 창조되었다는 사실을 잘 알고 있다. 이는 창조하실 때마다 "이르시되"said란 구절이 등장하기 때문이다. 이는 창세기 1장 전체에서만 열한 번이나 등장한다. 지금 다루고 있는 궁창도 "이르시되"라는 말씀으로 창조하신다. 창세기뿐만 아니라 성경의 다른 부분에서도 하나님이 "말씀으로" 만물을 창조하셨다는 사실은 여러 번 언급되어 있다.

"믿음으로 모든 세계가 하나님의 말씀으로 지어진 줄을 우리가 아나니"히 11:3

그런데 '말씀'하면 떠오르는 분이 있다. 바로 예수님이다. 요한복음은 다음과 같이 시작한다.

"태초에 말씀이 계시니라 이 말씀이 하나님과 함께 계셨으니 이 말씀은 곧 하나님이시니라"요 1:1

이어지는 1장 14절에 "그 말씀이 육신이 되셨다"는 것으로 보아 이 말씀이 예수님을 의미함을 쉽게 알 수 있다. 1장 3절에는 "만물이 그^{예수님}로 말미암아 지은 바 되었으니 그^{예수님}가 없이는 된 것이 없느니라"라고 하며 예수님이 창조자이심을 분명히 했다. 골로새서도 예수님을 창조자로서 "만물이 예수님에게서 창조되되 하늘과 땅에서 보이는 것들과 보이지 않는 것들과 혹은 왕권들이나 주권들이나 통치자들이나 권세들이나 만물이 다 그로 말미암고 그를 위하여 창조되었고"골 1:16 라고 표현했다. 이와 같이 예수님이 창조자라는 것은 성경 전체가 일관되게 언급하는 진리다.

이때 창세기 1장의 "이르시되"로 창조하시는 장면을 보며 말씀이신 예수님이 그려지지 않는가? 첫 절에서 시간과 공간과 지구를 창조하실 때 성부 하나님, 다음 절에서 수면에 운행하시는 성령 하나님, 빛을 창조할 때부터 말씀으로 등장하는 성자 하나님. 즉 창조부터 삼위 하나님이 모두 등장한다. 이는 히브리서에서 "그^{아들}로 말미암아^{through Him: 아들을 통해서} 모든 세계를 지으셨다"히 1:2라는 기록이 뒷받침한다. 이와 같이 세 분 하나님이 함께 창조하시는 장면은 인간을 창조하실 때 "우리의 형상을 따라 우리의 모양대로 우리가 사람을 만들고"^{창 1:26}라고 하시며, 내가 아닌 우리를 주어로 사용하는 것을 통해 분명히 알 수 있다.

사람은 말을 한다. 말을 한다는 것은 참으로 놀라운 능력이며, 동물과 구분되는 가장 돋보이는 차이점 중 하나다. 특히 인간이 구사하는 문법구조는 어떤 동물에서도 그 유사성을 찾지 못한다.

반면에 성경은 언어에 대하여 아주 분명히 말한다. 하나님이 말씀으로 세상을 창조하셨고 우리는 하나님을 닮은 그분의 형상으로 창조되었기에 처음부터 완벽하게 언어를 구사할 줄 알았다. 아담이 하와를 만났을 처음부터 "내 뼈 중의 뼈요 살 중의 살이라"^{창 2:23}고 완벽한 문법을 사용한 문장을 구사한 것만 봐도 알 수 있다.

또한 창세기 1장에는 "부르신다"^{call}라는 구절도 다섯 번 등장한다. 창조뿐 아니라 피조물들의 이름을 스스로 지으신 것이다. 창조주는 빛, 어둠, 궁창^{하늘}, 땅, 바다 등을 창조하실 때 각각의 이름을 부르셨다.^{call} 이와 유사한 모습은 창세기 2장에서 아담을 창조하신 후에 하나님이 하던 일들을 아담에게 맡기시는 장면에서도 등장한다.

"여호와 하나님이 흙으로 각종 들짐승과 공중의 각종 새를 지으시고 아담이 무엇이라고 부르나^{call} 보시려고 그것들을 그에게로 이끌어 가시니 아담이 각 생물을 부르는^{call} 것이 곧 그 이름이 되었더라 아담이 모든 가축과 공중의 새

와 들의 모든 짐승에게 이름^{name}을 주니라"^{창 2:19-20}

이는 말씀이신 하나님이 아담이 이름 짓는 모습을 통해 그를 자신의 형상으로 인정하시고 확인하시는 장면이 아닌가?

실제로 우리 인간은 이름 짓기에 빠르다. 어떤 것을 발견만 하면 바로 이름을 짓는다. 아이가 태어나기도 전에 이름부터 짓지 않는가? 말을 하는 것뿐만 아니라 이름 짓는 것만 보더라도 성경에 기록된 것처럼 우리가 하나님의 형상이라는 것을 쉽게 알 수 있다.

그런 면에서 홍수 심판 이후 일어난 바벨탑 사건 때 하나님께서 언어를 혼돈시키신 것은 그분의 입장에서는 큰 대가를 지불하신 것이다. 우리는 하나님의 형상이기 때문에 말을 하고 있으며 그 창조자와도 대화를 할 수 있었다. 그런데 죄로 인해 하나님과의 대화에 금이 갔으며, 심지어 바벨탑 때 "충만하라"^{창 9:1}는 하나님의 명령을 "흩어짐을 면하자"^{창 11:4}로 대적한 결과 인간 사이에서도 대화하기 힘든 상황으로 바뀐 것이다. 처음에는 우리가 중국어나 영어를 배울 필요가 없을 정도로 소통이 가능한 상태였다. 우리가 말을 하고 있는 것은 하나님의 형상이기 때문이지만, 서로가 언어가 통하지 않는 것은 우리의 죄의 대가이다.

언젠가 창조과학탐사에 참석한 한 청년이 이런 말을 했다.

"저는 언어가 통하지 않게 된 것이 사탄의 짓이라고 생각했어요. 불편한 것은 모두 사탄의 행동이라고 생각했어요."

결코 아니다. 하나님이 내리신 조치다. 흩어져야 하는데 흩어지지 않았을 때 내린 참으로 가슴 아픈 조치다. 그러나 정말로 지혜로운 조치다. 불편하게 해서라도 하나님을 생각하게 하고, 우리의 죄악을 기억나게 하시고, 처음 좋았던 그때를 바라보게 하신 것이다. 하나님을 잊으면 영원히 죽어야 하기 때문이다. 가슴 아프지만 끝이 없는 지혜에서 나온 전능하신 하나님의 조치다. 하나님이 가슴 아픈 조치를 취하셨음에도 불구하고 바벨탑 이후에 왜 말이 통하지 않게 되었고 왜 인류가 흩어지게 되었는지 이 중요한 이유를 다음 세대에게 전달하지 않았던 것은 우리에게 그 책임이 있다.

그래도 '말씀'이신 하나님께서는 인간의 타락 이후에도 자신의 형상에게 계속해서 '말씀'하셨다. 그리고 그 말씀을 자신의 형상인 사람에게 맡기셨다. 바벨탑 사건으로 흩어진 후 하나님과 우리의 역사를 모두 잊어버릴 즈음에 말씀을 이스라엘에게 맡기셨다.^{롬 3:2} 그 이후 모세를 포함해서 구약의 선지자들을 통해 말씀으로 계시하시고 기록하게 하셨다. 그리고 선지자를 통해서 하신 말씀들이 예수님의 탄생과 생애를 통해 그대로 이루어졌다.^{마 1:22, 4:14, 8:17, 12:17, 13:35, 21:4, 27:9, 눅 1:70, 행 13:29, 15:15} 말씀 그대로 그 말씀이 육신으로 오신 것이다.

그러므로 태초부터 있던 이 생명의 말씀^{요일 1:1}은 창세기 1장부터 요한계시록의 마지막 말씀까지 더하거나 빼거나 할 수 없는 것이다.^계

^{22:18, 19} 그래서 "기록된 말씀 밖으로 넘어가지 말라"고 경고했으며 그 말씀을 넘어갈 때 이를 '교만'이라고 했다.^{고전 4:6} 이 기록된 말씀을 받은 우리가 그 말씀께서 말씀으로 창조하시던 장면인 창세기 1장을 펴며 어찌 감격하지 않을 수 있겠는가!

모든 세계가 창조의 증거다

"보지 않고 믿는 믿음이 더 큰 믿음 아닌가요?"

창조과학 프로그램을 진행할 때 심심치 않게 등장하는 반응이다. 어떤 경우는 창조과학과 같이 무엇을 보여 주며 접근하는 방법은 믿음이 약한 사람들에게나 적용하는 수준이 낮은 접근 방법이라고 생각하기도 한다.

아마도 이런 질문이 나오는 가장 큰 이유는 요한복음 20장에 예수님이 부활하신 후 처음 제자들에게 나타나셨을 때, 그 자리에 없었던 도마의 의심에 대하여 하신 말씀 때문일 것이다.

"너는 나를 본 고로 믿느냐 보지 못하고 믿는 자들은 복되도다"^{요 20:29}

그러나 여기에서 예수님이 도마에게 하신 말씀은 '피조물'에 대한 믿음이 아니다. 예수님 자신을 의미한다. 지금은 제자들이 예수님을 보

창조주 하나님

면서 믿고 있지만, 이제 육신으로 오셔서 하실 일을 마감하고 아버지께로 곧 가기 때문에 앞으로는 자신을 보지 않고 믿어야 하는 상황 변화를 말씀하고 있는 것이다. 이런 예수님의 마음은 붙잡히시기 직전인 최후의 만찬 때 제자들을 위해 아버지께 기도하시는 모습에서도 드러난다.

> "내가 비옵는 것은 이 사람들^{제자들}만 위함이 아니요 또 그들의 말로 말미암아 나를 믿는 사람들도 위함이니"요 17:20

이는 예수님을 직접 보지 못했지만 제자들의 말을 통해 자신을 믿어야 하는 다음 세대를 위한 기도다.

그러나 하나님이 성경대로 행하신 물리적 증거들은 다르다. 어디서나 볼 수 있다. 성경도 이 증거들을 어디서나 볼 수 있다고 말하며, 성경 전체는 이 자세를 일관되게 유지한다.

> "너희는 눈을 높이 들어 누가 이 모든 것을 창조하였나 보라"사 40:26
> "주의 손가락으로 만드신 주의 하늘과 주께서 베풀어 두신 달과 별들을 내가 보오니"시 8:3
> "창세로부터 그의 보이지 아니하는 것들 곧 그의 영원하신 능력과 신성이 그가 만드신 만물에 분명히 보여 알려졌나니 그러므로 그들이 핑계하지 못할지니라"롬 1:20

이와 같이 성경은 하나님이 행하신 수많은 증거들이 널려 있을 뿐 아니라 이를 볼 수 있다고 여러 번 강조한다. 그러므로 보여 주는 것은 결코 낮은 수준의 변증법이 아니다. 하나님이 직접 말씀하셨으니 오히려 고급 방법이다. 창조과학탐사의 참석자들이 변하는 이유가 바로 여기에 있다.

그랜드캐니언이란 지명이 성경에 쓰여 있지는 않지만 인류를 심판했던 전 지구적인 홍수 격변의 증거들이 지구 상 어디에나 있다는 것을 인정하게 되기 때문이다. 그리고 성경을 통하지 않고는 이 증거들이 결코 이해될 수 없다는 것과 성경을 통하면 너무 쉽게 맞아떨어진다는 것을 발견했다.

우리는 예수님의 육체를 찾고 있는 것이 아니다. 예수님은 지금 아버지 곁에 계시기 때문이다. ^{롬 8:34} 오히려 하나님이 전 우주와 지구에 행하신 그 물리적 증거들이 세상에 널려 있다는 것을 보여 주고 있다. 우리는 담대하게 "보고 믿으라"고 말한다. 세미나 장소에 오신 여러분들이 믿음이 연약해서 보고 믿으라는 것이 아니라, 하나님께서 보고 믿으라고 하셨기 때문에 그렇게 하고 있는 것이다. 다시 말하지만 '하나님'을 보라는 것이 아니다. 그분이 성경에 '말씀'하신 대로 행하신 '피조물'을 보면서 그 창조자를 믿으라고 하는 것이다. 증인^{예수님}, 증언^{말씀}, 증거^{피조물} 이 세 가지가 결코 모순되지 않는다는 것을 설명한다. 성경도 이 세 가지가 여러 번 등장하며 서로 모순되지 않음을 말한다.

창조과학자는 지금 '증명'하고 있는 것이 아니다. 우리가 어떻게 지구, 별, 동식물, 생명 어느 하나 만들어 볼 수 있겠는가? 증명이 아니라 증거를 보여 주고 있다. 그리고 성경과 그 증거를 통한 하나님을 향한 믿음을 말하고 있는 것이다.

> "믿음으로 모든 세계가 하나님의 말씀으로 지어진 줄을 우리가 아나니 보이는 것은 나타난보이는 것으로 말미암아 된 것이 아니니라"히 11:3

우리는 위의 말씀처럼 모든 세계가 하나님의 말씀으로 지어진 것임을 믿어야 한다. 그리고 진화론이 말하듯이 우리가 보고 있는 피조물이 보이는 것에서 온 것이 아니라 보이는 것을 초월한 하나님으로부터만 올 수 있다는 것을 믿어야 한다. 히브리서 3절 이후에 나열된 아벨, 에녹, 노아, 아브라함, 사라, 이삭, 야곱, 요셉 등 믿음의 선진들은 이 11장 3절의 '보이는 것'을 보며 '보이지 않는' 하나님에 대한 믿음이 있었기 때문에, 앞으로 보지 못했던 일들까지 믿고 참아낼 수 있었다. 창조과학탐사의 참가자들에게서 아래와 같은 간증이 매번 나오는 이유도 자신의 믿음에 대한 증거를 보았기 때문이다.

> "막연했는데 성경과 그 증거를 통해 풀어진다는 것이 놀라웠습니다."
> "처음에는 믿으면 됐지 왜 자꾸 증거를 보여 주는 것일까 생각했었지만, 프로그램이 진행되면 될수록 증거를 본다는 것이 기쁘고 다시 확인해서 기쁩니다."

"성경을 믿었었지만 증거를 보고 더욱 확신을 갖게 되었습니다. 앞으로 내가 어떻게 살아야 할지 결정하게 되었습니다."

보이는 이 모든 세계가 성경을 사실이라고 말하고 있는 증거라는 것을 알았을 때, 하나님을 인정할 수밖에 없다. 그러나 오늘날 진화론 교육이 그 증거를 볼 수 있는 우리의 마음을 막아 버렸기 때문에 하나님이 행하신 일을 보지 못하며, 결국 하나님에 대한 믿음도 잃어버리게 했다. 이 모든 증거를 보게 되었을 때 가장 감사한 것은 무엇일까? 지금 내 손안에 성경책이 있다는 것이다! 우린 증인을 만난 것이다. 우리는 진짜 과거 사실에 대하여 눈으로 확인하며 믿을 수 있다. 아니 볼 수 있어야 한다. 이것이 하나님이 원하는 바이기 때문이다.

진화론이 등장했을 때 많은 교회들은 다음 세대에게 "피조물, 즉 물리적 증거조차도 보지 않고 믿는 것이 복되다"고 말했다. 이건 결코 성경적인 자세가 아니다. 성경은 "보라!"고 하기 때문이다. 피조물조차도 보지 않고 믿으라고 말했을 때 다음 세대에 어떤 결과를 초래했는지는 이 책의 뒷부분에서 다시 이야기해 보겠다.

도대체 과학자들은 뭣하고 있는 거예요?

2013년 한국을 방문했을 때 과학기술원 근처의 교회에서 세미나를 열었다. 교회의 위치 탓인지 과학자들이 꽤 많이 출석하고 있었다. 세미나 중에 진화의 증거로 교과서에 실려 있는 시조새가 평범한 한 마리 새로 결론이 났던 부분을 설명하며 《사이언스》를 비롯한 다양한 논문을 인용하고 있을 때였다. 앞줄에 앉아 있던 여집사님이 갑자기 한마디 던지셨다.

"그러면 과학자들은 뭣하고 있는 거예요?"

그분은 시조새가 그저 단순하고 평범한 새로 결론이 났다면 과학자들이 무엇인가 했을 것 같다고 말했다. 지금 그분의 곁에 앉아 있는 많은 사람이 과학자들 아닌가?

내가 과학자들에게 물었다.

"한 달에 과학 논문이 얼마나 많이 발표되나요? 수천 편에 달하겠지요?"

모두들 수긍하는 얼굴이었다.

"그중 몇 편이나 읽으세요?"

"…."

"자신의 전공 분야 읽기도 바쁘지요?"

이 질문에도 모두 동의하는 표정이었다.

한 가지 더 물었다.

"시조새가 그저 평범한 새로 결론이 난 논문을 여기서 처음 접해

창조주 하나님

보셨지요?"

과학자는 모든 것을 아는 전지한 사람들이 아니다. 교과서가 무서운 이유가 여기에 있다. 교과서는 모든 학생이 배우며 적힌 대로 이해하고 암기하려고 한다. 학생은 자신이 이해하지 못할까 봐, 부모는 자식들이 이해하지 못할까 봐 부담을 가지고 있다. 그래서 일단 교과서에 수록되고 나면 그 내용을 보편화시켜 버리는 강력한 힘이 있다. 그러나 교과서도 틀린 부분들이 있다. 과학 교과서도 예외는 아니다. 그런데 일단 교과서에 수록되고 나면 과학자들이 새로운 결론을 내렸다고 해도 내용이 바뀌는 데 오랜 시간이 걸린다. 이것이 바로 교과서의 속성이다.

그러므로 과학자들 가운데 시조새가 한 마리 새라고 결론이 났다는 것을 알고 있는 사람은 극소수에 불과하다. 일반인뿐 아니라 거의 모든 과학자도 무덤에까지 중·고등학교 때 배웠던 지식을 고스란히 가져간다. 이는 과학 분야가 세분화될수록 논문이 더 많이 나올수록 새로운 내용을 접할 가능성은 더욱 낮아진다. 과학자들을 폄하하려는 의도가 결코 아니다. 과학자들도 다른 사람과 똑같은 한계를 갖고 있다는 것을 말하려는 것이다.

뿐만 아니라 과학자들도 편견이 있기 때문에 자신들의 경향에 맞는 논문을 주로 읽는다. 진화론자 입장에 있을 때는 진화론적으로 설명한 논문을 택하고 그렇지 않은 것은 배제한다. 수많은 논문을 모두 자세히 읽을 수 없기 때문이다. 논문 숫자가 지금에 비해 현저히 적었던 천동설이 지배하던 시절에도 지동설이 등장하자 천동설의 편견을 갖고 지동설을 대했다.

과거 사실을 알아야 하는 역사과학은 증인 없이 아는 것이 더욱 어렵기 때문에 실험과학에 비해 훨씬 쉽게 편견에 갇힌다. 이런 편견은 진화론 과학자뿐 아니라 창조과학자에게도 나타난다. 편견이 있기는 둘 다 마찬가지다.

그러나 앞에서 다루었던 것처럼 역사과학은 속성상 과거에 거기 있던 증인을 만날 가능성이 있다. 증인의 증언을 통해 역으로 증거들을 검토할 수 있다는 강점이 있다. 그래서 창조과학자는 역사과학을 하는데, 예수님이라는 증인과 그분이 증언하신 성경을 택한 뒤 역으로 검증해 나가는 것이다. 그리고 그 검증이 증인의 말과 일치한다는 결론을 갖게 되는 것이다.

당시 세미나에서 시조새가 더욱 주목을 받았던 것은 그만한 이유가 있었다. 세미나 전해인 2012년 한국 교육과학부에서는 교과서진화론개정추진위원회의 청원을 받아들여 당시 진화의 증거로 교과서에 수록된 시조새와 말 화석을 삭제하기로 결정했다.

이때 《네이처》에 '한국이 창조론자의 요구에 항복하다'란 제목의 기사가 실렸는데 거의 대부분의 한국 일간신문이 이를 그대로 게재하면서 전국적인 논란을 불러일으켰다. 또한 인터넷 신문에 실린 기사에도 수많은 댓글이 달렸는데, 그 대부분은 교육과학기술부의 결정에 강력히 반발하는 내용이었다. 결국 이렇게 들끓는 여론에 밀려 교과부에서는 시조새와 말화석의 삭제 결정을 번복했고, 대부분의 교과서에는 다시 이 두 화석이 실리게 됐다.

기존에 진화의 증거로 교과서에 실렸다가 사라진 예들이 여럿 있다. 인류 진화의 조상 두개골로 배웠던 자바원인, 필트다운인, 네브라스카인, 라마피테쿠스 등은 이미 자취를 감춘지 오래다. 또 몇 년 전 미국 교과서는 헤켈의 발생반복설과 말의 진화 내용을 삭제됐다. 이들은 백 년도 훨씬 전에 발표되었고 이미 학계에서는 조작된 것들로 알려진 이론들이다. 그럼에도 불구하고 이들이 교과서에 수십 년, 어떤 나라들은 백 년 넘게 남아 있었다.

다른 또 하나는 과학자들이 교과서에 어떤 내용을 담는지 큰 관심이 없다는 이유도 잘못된 진화론의 잔재가 남아 있는 이유다. 대부분의 과학자는 자신의 연구실을 운영하고, 연구를 위해 더 많은 연구비를 확보하고, 자신의 주장을 학계에 보고하는 데 더 관심이 많다. 과학 교과서를 펼쳐 보는 과학자는 거의 없다. 그리고 한국에서 일어났던 소동에서 보듯 기원에 대한 문제는 여론에 아주 민감한 사안이라 논의를 꺼려 한다.

몇 년 전 미국에서 〈추방:허용하지 않는 지성〉이란 영화가 상영되었다.[1] 이 영화는 진화론에 대한 문제점을 언급했거나, 지적설계론에 동조하는 글을 썼다는 이유로 《과학 저널》 편집장, 교수, 기자 등으로 재직하다가 어려움을 겪거나 심한 경우 인생의 파멸까지 겪은 사례들

---

1 *Expelled*, No Intelligence Allowed, 2008

을 보고한 다큐멘터리다.

이들이 재직했던 박물관, 학교, 신문사 등은 누구에 의해 운영되겠는가? 일반인의 후원금과 구독료다. 그러므로 기존의 보편화된 생각과 상반되는 내용을 언급하면 운영에 타격을 입고, 이런 상황은 과학자들에게도 엄청난 부담으로 작용한다. 더군다나 그들에게 성경이 없다면, 즉 사실이 무엇인지 확신하지 않은 상태에서 과학자들 중 과연 몇이나 진리에 몸을 던지려고 하겠는가?

우리가 진화의 증거로 현재 교과서에 실려 있거나 최근까지 실렸던 내용들을 다루는 이유가 바로 이것이다. 우리에게 진화론에 대한 보편성을 주입시켰던 교과서의 진화론은 언제나 우리들의 마음 한 켠에 자리잡고 있다. 편견을 버리고 객관적으로 바라보자. 정말로 이들이 진화의 증거인지 아닌지 말이다.

"교과서가 틀릴 수도 있다는 것에 놀랐어요."

유학생 창조과학탐사에서 한 형제가 간증 중에 한 말이다. 교과서에 틀렸다는 것을 발견했다는 것 자체가 그만큼 자신에게 큰 사고의 전환을 가져왔단 의미다.

기던 동물이 어떻게 날게 되었을까

진화론자들이 가장 어려워하는 진화 단계를 꼽으면 새의 진화이다. 도대체 기던 동물이 어떻게 날게 되었을까? 이를 놓고 고민하던 진화론자들은 파충류를 새의 조상으로 선택했다. '알'이라는 공통분모 때문이었다. 문제는 오늘날 살아 있는 파충류들은 모두 네 발로 기어 다닌다는 점이다. 네 발로 기다가 날려면 두 발로 걷는 단계를 반드시 거쳐야 할 것 아닌가?

그러나 살아 있는 생물 가운데 두 발 가진 파충류가 없기 때문에 진화론자들은 자연스럽게 화석으로 눈을 돌렸다. 그리고 티라노사우루스와 같은 두 발로 걷는 공룡을 발견했다. 일단 두 발 가진 공룡에서 새로 진화되었다는 믿음이 생기자 진화론자들은 화석에서 그 증거를 찾으려고 노력했다. 주목해야 할 점은 이러한 진화에 대한 믿음은 증거에서 비롯된 것이 아니며 잘못된 믿음이 증거보다 앞서 있었다는 사실이다.

그들은 시조새를 근거로 내세웠다. 시조새는 1861년 첫 보고된 이래로 지금까지 여섯 구 정도가 발견되었지만, 대부분 완전치 않다. 그 가운데 1877년 독일에서 발견된 두 번째 것이 가장 크고 잘 보존되어 있고 교과서에도 그 사진이 실려 있다.

이 시조새는 고작 30센티미터밖에 되지 않는다! 그 크기가 비둘기나 까마귀 정도다. 그럼에도 불구하고 진화론자들은 시조새 화석에서 파충류의 특징인 긴 꼬리, 날개 끝에 갈퀴, 치아가 있는 모습과, 새의 특징인 깃털, 날개, 부리를 제시하며, 시조새가 파충류와 새의 중간 형태라고 주장했다. 그러나 파충류의 특징이라고 하는 세 가지는 새들도 갖고 있는 반면, 새의 특징인 나머지 세 가지는 오직 새에게만 있다.

진화의 증거가 될 중간 화석이란 무엇인가? 중간 모습이란 기능이 완전하지 않아 진화 과정임을 보여 줄 수 있는 기관이 있어야 한다. 예를 들면, 살아 있는 중간 단계의 동물로 제시되었던 동물 중 오리너구리가 있다. 오리너구리는 포유류, 조류 혹은 파충류의 특징을 동시에 가지고 있었다. 그러나 이는 진화의 증거가 아니다. 오리너구리가 가진 이 기능들은 모두 완전한 것이기 때문이다. 진화의 증거가 아니라 오히려 창조의 증거다. 시조새가 가진 꼬리, 갈퀴, 치아, 깃털, 날개, 부리 등도 완전한 기능이 있는 것이므로 시조새는 중간 화석이 아니다.

실제로 권위 있는 논문에서 많은 전문가가 이미 시조새를 완전한 새로 결론 내렸다. 예를 들면 새에 대한 최고의 권위자인 페두시아[Alan Feduccia]는 《사이언스》에서 다음과 같이 결론 내렸다.

"고생물학자들은 시조새를 날개 가진 공룡으로 해석해 왔다. 그러나 그렇지 않다. 이는 한 마리 새이며 작은 가지에 앉을 수 있는 새다. 어떤 말로도 이를 바꿀 수 없다."[2]

1984년 시조새에 대한 국제회의에서도 시조새는 반조류도, 반파충류도

---

2 Alan Feduccia, "Archaeopteryx: Early Bird Catches a Can of Worms." *Science*, 1993.

아닌 완전한 새라는 내용이 등장했다. 나중에 시조새가 발견된 지층보다 더 낮은 지층에서 오늘날의 새와 동일한 화석들이 발견되어 혼동을 주기도 했다. 지난 2013년 5월 미국 ABC의 뉴스에서도 같은 내용을 보도했다.[3]

이와 같이 이미 많은 과학자가 한 마리 새로 결론 내린 시조새가 새의 진화 증거로 아직도 교과서에 들어 있다.

교과서 속 진화론 2

인위적인 실험

1953년 미국의 시카고대학 박사 과정 학생인 밀러와 그의 교수였던 유레이는 그림과 같은 장치를 만들어서 수소와 메탄, 암모니아와 수증기를 혼합한 기체를 6일 동안 고압전기로 방전시켜 유기화합물을 합성한 뒤 이를 곧바로 냉각시켰다. 이 실험에서 그들은 몇 종류의 아미노산[4]을 얻었다. 이

---

3 New Study Restores Famed Fossil to "Bird" Branch By ALICIA CHANG, http://abcnews.go.com/Technology/wireStory/study-restores-famed-fossil-bird-branch-19282055#.UaZg9LUckeU, 2013년 5월 29일.

4 아미노산은 단백질을 구성하는 기본 단위로, 생물체들은 물을 제외한 물질의 약 50퍼센트가 단백질로 구성되어 있으며, 우리 몸도 역시 단백질로 되어 있다. 그러나 본문에 나와 있는 것처럼 모든 아미노산이 생물체에 사용되지는 않는다.

들은 이 아미노산들이 시간이 지날수록 더 복잡한 단백질로 변할 거라고 믿었다. 이 실험은 과학계에 큰 반향을 불러일으켰으며, 곧 각 교과서에 생명의 기원에 대한 첫 단계인 무생물에서 생물로의 진화 과정을 설명하는 실험으로 실리게 되었다. 과연 이것이 생명에 관련된 실험이었을까?

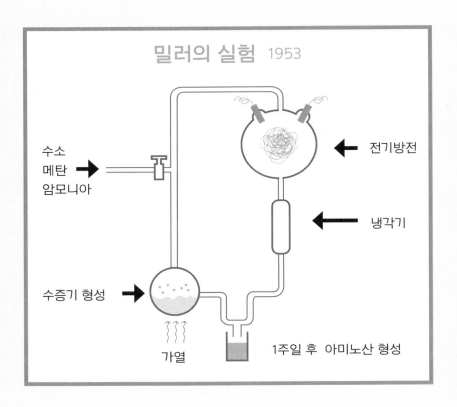

밀러의 실험 1953

수소
메탄
암모니아

전기방전

냉각기

수증기 형성

가열

1주일 후 아미노산 형성

선택한 재료의 문제

여기서 사용된 혼합 기체에는 생명체에 꼭 필요한 산소가 빠져 있다. 밀러 자신도 산소를 넣을 경우 산화로 인해 원하는 물질이 파괴된다는 사실을 잘 알고 있었기 때문이다. 즉 합성이 가능하도록 인위적으로 재료를 선택한 것이다. 그러나 지구 상의 암석들은 지구 대기가 과거에 항상 산소를 포함하고 있었음을 보여 주고 있다. 더군다나 메탄의 경우는 어떤 퇴적물에서도 검출된 적이 없다. 실제로 메탄이나 암모니아는 지구 상에 대량으로 존재하기 어려운 기체들이다.

결국 선택된 재료들이 과거의 증거와 맞지 않는다. 즉 실험 결과를 위해서 도움이 안 되는 기체는 제거하고, 필요한 기체만 인위적으로 모은 것이다. 자연 상태에서는 결코 이 기체들만 모일 수 없을 뿐 아니라, 과거의 흔적에도 이러한 대기 구성이 있었다는 증거가 없다.

실험 조건의 문제

실험에서 시도했던 전기 방전은 번갯불을 흉내 낸 것인데, 전기 섬광은 아미노산을 결합시키기도 하지만 분해도 시킨다. 또한 다른 물질들과 마구잡이로 결합시켜 원유의 증류 후에 남는 타르와 같이 쓸모없는 물질도 만든다. 밀러 역시 이를 알았기 때문에 합성된 유기물이 무용지물이 되기 이전에 전기 방전을 그치고 바로 냉각시켰다. 즉 그의 실험은 철저히 인위적인 설계에 의한 것이었다.

그래서 얻어진 아미노산은?

과연 그렇게 얻어진 아미노산은 어떤 물질이었을까? 실제로 이때 얻어진 아미노산은 결코 생명체에 쓸 수 없는 것들이었다. 아미노산이라고 모두 생명체에 쓰이는 것이 아니기 때문이다. 지금까지 발견된 아미노산은 이천여 가지인데, 이 중 생명체에 사용되는 아미노산은 단지 1퍼센트인 20개뿐이다. 나머지는 생명체와 관련 없는 아미노산들이다. 아미노산은 편광^{전기장 백}터 또는 자기장 벡터의 방향이 일정한 방법으로 진동하는 빛된 빛을 왼편으로 돌리는 L형과 오른편으로 돌리는 D형으로 구분되는데, 생명체에 사용되는 아미노산은 모두 L형으로만 이루어져 있다. D형이 하나만 들어 있어도 생명체로서의 기능이 불가능하다. 그러나 이 실험에서 얻어진 아미노산들은 L형과 D형이 동시에 존재한다. 즉 이 아미노산은 생명체와 무관한 것들이다.

이 실험은 무기물에서 유기물을 합성했다는 점에서는 과학적 의미가 있다. 그러나 실험의 재료, 조건, 결과물들은 생명체로 연결될 수 없는 일종의 화학 실험에 불과하다. 과연 이 실험이 생물책에 있어야 할까? 아니면, 화학책에 있어야 할까?

과학자들은 아직 생명이 무엇인지도 모른다. 단지 생명이 있는 것과 없는 것의 차이만 알고 있다. 더군다나 생명체의 시작에 관해서는 아무것도 모른다. 과학자들이 유일하게 아는 것은 생명체는 생명체로부터 나온다는 사실이다. 그리고 이 사실이야말로 지금까지 과학자들의 관찰과 실험으로 얻어진 100퍼센트 확실한 결과이다.

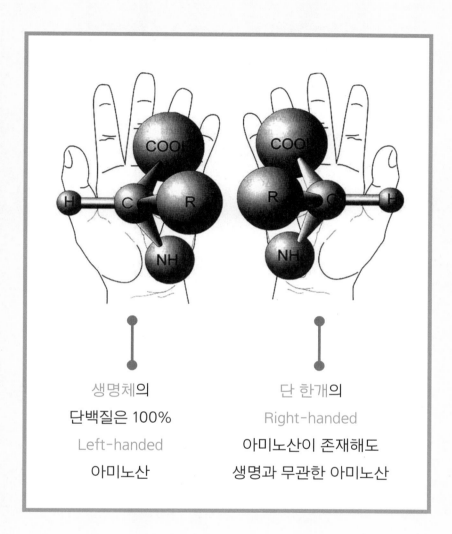

생명체의
단백질은 100%
Left-handed
아미노산

단 한개의
Right-handed
아미노산이 존재해도
생명과 무관한 아미노산

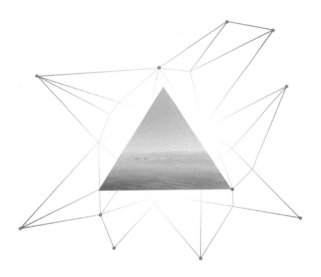

종류 VS 종

뭍을 땅이라 부르시고 모인 물을 바다라 부르시니

이 땅이 어떻게 시작했는지 과거에 어떤 경험을 했는지 우리는 스스로 깨달아 알 수 없다. 오직 거기 계셔서 행하셨고, 완전히 알고 있는 증인이신 하나님을 통해서만 알 수 있으며, 그 말씀과 지구 상에 있는 증거들이 일치하고 있는 것이다.

"하나님이 이르시되 천하의 물이 한곳으로 모이고 뭍이 드러나라 하시니 그 대로 되니라 하나님이 뭍을 땅이라 부르시고 모인 물을 바다라 부르시니 하 나님이 보시기에 좋았더라"창 1:9-10

하나님은 셋째 날에 둘째 날 창조하신 궁창 아래 물로 바다를 만 드시고 뭍을 드러내셨다. 지표의 전체를 덮고 있던 물이 모이며 뭍이 드러나는 현상은 지표의 어느 한쪽은 낮아지고 한쪽은 상대적으로 높 아지는 방법으로만 가능하다. 즉 낮아진 곳은 물이 모여 바다가 되었 고 높아진 곳은 물이 빠져 뭍이 드러난 것이다. 첫째 날 창조된 지구는 셋째 날에 다시 한 번 전 지구적인 지질학적 과정을 겪는다.

베드로후서 말씀은 셋째 날 땅이 만들어지는 과정을 그대로 언급 한다. 또한 이 말씀은 땅이 만들어진 과정을 일부러 잊으려 하는 세대 에 대한 경고이기도 하다.

"땅이 물에서 나와 물로 성립된 것도 하나님의 말씀으로 된 것을 그들이 일부 러 잊으려 함이로다"벧후 3:5

성경에서 창조 이래로 이와 비슷한 장면이 한 번 더 등장하는데, 이 세상이 죄악으로 가득 찼을 때 하나님이 물로 심판하셨던 '노아 홍 수'이다. 당시 지구 전체를 덮었던 물이 줄어들 때 '물이 땅에서 물러 갔다'라고 기록한다.창 8:3 하나님이 셋째 날과 같이 홍수 때도 높고 낮음을 통해 뭍을 등장시키신 것이다.

성경의 역사를 토대로 보자면 우리가 살고 있는 오늘날의 바다와 뭍은 창세기 1장에 묘사된 처음 창조 때 모습이 아니다. 지금의 땅은 아담과 하와가 범죄한 다음 일차적으로 저주 받았고^{창 3:17}, 그 후 죄악이 가득 차서 인간과 코로 숨을 쉬는 육지의 동물들을 쓸어버린 저주가 더해진 심판 이후의 모습이다.^{창 8:21} 그러므로 지금의 모습으로 창조 때의 땅을 알기란 불가능하다. 아마 처음이 좋았을 것이라는 상상조차도 불가능할 것이다. 오직 그 자리에 계셨던 하나님의 계시를 통해서만 엿볼 수 있다. 그 좋았던 범죄 이전의 모습이 기록된 책이 바로 창세기 1-2장이다.

노아 홍수는 모든 깊음의 샘들이 터지며 시작된 전 지구적 격변이다. 이로 인해 지구에는 지울 수 없는 큰 흔적들이 남았다. 그중 가장 대표적인 예가 바로 화석이다. 화석은 돌 속에 묻혀 있는 과거 동식물들의 시체나 흔적이다. 오늘날에도 땅을 파면 수백만의 시체들이 발견되는데 바로 화석들이다. 그러므로 이 시체들은 분명 창조 때의 모습이 아니라 심판의 흔적이다. 창조가 없이 시체가 있을 수 없을 테니 말이다.

"내가 땅의 기초를 놓을 때에 네가 어디 있었느냐 네가 깨달아 알았거든 말할지니라"^{욥 38:4}

하나님이 욥에게 던진 질문은 마치 창세기 1장에서 땅을 다지셨던 자신을 말씀하시는 것 같지 않은가? 이 땅이 어떻게 시작했는지 과거에 어떤 경험을 했는지 우리는 스스로 깨달아 알 수 없다. 오직 거기 계셔서 행하셨고, 완전히 알고 있는 증인이신 하나님을 통해서만 알 수 있으며 그 말씀과 지구 상에 있는 증거들이 일치하고 있는 것이다.

종류대로 식물의 창조

"하나님이 이르시되 땅은 풀과 씨 맺는 채소와 각기 종류대로 씨 가진 열매 맺는 나무를 내라 하시니 그대로 되어 땅이 풀과 각기 종류대로 씨 맺는 채소와 각기 종류대로 씨 가진 열매 맺는 나무를 내니 하나님이 보시기에 좋았더라 저녁이 되고 아침이 되니 이는 셋째 날이니라"창 1:11-13

물이 한곳으로 모이며 드러난 뭍에 식물을 창조하셨다. 식물을 풀, 채소, 과목으로 구분하셨고 이는 후에 창조될 동물과 사람의 음식이 된다.

식물을 창조하실 때 세 번씩이나 등장하는 단어가 '종류'다. 히브리 원어로는 민^{min}이란 단어인데 영어로는 'kind'로 번역되었다. 히브리어 뜻은 '한계가 지어졌다'란 의미다. 더 정확한 의미를 알려면 성경의 다른 본문에서 찾아보는 것이 좋은데, 홍수 심판 당시 동물들을 방주에 넣을 때 이 말이 구체적으로 정의된다.

"새가 그 종류대로, 가축이 그 종류대로, 땅에 기는 모든 것이 그 종류대로 각기 둘씩 네게로 나아오리니 그 생명을 보존하게 하라"창 6:20

또한 이렇게 말씀하셨다.

"그 씨를 온 지면에 유전하게 하라"창 7:3

그러므로 방주에 동물들을 종류대로 넣은 목적은 생명을 보존시켜 씨를 유전케 하기 위함이었다.

엄밀히 말하자면 종류는 생물학 책에 등장하는 용어는 아니다. 거기에는 '종'species이란 단어를 쓴다. 종은 영국 박물학자 존 레이John Ray가 처음으로 사용했으며, 이어 생물분류학의 아버지라 불리는 카를로스 린네Carolus Linnaeus가 생물을 체계적으로 분류하기 시작하면서 정착되었다. 멘델에 의한 유전법칙이 발견1866년되기 이전이기 때문에 당시에는 모양을 통한 형태학적인 분류를 시도하였다. 1900년도 초부터 유전법칙이 생물학계에 알려지면서 종의 정의에 대한 수정이 필요해졌고, 오늘날에는 개체 사이에 교배가 가능한 무리를 지칭하는 용어로 정착됐다.

그러나 정의만큼 종이 명쾌히 구분되는 것은 아니다. 왜냐하면 모

든 생물에게 교배를 시도해 봐야 하며, 겉으로는 차이가 있으나 교배하여 자손을 남기는 경우가 있고, 형태학적으로는 모양이 비슷하지만 교배가 불가능한 경우도 있기 때문이다.

이런 이유 때문에 종에 대한 정의가 형태학적 특징에서 유전학적 한계로 전환되는 과정에서 생물분류학자들은 새로운 분류 방식이 기존 방식과 일치하지 않는다는 것을 발견했다. 예를 들면 늑대, 코요테, 딩고, 개들은 염색체 숫자가 78개로 동일하며 서로 교배가 가능하다. 이들은 기존의 분류 방식으로는 개과라는 하나의 과에 속해 있지만 각기 다른 종으로 분류된다. 그러나 새로운 분류 방식으로는 개과 전체를 한 종으로 묶을 수 있다. 고양이과도 마찬가지다. 호랑이, 사자, 고양이 등은 기존에는 각기 다른 종으로 분류되었지만 염색체 숫자가 38개로 동일하며 서로 교배할 수 있다. 이와 같이 교배의 한계로 정했을 때 가장 가까운 분류 단위는 '과'에 해당된다고 할 수 있다.

그러나 생물분류학자들은 스스로 정의를 바꾸어놓고 과연 어떤 자세를 취했을까? 모든 생물을 새로운 분류 방법으로 다시 재편성했을까? 그렇게 하지 않았다는 것에 심각한 문제가 있다. 여전히 형태에 따라 분류했던 기존 방식을 대부분 그대로 사용하고 있다. 그도 그럴 것이 종 분류를 재편성하는 것은 만만한 일이 아니기 때문이다. 먼저 새로운 방식에 대한 학자의 동의, 이해, 교육 등이 이루어져야 하고, 기존 논문도 다시 수정해야 한다. 또한 이런 것이 이루어졌다고 할지라도 실제로 각 동식물들의 염색체 숫자도 세어 보고, 교배 가능성도 실험해 보아야 한다. 또한 새로운 분류 방식을 채택하는 것이 의무적인 것도 아니기 때문에 이미 익숙하고 보편화된 기존 방식을 바꾸는 데 그리 열심을 냈을 리 없다.

이러한 상황은 오늘날 학문의 슬픔이다. 왜냐하면 대다수의 일반인들에게 혼돈을 주기 때문이다. 생물의 기원에 대한 세미나를 할 때면 거의 빠지지 않고 받는 질문이 있다.

"그렇다면 라이거는 어떻게 된 거예요?"

이런 질문이 나오는 이유는 교과서에서 종이라는 정의를 서로 교배가 가능한 집단이라고 했지만 여전히 호랑이와 사자를 한 종으로 묶지 않고 서로 다른 종으로 분리시켜 놓았기 때문이다. 개도 마찬가지다. 개와 늑대는 정의상으로는 한 종이지만 여전히 하나의 개과 안에서 다른 종으로 분류되어 있다.

창조과학자들이 '종'이란 단어를 사용하지 않고 '종류'란 단어를 사용하는 이유가 바로 여기에 있다. 아직도 생물학자들은 생물을 분류하는 것에 있어서 '교배가 가능한 집단'이라는 '종'의 정의를 제대로 적용시키고 있지 않기 때문이다. 오히려 성경에서 '씨를 보존할 수 있는 한계'로 사용하는 '종류'가 정확한 단어다.

창조과학자나 진화론자나 사자, 호랑이, 고양이가 한 종류의 조상에서 나왔다는 것은 모두 인정한다. 개의 경우도 마찬가지다. 늑대, 코요테, 딩고, 각종 개들이 모두 한 개 종류의 조상에서 나왔다는 것은 모두 동의한다. 이들은 모두 한 종류 안에서 유전적인 재조합에 의해 다양해질 수 있기 때문이다. 그러나 이 종류의 한계를 뛰어넘지는 못한다.

지난 2013년 〈진화 vs 하나님〉[1]라는 DVD가 출시되었다. 이것은 38분 분량인데 네 명의 유명 진화론자 교수들과 진화론을 믿는 여러 과학 전공 학생들에게 진행자가 질문하고 답변하는 방식이다. 이때 진행자는 '종'이란 단어 대신에 '종류'라는 단어를 사용한다. 진행자는 종에 대한 정의와 현실을 분명히 이해하고 있었다.

"종류가 변한 예를 하나만 들어 주시겠습니까?"

이 질문에 진화론자 교수들은 단 하나의 예도 들지 못했다. 여전히 한 종류 안에서 다양해지는 예를 들기도 하고, 당황하기도 하고, 심지어 '인간도 어류다'라는 식의 상식 이하의 답변을 하기도 했다. 학생들도 마찬가지다. 대부분은 예를 들지 못하며 어떤 학생은 교과서에 실려 있는 한 종류에서만 다양해지는 그릇된 예를 들 뿐, 실제 예는 단 하나도 들지 못했다. 이런 자세는 생물의 종류가 변화되어 어떤 관찰도 과학적 실험도 없었기 때문이다.

1 〈Evolution vs God〉, DVD, 38분, Living Waters, 2013.

콩 심은 데 콩 나고, 팥 심은 데 팥 난다

"콩 심은 데 콩 나고, 팥 심은 데 팥 난다는 이야기를 뭐 그렇게 길게 하세요!"

사역 초창기 때 미국 샌프란시스코 부근의 한 교회에서 〈종의 기원〉에 대한 세미나를 할 때 앞에 앉아 계셨던 한 권사님이 세미나 중 툭 던진 말이다. 청중들은 폭소를 터뜨렸지만 이 말이야말로 이 세미나의 결론과도 같았다.

멘델이 1866년 완두콩 실험을 통해 얻은 유전 법칙들과 유전자 재조합에 관한 지식들은 무엇을 말하는가? 한 종류 안에서 유전적인 재조합에 의해 얼마든지 다양하게 변할 수 있다는 것이다. 역으로 말하자면 아무리 다양해도 완두콩이라는 종류는 여전히 변하지 않는다는 의미다. 이와 같이 한 종류 안에서 다양해지는 것을 과학적 용어로 '변이'variation 라고 한다. 다윈이나 진화론자들이 주장하는 변화는 실제로 종류가 변하는 진화가 아니라 한 종류 안에서 다양해지는 변이에 불과하다.

변이는 창조주의 놀라운 지혜를 엿보게 한다. 질서 속에 다양함이 깃든 것이다. 만약 한 종류라고 해서 모양이 모두 같다면 어떤 결과가 일어날까? 개나리꽃, 진달래꽃, 고양이, 개는 각각 자신의 종류 안에서 똑같이 생겨야 한다. 얼마나 멋이 없을까? 사람도 자식도 부모도 구분할 수 없는 대혼란이 일어날 것이다. 그러나 다행히 수많은 유전자가 서로 재조합됨으로써 결코 같은 외형의 사람이 등장할 수 없으며 각자가 독특한 모습을 보이는 것이다.

하나님은 종류라는 질서를 넣으셨으며, 그 질서 가운데 같은 모습을 갖지 못하도록 하기 위해서 유전적 재조합이라는 기막힌 방법을 사용하셨다. 우리가 갖고 있는 증거들은 종류를 넘나드는 진화가 아니라 하나님이 종류라는 한계를 정하셨다는 의미이며 동시에 고유의 독특한 모습을 유지하면서 다양함을 부여하셨다는 것을 말한다. 그 창조자는 전능한 분이며 지혜로운 분임에 틀림없다. 그리고 그분의 능력과 성품을 알고 동식물들을 바라보면 과학적으로도 부정할 수 없는 그분을 보게 된다.

앞서 언급했던 것처럼 과학자들이 종에 정의를 교배할 수 있는 한계로 바꾸어 놓았지만 진화론자들은 여전히 기존의 분류를 사용하며 한 종류 안에서 사자나 호랑이로 모양과 형질이 다양해지는 것을 '종분화'speciation 라고 이름 지었다. 이런 명칭은 참으로 사람들을 혼란에 빠뜨린다. 전공자들이 사용하는 용어기 때문에 그 내막을 모르는 일반인들은 정말로 교배의 한계를 뛰어넘는 진화가 일어났다고 여기게 된다. 또한 이 단어를 사용하는 자신들도 헷갈려서 종을 넘었다고 여기기 때문이다. 그들이 말하는 종분화는 실제로 그 안을 들여다 보면 변이와 다를 바가 전혀 없다.

1900년 초 돌연변이가 학계에 발표되었다. 돌연변이는 유전 정보가 복제되는 과정에서 착오가 일어날 때 발생한다. 특별히 방사능이

종류 VS 종

그 주된 원인으로 알려졌다. 그러나 돌연변이도 종류를 바꾸지는 못한다. 한 종류 안에서 다양한 돌연변이가 발생할 뿐 역시 변이라는 울타리를 벗어나지 못한다.

진화론자들은 지금까지 관찰되었던 종류 안에서 다양해지는 변이인 종 분화, 돌연변이 등을 '소진화'microevolution라고 이름 지었다. 그리고 아직까지 관찰된 적은 없지만 과거에 발생했을 것으로 믿는 종류가 변하는 과정을 '대진화'macroevolution라고 불렀다. 그러나 이는 틀린 말이다. 마치 변이가 계속 일어나면 진화가 될 것이라는 자신들의 바람에서 나온 단어일 뿐이다. 〈진화 vs 하나님〉 DVD에서도 진화론자들은 대진화를 관찰한 적이 없다고 분명히 말한다. 그러면서 "우리는 그렇게 오랜 기간 살 수 없기 때문에 볼 수 없다"라고 하며, 자신이 진화론을 믿는 이유를 둘러댄다.

진화론자들은 앞에 붙여진 '소'와 '대'라는 발음을 빼 버리고 소진화나 대진화나 모두 진화라는 동일한 단어를 사용한다. 그들에게 "당신이 말하는 것이 소진화냐 대진화냐?"라고 구체적으로 캐묻지 않는 한 대부분은 구분 없이 '진화'라는 단어를 동일하게 사용한다. 이러한 용어 사용은 이 용어를 듣는 사람들뿐만 아니라 사용하는 사람들에게도 똑같은 혼란을 준다. 우리는 진화론자들이 '진화'의 증거라고 말하는 모든 것들이 '소진화' 즉, 한 종류 안에서만 다양해지는 변이 과정이라는 것을 명심해야 한다.

봄이 되면 산과 들에는 형형색색의 온갖 꽃들이 피고 이 사이를 벌과 나비들이 날아다닌다. 이들은 꽃 위에 앉을 때마다 자신의 의지와 상관없이 꽃가루를 몸에 묻힌다. 그런데 벌과 나비의 몸에 온갖 종류의 꽃가루가 묻어 있어도 암술은 자신의 꽃가루에만 반응한다. 자신과 같은 유전자 끼리만 반응할 수 있기 때문이다. 진달래에서는 언제나 진달래꽃이, 개나리에서는 언제나 개나리꽃이 핀다. 그렇지만 같은 종류 안에서도 다양한 모습의 진달래꽃과 개나리꽃을 볼 수 있다.

"콩 심은 데 콩 나고, 팥 심은 데 팥 난다"라는 속담은 그날 세미나를 요약한 말이 되었다.

하찮은 일에 수십 년을 허비하지는 않았을 겁니다!

2004년 12월 말 한국에서 가장 유명한 진화론자 중 한 사람이 나홀간의 창조과학탐사에 참석했다. 그는 참가 신청을 하기 위해 LA창조과학선교회 사무실로 직접 찾아왔는데, 일전에 세미나를 인도했을 때 잠깐 만난 분이었다. 사실 그때까지는 그의 직업을 전혀 알지 못했다.

당시 창조과학탐사는 청년들만을 위해 마련한 특별한 자리였기 때문에 청년이 아니면 참가할 수 있는 자격이 없었다. 그러나 그의 간곡한 부탁에 결국 허락하고야 말았다. 그는 신청서를 내며 자신에 대한 소개를 했다.

"나는 진화론을 믿는 생물학자입니다. 진화가 사실이라고 믿습니다. 진화론은 과학이고 성경은 종교라고 생각합니다. 나는 창조와 진화 공개 논쟁을 할 때 진화론자 대표 중 한 명으로 나간 적도 있지요. 세계적인 진화론자를 한국에 직접 초청하기도 했고요."

43명을 태운 버스가 탐사여행을 출발했다. 그는 차에서부터 여러 가지 질문을 했고, 어떤 때는 자신의 주장을 공개적으로 피력하기도 했다. 이런 태도는 첫째 날과 둘째 날 오전까지 이어졌다. 둘째 날 오후부터 노아 홍수에 대한 지질학적 설명이 나오자 성경에 나오는 한 사건을 다룬다고 생각했는지, 자기 분야가 아니어서인지 전혀 질문이 없었다. 그날 저녁 정리 세미나를 할 때도 침묵하고 듣기만 했다.

세미나가 끝나자 방주에 대한 두 가지 질문을 하셨다. 그리 심각한 질문은 아니었는데, 이것이 그의 마지막 질문이었다. 셋째 날에도 그의 침묵은 이어졌다. 지구의 나이, 과학자의 패러다임, 엿새 동안 창조하신 창세기 1장 등 순서로 탐사여행이 진행됐다. 이 생물학자는 계속 듣기만 했다. 셋째 날 정리 세미나에서도 마찬가지로 침묵했다.

"아직도 예수 그리스도를 구주로 영접하지 못하신 분, 구원에 대한 확신이 없으신 분은 방으로 돌아가지 말고 세미나실에 남으시기 바랍니다."

창세기 1장에 따라 창조를 정리하고, 각자에게 복음을 전할 심산이었다. 참가자 중 절반이 남았는데 그 생물학자도 자리를 지키고 있었다.

"구원에 대한 기준이 무엇이라고 생각하세요? 한 사람씩 돌아가면서 간단하게 말해 보겠어요?"

모두 돌아가면서 말을 하고 드디어 그의 순서가 되었다. 그런데 그의 입에선 질문과 동떨어진 대답이 나왔다.

"내가 여러분의 나이에 이런 프로그램에 참석했더라면 하찮은 일에 수십 년을 허비하지는 않았을 겁니다. 창조과학탐사는 아주 중요합니다."

진화론자가 변화된 것이다. 마지막 날 돌아오는 버스에서 가진 간증 시간에는 훨씬 더 구체적으로 고백했다.

"저는 진화론을 주장하던 생물학과 교수입니다. 나흘 동안 정말 귀한 시간을 가졌습니다. 이번 탐사에 참석한 여러분은 정말로 귀합니다. 우리의 미래가 성경적 생각으로 채워져 있는 여러분에게 달려 있습니다."

그가 언제 변화되었을까? 진화가 틀렸다는 과학적 증거를 접한 때였을까? 바로 성경에 쓰인 '종류대로'라는 말을 접한 순간이었다. 인간이 특별히 하나님의 형상으로 창조되었음을 깨달은 것이다. 진화론적 역사에 대한 기존 생각이 성경에 기록된 노아 홍수의 증거들을 통해 그가 가진 생각이 깨진 것이다. 역시 성경 때문이다. 아무리 증거가 있어도 과거 역사를 결코 깨달아 알 수는 없다. 지금 우리가 다루고 있는 것은 일개 살인 사건이 아니다. 한눈에 들어오지도 않는 거대한 지구와 광대한 우주에 대한 역사를 다루고 있지 않은가!

역사는 하나다. 가짜 역사만 잔뜩 갖고 있으면 어떻게 과거 역사를 알겠는가? 수많은 위조지폐와 진짜 지폐 한 장이 섞여 있다고 할 때, 누군가가 어느 것이 진짜 지폐인지를 가르쳐 주지 않는다면 어떻게 진위를 가려낼 수 있을까? 답을 알고 있는 누군가가 진짜 지폐가 어떤 것인지 가르쳐 주었을 때, 나머지가 가짜인 줄 아는 것이다. 마찬가지로 진짜 역사가 무엇인 줄 알았을 때 진화론이 거짓 역사임을 쉽게 파악할 수 있다.

단지 이 생물학자뿐이 아니다. 창조과학탐사에는 진화론자도 많이 참석한다. 자신이 진화론자라고 하지 않더라도 내심 창조론 보다 진화론에 더 무게를 둔 사람이 얼마나 많겠는가? 그런데 한결같이 마지막 손을 들게 하는 것은 진짜 역사인 성경이다.

진화론자와 창조론자 앞에 놓인 증거들은 똑같다. 완벽하게 운행하는 수많은 별, 그들의 궤도, 광합성 하고 있는 식물들, 수백 억의 화석들, 대륙을 횡단하는 거대한 지층, 깎아지른 그랜드캐니언 협곡…. 진화론자들은 이것들을 바라보면서 모두 진화의 증거라고 주장했다. 그랬던 사람들이 똑같은 증거 앞에서 왜 마음이 바뀔까?

물론 창조과학자들이 과학적 실험과 법칙을 이야기한다. 그러나 결국 역사과학에서 결정적인 역할을 하는 것은 증인이다. '구슬이 서 말이라도 꿰어야 보배'란 말이 있듯이, 수많은 데이터는 눈앞에 있지만 그 역사가 꿰어지지 않는다. 그러나 증인의 말을 들어 보니 순서대로 다 꿰어지는 경험을 한 것이다.

이 생물학자는 "대진화는 말도 안 된다"고 분명히 고백했다. 이분은 창조과학탐사에 참석하기 전에도 대진화가 관찰된 적이 없다는 것을 잘 알고 있었다. 그러나 창조과학자들이 한 종류 안에서 변하는 소진화, 즉 변이까지 부정한다고 오해한 것이다. 그는 탐사를 통해 오해가 풀린 것뿐만 아니라 창조과학자가 사용하는 성경 속의 종류라는 단어의 의미를 이해했다. 당연히 홍수 심판을 비롯한 성경 속 많은 증거를 통해 얻은 성경에 대한 신뢰가 '종류'라는 단어를 이해하는 데 큰 역할을 했음에 틀림없다.

그는 마지막 날 버스에서 소감을 말하는 중간중간 여전히 소진화의 '소'자를 빼고 진화라는 단어를 사용해 듣는 사람들을 혼동시켰다. 나는 간증이 끝난 뒤 그에게 다가가서 "앞으로 단어를 사용하실 때 변이와 진화를 구분하셔야겠습니다"라고 말했다. 그만큼 두 단어를 구분 없이 사용하신 것이 몸에 배어 있었던 것이다.

핀치새는 진화하지 않았다

1835년 다윈은 비글 호를 타고 갈라파고스 섬에 도착했다. 이 섬은 태평양에 있는 섬으로 에콰도르 영에 속한다. 그곳에서 다윈은 야생 동물들을 관찰했는데 특별히 핀치새 부리의 모양과 크기가 서로 다르다는 점에 주목했다. 그는 핀치새가 오래전 대륙에서 이주해 온 뒤 적응과 자연 선택, 지역에 따라 부리 모양이 다양해져 여러 종으로 진화했다고 생각했다. 그리고 오랜 기간 이 과정이 진행되면 핀치새를 뛰어넘어 다른 종류의 새로 진화될 것이라는 상상을 이어 갔다.

사실 이 내용은 다윈이 스스로 말한 것은 아니고, 1900년 중엽의 사람들이 그럴듯하게 과장한 이야기였다. 어쨌든 그 후 다윈 하면 핀치새가 떠오를 정도로 이 둘은 아주 밀접한 관계가 되어 버렸다

그러나 핀치새의 부리가 다양하다고 해서 다른 종류의 새로 진화된 것일까?

예를 하나 들어보자. 나무껍질이 많은 어떤 섬이 있는데, 핀치새의 먹이인 벌레들이 그 나무껍질 밑에서 서식하고 있다. 부리가 길고 뾰족한 핀치새들에게는 나무껍질이 많다고 하더라도 먹이를 구하는 데 큰 문제가 없을 것이다. 하지만 부리가 짧고 뭉툭한 핀치새들은 이곳에서 먹이를 구하는데 불리하기 때문에 다른 지역으로 이주했을 것이다. 이런 과정이 지속되면 나무껍질이 많은 지역에서는 길고 뾰족한

부리의 핀치새들만 남게 되고, 이들끼리 서로 교배해 결국 이 곳에서는 길고 뾰족한 부리의 핀치새들만 남게 된 것이다.

이와 같이 자연선택 과정은 충분히 일어날 수 있다. 즉 핀치새는 진화의 예가 아니라 변이의 가능성과 자연선택의 단순한 예일 뿐이다. 이 과정 동안 어떤 유전 정보가 추가되지도 않으며, 다른 새가 핀치새로 변한 것도 아니다. 핀치새는 그저 핀치새며 서로 교배할 수 있다.

혹시 교과서에 실린 핀치새 그림을 보며 아메바에서 사람까지 진화되는 걸로 확장해서 상상했다면, 이는 큰 오해다. 다양해졌다고 진화가 아니다. 다양성은 하나님께서 생물의 유전자에 심어 놓으신 그분의 경이로운 지혜다. 핀치새 역시 한 종류 안에서만 다양해진 변이의 예며 하나님께서 창조 다섯째 날 새들을 '종류대로' 창조하셨다는 성경 말씀이 옳다는 하나의 예다.

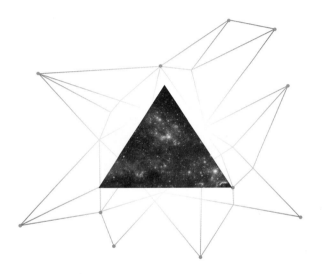

조화 vs 모순

하늘에 광명체들이 있어 낮과 밤을 나누시고

질서를 강조하면 개성이 약해지고, 개성을 강조하면 질서가 약해지게 마련이다. 그런데 우주는 이 둘이 공존한다. 이는 결코 진화론자들의 주장처럼 폭발로 이루어질 수 없다. 이 우주는 창조주 하나님의 능력과 지혜를 보여 주는 증거이다.

"하나님이 이르시되 하늘의 궁창에 광명체들이 있어 낮과 밤을 나뉘게 하고 그것들로 징조와 계절과 날과 해를 이루게 하라 또 광명체들이 하늘의 궁창에 있어 땅을 비추라 하시니 그대로 되니라"^{창 1:14-15}

하나님께서 넷째 날 지구 밖, 하늘의 궁창에 광명체^별들을 지으시는 모습이다. 첫째 날 지으셨던 에너지의 일차적 근본인 빛이 하던 일을 광명체라고 하는 가시적인 장치로 전환시키신 것이다. 빛이 창조되던 때와 같이 광명체를 만들 때도 낮과 밤을 나누는 기능이 동일하게 기록된 것으로 보아 이 사실을 알 수 있다. _{빛과 광명체와의 차이점과 선후 관계는 이미 앞에서 다루었다} 그러나 빛을 창조할 때는 없었던 단어가 광명체들을 만들며 처음 출현하는데 바로 징조^{signs}, 계절^{seasons}, 날^{days}, 해^{years} 들이다. 즉 광명체들에게는 빛과는 다른 목적이 부여된 것이다.

먼저 계절과 날과 해를 보자. 이 단어들은 의미하는 그대로 시간의 주기다. 하나님이 태초, 즉 시간을 만드시고 이들을 사용해 시간의 주기를 정하셨음을 의미한다. 여기서 '날'^{日, days}은 첫째 날 지구를 창조하실 때 이미 등장했으며, 지구가 자전하며 시작한 하루를 말한다. 반면 계절과 해의 주기는 본문에서 처음 등장한다. 이미 첫째 날에 만들어진 지구가 네 바퀴째 자전할 때 훨씬 더 무겁고 큰 광명체인 태양이 창조되고 지구가 그 주위를 공전하며 '해'^{年, years}라는 새로운 주기가 만들어진 것이다.

실제로 우리는 해, 달, 별이 없으면 시간의 주기를 정할 수 없다.

이들 외에는 세상 어떤 것도 정확한 주기를 지닌 것이 없기 때문이다. 정확하기만 해서도 안 된다. 보편성도 갖추고 있어야만 한다. 정확성과 보편성, 이 둘을 모두 만족하는 것은 해와 달 그리고 별을 제외하곤 아무것도 없다.

예를 들어 지구는 매일^{약 23시간 56분 04초} 정확히 자전하며, 달은 한 달 ^{약 27.3일}에 한 번 지구 주위를 공전한다. 지구는 매년^{약 365.2564일} 태양 주위를 정확히 공전한다. 그 공전 거리는 무려 십억 킬로미터에 달하나 제자리에 돌아오는 시간은 사람이 만든 어떤 시계보다도 정확하다. 그러므로 서로 간의 주기에 대하여 특별한 협약이 없더라도 누구나 이정확하고 보편화된 하루와 일 년이란 주기를 사용하고 있다. 만약 이 주기의 속도가 불규칙하다면 결코 시간의 주기로 사용할 수 없었을 것이다. 또한 어떤 특정인만 관찰할 수 있었다고 하더라도 사용할 수 없기는 마찬가지였을 것이다.

시간의 주기 가운데 계절^{季節, seasons}도 독특하다. 실제로 봄, 여름, 가을, 겨울의 사계절과 추위, 더위는 서로 다른 개념으로 구분된다. 추위와 더위는 온도 차이지만 계절은 낮의 길이에 따른 구분이다. 실제로 추위와 더위는 창조주간이 아닌 하나님이 심판하셨던 홍수 이후에 처음 등장한다.^{창 8:22} 홍수 이후에 추위와 더위가 발생할 만한 어떤 변화가 발생했음이 틀림없다. 여기에 대한 창조과학자들의 이론이 여럿 있지만 처음에는 아담과 하와가 옷을 입지 않고도 좋을 정도의 훌륭한 날씨였다는 것은 확실하다. 그리고 추위와 더위는 홍수 심판 이후에 땅을 저주하시는 하나님의 조치에서 비롯된 것이다.

사계절은 지구의 자전축이 공전궤도와 23.5도 기울며 태양 주위를 돌기 때문에 발생하는 현상이다. 이 기울기는 참으로 적절한 각도이다. 만약 자전축이 수직이라면 적도는 너무 덥고 극지방은 너무 추워 살기에 어려울 것이다. 반대로 자전축이 태양을 향하고 있다면 그 태양을 향하고 있는 쪽은 너무 덥지만 다른 편은 너무 추울 것이다. 태양으로부터 오는 복사에너지를 지구에 골고루 전달해 줄 수 있는 경이로운 지구 자전축의 경사는 창조주의 특별한 설계라 할 수 있다. 지구를 23.5도로 기울임으로써 그 단순할 수밖에 없는 시간의 주기 속에 낮과 밤의 길이를 변화시키시고 계절 따라 서로 다른 꽃이 피고 지는 다양한 지구의 모습을 만들어가는 하나님의 지혜가 놀랍지 않은가!

"주의 손가락으로 만드신 주의 하늘과 주께서 베풀어 두신 달과 별들을 내가 보오니"시 8:3

하나님은 보이지 않는 시간의 잣대로 눈에 보이는 별들을 창조하셨다. 보이지 않는 시간을 보이는 것들을 통해서 계수할 수 있도록 하신 것은 창조자만의 놀라운 지혜다. 인간은 시간을 벗어나지 못할 뿐 아니라 하나님으로부터 나온 피조물인 이 주기들에서도 결코 벗어나지 못한다. 시간이나 주기나 이 모두 창조자가 설치한 것이기 때문이다. 누가 감히 이 주기를 제쳐놓고 살수 있는가?

사람들은 "지구가 매일, 매년 도는데 새 아침, 새해라는 것이 무슨 의미가 있나?"라고 말한다. 그러나 창조자를 아는 우리에겐 매일이 같지 않다. 시간을 창조하신 분도 하나님이며, 인간은 동일한 시간과 공간과 물질을 결코 다시 경험할 수 없기 때문이다. 더군다나 그 주기를 정한 창조자가 누구인지 알기 때문이다. 그분이 만드신 것은 어느 하나도 무의미한 것이 없다. 그분은 어떤 것도 의미 없이 만드시는 분이 아니다. 그래서 우리는 아침마다 새로울 수 있다. 그리고 누구보다도 새해가 의미 있어서 송구영신예배를 드린다. 우리에게 하루와 한 해가 지나가는 것은 시간과 시간의 주기를 정하신 하나님을 생각하는 귀한 기회다.

인생은 직선이지만 그 인생의 여정 가운데 하나님이 주기를 만드셨다. 이러한 주기는 시계태엽이나 쳇바퀴같이 제자리에서 돌고 도는 것 같이 보인다. 그러나 결코 같은 경험을 하는 제자리로 돌아오지 않는 독특한 주기이다. 그러나 하나님이 마음에 없으면 모든 것이 막연해진다. 그러므로 전도서 기자도 하나님이 마음에 떠났을 때를 "해는 뜨고 해는 지되 그 떴던 곳으로 빨리 돌아가고"^{전 1:5}라며 헛된 마음을 표현했다.

창조 이래 지구는 수십억 번이란 막연한 진화론적 횟수가 아니라 수천 번 태양 주위를 돌았다. 진화론은 과거를 막연한 숫자로 만들었으며, 인간이 찰나도 안 되는 인생을 살고 있다고 말한다. 그러나 이는 잘못된 말이다. 우리의 백 년 인생은 수천 년밖에 되지 않는 우주 역사의 1퍼센트나 장식하는 귀하고 귀한 시간이다. 이토록 귀한 우리 인생의 가치는 오직 우리의 진짜 역사인 성경을 통해서만이 알 수 있다.

이 광명체들을 만들면서 등장하는 단어가 하나 더 있는데 14절에 기록된 '징조'^{sign}다. 앞서의 계절, 날, 해들이 시간의 주기들인데 비해 징조는 이들과는 전혀 다른 독특한 개념이다. 징조란 어떤 일이 일어날 기미를 보여 주는 것이다. 하나님이 이 징조를 나타내기 위해 광명체들을 사용하신다는 의미다. 어떤 면에서 앞의 시간의 주기란 말과 징조는 서로 상반된다. 주기란 정확한 기간이지만, 징조는 오히려 이 변함없는 상태를 깨뜨리는 특별한 상황이다.

실제로 성경에서는 하나님께서 별을 통해 징조를 보여 주신 적이 있다. 바로 예수 그리스도가 오실 때이다.

"박사들이 왕의 말을 듣고 갈새 동방에서 보던 그 별이 문득 앞서 인도하여 가다가 아기 있는 곳 위에 머물러 서 있는지라"^{마 2:9}

이 별은 매일 보던 별이 아니라, 특별하게 등장한 별이었고 어떤 특정한 목표를 향해 움직이는 신기한 상황이었다.

또한 제자들이 예수님께 "주의 임하심과 세상 끝에 무슨 징조가 있사오리이까?"^{마 24:3}라고 물어보았을 때, 여러 징조들 중에 다음과 같이 대답하셨다.

"그날 환난 후에 즉시 해가 어두워지며 달이 빛을 내지 아니하며 별들이 하늘에서 떨어지며 하늘의 권능들이 흔들리리라"마 24:9

이 상황도 날마다 보던 일반적인 별의 운동이 아님에 틀림없다. 항상 밝던 해와 달이 어두워지고 별들이 지구를 향해 떨어지는 평상시와는 다른 특별한 상황이 될 것이란 얘기이다. 하나님은 분명 별들을 한 치의 오차 없이 움직이도록 만드셨다. 이 별들의 움직임은 우리가 손을 댈 수 있는 영역이 아니다. 누가 감히 지구나 달의 자전과 공전에 간섭할 수 있을까? 그런데 우리가 손도 댈 수 없는 별들도 하나님께서는 목적에 따라 언제든지 개입하실 수 있다.

징조란 단어를 보며 이런 중요한 점을 발견할 수 있다. 하나님께서는 자신이 만든 광명체에 이 두 가지 목적을 심어 놓으셨다. 하나는 정확한 시간의 주기로서, 또 다른 하나는 원하실 때마다 개입하셔서 징조를 나타내게 하는 것이다. 이는 창조자 외에는 결코 할 수 없는 일이다. 완벽한 별들의 운동과 이 별들 사이를 목적에 따라 오가실 수 있는 분, 그분은 전능하시고 전지하신 하나님 한 분뿐이다. 실제로 하나님은 그렇게 하실 수 있는 분이시고 또 그렇게 하셨다. 실제로 아들 예수님이 세상에 오셨을 때 그렇게 하셨고, 다시 오실 때에도 징조로 별들을 사용하실 계획이다.

두 큰 광명체 그리고 별들

"하나님이 두 큰 광명체를 만드사 큰 광명체로 낮을 주관하게 하시고 작은 광명체로 밤을 주관하게 하시며 또 별들을 만드시고 하나님이 그것들을 하늘의 궁창에 두어 땅을 비추게 하시며 낮과 밤을 주관하게 하시고 빛과 어둠을 나뉘게 하시니 하나님이 보시기에 좋았더라 저녁이 되고 아침이 되니 이는 넷째 날이니라" 창 1:16-19

"창세기 넷째 날 창조된 별들은 우주 전체의 별들을 의미하나요? 혹시 태양계만을 의미하는 것은 아닌가요?"

이런 질문은 대개 두 가지 이유에서 등장한다. 첫째는 어떻게 그 수많은 별들을 하루에 만들 수 있냐는 것이고, 다른 하나는 우주의 나이가 백 오십억 년 이상 되었다는 진화론적 사고에서 비롯된 것이다. 진화론에서 우주가 수백억 년 되었다고 말하므로, 넷째 날 만든 별은 태양계로만 보고 나머지 별들은 진화론적으로 그냥 남겨 두고 싶은 것이다. 결국 이 질문은 진화론과 맞지 않는 성경 부분을 자신의 입맛에 맞게 고치려는 생각에서 나왔다.

그러나 진화론과 타협하려는 모든 이론이 그렇듯이 이런 생각은 진화론과도 맞지 않고 성경과도 맞지 않는다. 이는 진화론에서는 태양계도 우주와 같이 오래되었다고 주장하고 있으며 성경에서는 이와 반대로 창세기 1장의 기록과 성경 전체를 통해 전 우주적인 창조임을 일관되게 말하고 있기 때문이다.

> "이는 엿새 동안에 나 여호와가 하늘과 땅과 바다와 그 가운데 모든 것을 만들고 일곱째 날에 쉬었음이라" 출 20:11
>
> "너희는 눈을 높이 들어 누가 이 모든 것을 창조하였나 보라 주께서는 수효대로 만상_{starry host: 총총한 별 떼}을 이끌어 내시고 그들의 모든 이름을 부르시나니 그의 권세가 크고 그의 능력이 강하므로 하나도 빠짐이 없느니라" 사 40:26

욥에게 하나님이 던지신 말들을 보자.

> "네가 묘성을 매어 묶을 수 있으며 삼성의 띠를 풀 수 있겠느냐?" 욥 38:31
>
> "너는 별자리들을 각각 제때에 철을 따라 이끌어 낼 수 있으며 북두성을 다른 별들에게로 이끌어 갈 수 있겠느냐" 욥 38:32

어떤 번역은 묘성을 북두칠성, 삼성을 오리온자리로 번역했다. 하나님은 북두칠성이 왜 국자 모양을 하고 있는지, 오리온자리의 삼태성은 왜 가운데에서 나란히 있는지 아느냐고 물으신다. 이 질문은 별들을 그 자리에 놓으신 창조주만이 던질 수 있는 질문이다. 이 세상의 그 어떤 책에도 이런 질문은 없다. 이 별들은 태양계 안에 있는 별들이 아니다.

별자리를 이루는 별들은 태양계의 행성들보다 훨씬 멀리 떨어진

창조주 하나님

별들일 뿐 아니라 어떤 것은 별이 아니라 수천억 개의 별이 모인 하나의 은하다. 그 은하가 너무 멀리 떨어져 있기 때문에 별처럼 보일 뿐이다. 머나먼 태양계 밖에 밝기도 거리도 모두 다른 별이나 은하들이 지구에 사는 사람들의 눈에 특별한 모양으로 엮여서 별자리를 이루는데, 하나님은 광대한 거리, 밝기, 운동 속도를 계산해 이것들을 배치해 주셨다. 과학자들은 지구의 자전과 공전에 의해 별자리가 주기적으로 바뀐다는 것을 지동설이 등장한 다음에야 알았다.

하나님이 무엇인가를 창조하실 때 그것이 크다고 더 힘든 것이 아니다. 그 수가 많다고 오랜 시간이 걸리는 것도 아니다. 오랜 시간이 걸린다는 생각은 보이는 것만 가지고 설명하려는 진화론적 사고에서 비롯된 자세다. 예수님이 가나 혼인 잔치에서 물로 포도주를 만드실 때를 보라. 순식간에 만드셨다.^{요 2:7-8} 이 기적은 쉽고, 수많은 별들을 만드는 것은 어려운 일일까? 전능자 예수님에게는 무한히 많은 별들을 하루 만에 만드는 일이나 순식간에 물로 포도주를 만드는 일이 모두 어렵지 않은 일이다. 그러니 우리가 셀 수 없을 만큼 별들이 아무리 많아도 하나님께서는 이것들을 만드는 데 전혀 힘들지 않으셨던 것이다. 이것이 성경이 말하는 바다. 그분의 능력을 보여 주기 위함이다. 하나님은 단 하루 만에 모든 별들을 만들 수 있는 분이다. 그분만이 창조자며 우리의 유일한 구원자시다.

"그래도 하나님이 수백억 년을 사용하셨을 수도 있잖아요?"

이런 논리는 결코 성경적이지 않다. 하나님은 그렇게 하실 필요도 없었고, 그렇게 하지도 않으셨다. 왜냐하면 자신의 성품과 능력을 보여주는 가장 확실한 방법을 택하셨기 때문이다. 실제로 수백억 년이라는 우주의 나이도 어떤 정량적 계산에서 나온 것이 아니다. 진화론적 편견에서 나온 수치일 뿐이다. 그런데 확실치 않은 수치 때문에 진짜 역사인 성경을 바꿀 필요가 있을까?

넷째 날의 별들이 우주의 모든 별들인가 아니면 태양계에 국한되는가 하는 문제는 단지 여기서 끝나는 것이 아니라 UFO나 외계인의 가능성에 대한 허용으로 연결된다. UFO에 대하여는 이 책 마지막 장을 참고 그러므로 창세기 1장의 넷째 날에 창조된 광명체는 우주의 모든 별들을 지칭함이 틀림없다. 이는 태양을 의미하는 큰 광명체, 달을 의미하는 작은 광명체, 또한 별을 포함하고 있다. 그 가운데도 해와 달은 지구에게 특별한 존재로서 큰 광명과 작은 광명으로 분리하여 부르셨다. 우리가 사는 지구에게 큰 영향을 주는 존재이기 때문일 것이다.

다른 별들보다도 해와 달은 시간의 주기로서 가장 완벽하게 사용된다. 달을 보자면 일정한 거리를 유지하며 지구 주위를 공전한다. 그 거리는 밀물과 썰물이 적당히 일어나게 한다. 만약 달의 위치가 지금보다 지구에 더 가까이 있었다면 지구의 밀물과 썰물의 차이가 너무 커서 생물들이 살기에 부적당하게 된다. 이에 반해 달과 지구의 거리가 너무 멀면 밀물과 썰물의 차이가 적어지게 되고 그러면 파도가 약해져 파도를 통해 공급되는 공기가 적어지게 되어 바닷속 물고기들이 살기 어렵게 된다.

　재미있는 사실은 우리 가운데 어느 누구도 달의 뒤통수, 즉 이면을 본 사람이 없다는 점이다. 달은 공전주기와 자전주기가 똑같기 때문에 언제나 지구에 한쪽 면만을 보여 준다. 그래서 우리는 항상 토끼와 계수나무밖에는 보지 못하는 것이다. 만약 달이 지구에 뒤통수를 보여 주며 빨리 자전한다면 어떠했을까? 당연히 밀물과 썰물에 영향을 줄 것이다.

　달뿐 아니라 태양도 밀물 썰물에 영향을 주기 때문에 이 두 광명체의 거리와 질량^{무게}의 하모니가 지금의 밀물과 썰물의 정도를 유지시켜 준다. 그뿐만 아니라 태양은 지구에 에너지를 주는 존재로 적절한 온도, 거리, 질량, 크기를 유지하고 있다. 과연 이런 완벽한 조화가 스스로 이루어질 수 있는 것일까? 시간이 만들어 준 것일까? 아니면 시간을 초월하신 전능자의 능력일까?

우리가 보는 것이 정말 별일까?_천문학의 한계

과학은 오감을 통해서 물질세계를 연구하는 분야다. 오감이란 시각, 촉각, 청각, 미각, 후각의 다섯 가지 감각을 말하는데 이 다섯 가지 가운데 눈으로 보는 시각에 거의 대부분을 의존하는 과학 분야가 천문학이다. 천문학은 우주에서 날아온 운석을 제외하곤 실제로 만져 보지 못했기 때문에 거의 대부분을 시각에 의존할 수밖에 없다. 만약 천문학의 한계를 인정하지 않는다면 큰 오류에 빠질 수 있다.

초등학교 과학 시간에 자주 등장하는 예가 있다. 그릇에 동전이 있지만 잘 보이지 않을 경우 물을 부으면 더 확실히 눈에 잘 보인다. 바로 공기와 물의 굴절률의 차이로 인해 일어나는 현상 때문이다. 이때 보이는 동전의 위치는 동전의 실제 위치가 아니라 빛의 위치다. 빛이 물을 통과할 때 굴절되므로 실제 위치와 다른 곳에서 동전이 보이게 된다.

단지 물속의 동전뿐만이 아니다. 우리는 물체의 실제 모습이 아니라 빛을 보고 있는 것이다. 책상 위의 컵을 본다고 해도 이는 컵이 아닌 빛을 보고 있는 것이다. 그러나 다행히도 가까이 있기 때문에 나머지 네 가지 감각을 통해 그 위치를 확인 할 수 있다. 만지고[촉각], 들어보고[청각], 맛보고[미각], 냄새 맡아서[후각] 이곳에 있다고 확인할 수 있다. 그러나 저 멀리 있는 별들을 연구하기 위해선 네 가지 감각을 사용할 수 없다는 한계가 있다.

그러므로 일단 우리가 보고 있는 별의 정확한 위치를 파악하는 것조차 쉽지 않은 일이다. 만약에 빛이 굴절에 의해 조금만 꺾여도 전혀 다른 위치에 있는 것처럼 보일 수 있기 때문이다. 물론 이런 실수를 피하기 위해 과학자들은 여러 도구와 수식을 동원한다. 그러나 모두가 빛의 속도가 변하지 않고 곡선으로 휘어지지도 않는다는 가정 아래에 이루어지기 때문에 여기서도 오차는 피할 수 없다. 더군다나 이런 오차는 그 별이 멀리 있으면 있을수록 더욱 커진다. 실제로 우리는 별의 위치를 보는 것이 아니라 빛의 위치를 보고 있기 때문이다.

그러므로 빛에 대한 이론이 바뀔 때마다 기존에 정했던 별의 위치가 바뀔 수도 있다는 것을 이해해야 한다. 예를 들면 천문학에서는 우주 공간을 달리는 광속이 일정하다고 가정한다. 실험실에서 지금까지 측정된 빛의 평균 속도는 진공에서 약 30만 Km/sec이다. 과거 이 광속은 절대 상수라고 믿었다. 그래서 이 상수가 천문학의 바탕이 되었다. 광속이 일정하다는 가정이 사실일 때 지구에서 태양까지 빛의 속도로 달리면 약 8분이 걸리고 지구에서 가장 가까운 별까지 4년 6개월이 소요된다.

우리는 다시 한 번 질문해 볼 필요가 있다.

"나는 정말 별을 본 것일까? 아니면 빛을 본 것일까?"

이제는 '별'이라고 대답하는 데 망설이게 될 것이다. 사실 이런 자세가 솔직한 자세다. 다시 말하지만 천문학은 대부분이 시각에만 의존한다는 한계가 있기 때문이다.

우주는 정말 대폭발로 이루어졌는가? 우주의 탄생은 빅뱅?

우리는 별의 위치를 파악하는 것조차 쉽지 않다. 그리고 별의 몇 퍼센트를 보고 있는지도 확실치 않다. 그러나 지금 시점에서 은하와 별들이 어떻게 시작되었는지를 이야기하려고 한다.

진화론적 우주 기원으로 가장 잘 알려진 이론은 빅뱅^{Big Bang}이론으로, 대폭발에 의해 지금의 우주 공간과 별들이 만들어졌다는 내용이다. 빅뱅이론은 1947년 가모프가 원시원자 이론을 확장하여 제안했다. 오늘날의 빅뱅이론을 주장하는 사람들은 작은 알맹이에 모든 물질과 에너지가 모여 있다가 수십억년 전에 폭발이 일어나 오늘날의 시간과 공간 및 은하와 태양계의 행성과 위성 등이 형성되었다고 말한다.

그러나 빅뱅이론은 많은 과학자들이 동의하지는 않는다. 2004년 과학 저널 《뉴사이언티스트》는 "과학 사회에 보내는 공개 서한"이라는 글을 실었다. 이것은 빅뱅이론에 대한 세계의 지도자급 과학자들의 의견이었는데 이들 중 빅뱅이론에 동조하는 이는 한 명도 없었다.[1]

"오늘날의 빅뱅이론은 점점 증가하는 다수의 가설들에 의존하고 있다."

"빅뱅이론은 이들 속임수 없이는 존재할 수 없다."

"물리학의 어떤 분야에서도 _{빅뱅이론과 같이} 관측과 이론 사이의 간격을 메우기 위해서 새로운 가상적 물질들을 계속 만들어 내는 분야는 없다."

"빅뱅이론은 관측에 의해 증명된 양적인 예측들과 맞지 않는다."

---

1 Lerner, E., Bucking the big bang, *New Scientist* 182 2448 20, 22 May 2004.

이 서한은 지금도 인터넷에 공개되어 있을 뿐만 아니라 여러 연구 기관에 속한 수백 명의 과학자들의 서명이 계속해서 이어지고 있다. 빅뱅이론의 실체가 밝혀지면 밝혀질수록 과학자들의 거부도 늘어나는 추세다.

빅뱅이론은 일종의 진화론적 천문학 이론이다. 진화론적 생물학이 단순한 물질에서 복잡한 생명체로 진화했다고 주장하듯, 그들은 우주의 기원도 작은 물질로부터 큰 물질로 진화했다고 설명하려 한다. 즉 빅뱅이론은 우주의 기원을 생물 진화와 같은 맥락에서 설명하려는 편견에서 비롯됐다고 말할 수 있다.

하지만 천문학자들은 별이 아닌 빛만 보고 있다. 별이 얼마나 많은지도 아직 모르며 만질 수 없다는 한계를 갖고 있기 때문에, 그 기원을 풀어나가는 것이 훨씬 막연할 수밖에 없다. 이런 이유 때문에 하나의 이론이 보편화되면 그 이론이 허약하다고 할지라도 대부분의 천문학자들은 이를 뒤집어엎는 새로운 이론을 만들기 보다는 기존의 이론 속에서 설명하려고 할 수밖에 없다.

그럼 어떤 과학적 문제가 있길래 많은 과학자들이 빅뱅 이론을 거부할까? 과학에서 가장 신뢰할 수 있는 것이 있다면 그것은 바로 '법칙'이다. 과학에서 물질과 에너지의 근본을 다루는 학문을 열역학이라고 한다. 열역학에는 몇 가지 법칙이 있는데, 그 가운데 '열역학 제1법칙'과 '열역학 제2법칙'이 중요한 의미를 갖는다.

'열역학 제1법칙'은 중고등학교 과학 교과서의 맨 앞 단원에 등장하는 것으로 우리가 과거에 '질량보존의 법칙'이라고 배웠던 내용이다. 아는 바대로 '모든 물질은 반응 전과 반응 후의 질량이 동일하다'란 의미다. 이 이야기를 우주로 확대하자면 '우주의 총질량은 변하지 않는다'라는 말이다.

그런데 아인슈타인이 'E=mc²' 공식을 발견하였다. 여기서 E는 에너지, m은 질량, c는 빛의 속도^{진공에서}를 말한다. 즉 에너지와 질량은 서로 교환이 가능하기 때문에 하나로 묶을 수 있다는 의미다. 그러므로 과학자들은 이때부터 질량과 에너지를 따로 분리하지 않고 동일한 개념으로 간주했으며 '질량보존의 법칙'이란 이름 대신에 '에너지보존의 법칙'이란 용어를 사용하기 시작했다. 이를 '열역학 제1법칙'이라고 한다.

그 이름에서 알 수 있듯이 이 법칙은 '우주의 총에너지의 양은 변하지 않는다'는 의미이다. 즉, 우주의 에너지는 늘어나지도 않고 줄어들지도 않은 채, 처음부터 지금까지 똑같은 양을 유지하고 있다는 뜻이다. 이 내용은 진화론적 에너지^{물질}의 기원에 관한 상상을 불허한다. 오히려 창세기 1장 1절이 말하는 시간-공간-물질을 초월하신 분이 지금의 에너지 총량을 처음부터 창조하셨다는 구절을 직접적으로 인정하는 법칙이다. 아직까지 이 법칙에 위배되는 경우는 발견되지 않았다.

그런데 빅뱅에 대한 이야기를 할 때는 이제부터 다루게 될 '열역학 제2법칙'에 대한 이해가 더욱 필요하다. 열역학 제2법칙이란 1법칙이 말하듯 우주 에너지의 총량은 변하지 않지만 일을 얻어 낼 수 있는 능력은 시간이 감에 따라 점점 줄어든다.

트럭을 예로 들어 보자. 새로 구입한 트럭은 참으로 일을 잘한다. 기어, 실린더, 각 연결 부위가 긴밀하게 조립돼 출고됐기 때문이다. 그러나 이 트력이 영원히 쌩쌩할 수 있을까? 시간이 흐르면서 능률이 떨어지며 결국 폐차되고 만다. 이와 같이 시간이 감에 따라 일의 능력이 떨어지는 현상이 '열역학 제2법칙'이다.

그런데 이 트럭은 어떤 과정을 거치기에 일의 능률이 떨어지는 것일까? 그 과정이란, 시간이 가면서 기어가 마모되고, 실린더가 늘어나고, 각 연결 부위가 느슨해졌기 때문이다. 과학자들은 이런 과정을 물질이 점점 무질서해진다고 표현한다. 즉 세계는 시간이 흐를수록 물질의 관점에서는 점점 무질서해지고, 에너지의 관점에서는 점점 능률이 떨어진다. 열역학 제1법칙에서 말했듯이 물질과 에너지는 결국 같이 묶을 수 있으므로, 열역학 제2법칙을 한마디로 표현하자면 "모든 물질과 에너지는 점점 무질서해져서 일을 못하는 쪽으로 간다"는 것이다.[2] 아직까지 이 법칙의 예외도 발견된 적이 없다.

그런데 우리가 관찰하는 한 별들과 은하는 완벽한 질서를 이루고 있다. 태양계만 보더라도 태양 주위를 돌고 있는 행성과 그 행성을 돌고 있는 위성들은 자신의 공전궤도를 조금도 이탈하지 않고, 정확한 주기로 돈다. 여러 천문학 책에는 행성들의 자전과 공전주기가 숫자로 기록되어 있는데, 이를 다른 말로 "정확한 시간에 정확하게 제자리로 돌아오는 완벽한 질서 속에 움직이고 있다"라고 표현한다.

그러니 과연 어떤 과학자가 폭발을 통해 질서를 만들겠다고 시도하겠는가? 언제나 폭발은 더 큰 무질서를 낳는다. 이것이 바로 열역학 제2법칙이

---

2 이 무질서한 정도를 수학적 표현으로 엔트로피라고 한다. 즉 엔트로피가 적다는 말은 그만큼 질서가 있다는 의미이고, 엔트로피가 크다는 말은 그만큼 무질서하다는 의미다. 모든 질량과 에너지는 엔트로피가 증가하는 방향으로 가기 때문에 열역학 제2법칙을 다른 말로 엔트로피 증가의 법칙이라고 부른다.

말하는 바이며, 이 과학의 기본 법칙은 폭발에 의해 지금의 우주와 별들이 형성되었다는 빅뱅이론을 강력히 부인하는 것이다. 역으로 말하면 빅뱅이론을 지키려면 과학 법칙과 위배되는 수많은 상상을 동원해야 한다는 것이다. 이것이 앞서 《뉴사이언티스트》에 등장한 많은 과학자들이 빅뱅이론을 거부하는 이유다.

태양계를 더 관찰해 보자. 행성들은 태양계 안에서 완벽한 질서를 유지하면서도 똑같은 운동을 하지는 않는다. 모든 행성의 공전과 자전속도는 각각 다를 뿐만 아니라 그 방향 또한 각기 다르다. 금성은 다른 행성과 공전 방향은 같아도 자전 방향은 거꾸로다. 천왕성은 자전축이 공전 면에 거의 일치해서 마치 코일처럼 공전한다. 위성들도 마찬가지다 목성의 위성 중에 카르메^{Carme}는 시계 방향으로 이오^{Io}는 시계 반대 방향으로 공전한다.

즉 태양계를 보면 완벽한 질서 가운데 독특한 개성이 공존하는 것이다. 과연 이것이 폭발로 이루어질 수 있단 말인가? 질서를 강조하려면 개성이 약해지고, 개성을 강조하려면 질서가 약해지게 마련인데, 우주는 이 둘이 공존한다. 이는 결코 폭발로 이루어질 수 없다. 이 역시 우주를 초월하신 전능자의 능력과 지혜를 보여 준다.

만약에 서울에서 화산이 폭발했는데 그 화산재가 쌓이고 쌓여서 63빌딩이 만들어졌다고 누군가가 말했다면 모두 다 이를 무시할 것이다. 그런데 하물며 이토록 완벽한 질서를 갖춘 어마어마한 우주가 폭발에 의해서 만들어졌다는 주장은 화산 폭발에 의해 63빌딩이 만들어진 이야기보다 훨씬 더 황당하지 않은가. 하나님은 욥에게 이렇게 물으신다.

"네가 하늘의 궤도를 아느냐 하늘로 하여금 그 법칙을 땅에 베풀게 하겠느냐"욥 38:33

감히 누가 이런 질문을 할 수 있겠는가? 행성과 위성의 정확한 거리와 궤도를 지으신 하나님은 우주 밖에서 우리에게 말씀하신 것 같지 않은가?

그들은 어떤 증거로 빅뱅을 말하는가?

그러면 빅뱅론자들은 과거에 우주에서 대폭발이 일어났다는 것을 어떤 증거를 가지고 그런 주장을 하는지, 빅뱅의 가장 대표적인 두 가지 증거 즉, '우주배경복사'와 '적색편이'에 대하여 살펴보자.

우주배경복사

빅뱅이론을 이야기할 때 가장 큰 과학적 증거로 언급되는 것이 '우주배경복사'다. 이것은 말 그대로 팽창하는 우주 공간의 열에너지, 즉 우주 공간에 있는 빛이다. 그리고 그 복사에너지의 배경이 되는 우주배경복사의 온도가 거의 균일한 2.7K라는 것이다. 절대온도^{K}란 이론적으로 기체^{이상기체}의 부피가 0이 되는 온도를 0도로 표시하는 온도 체계인데 절대 0도는 섭씨로는 영하 273.1도다. 그러니까 2.7K란 섭씨로 하면 영하 270도 정도라고 할 수 있다. 일상생활에서 사용되는 섭씨는 물이 어는 온도인 0도를 기준으로 정한 것인데, 천문학자들은 일반적으로 절대온도를 사용한다. 언뜻 생각하기에 영하 270도는 너무 차가워서 복사열이 없을 것 같지만 과학적으로 볼 때 절대 0도보다 높으면 열이 있다는 의미다. 즉 전 우주 공간에 걸쳐 거의 균일한 온도로 열이 분포되어 있다는 의미인데 이를 우주배경복사라고 한다.

1947년 빅뱅이론을 처음으로 주장한 천문학자 가모프는 200억 년 전쯤 빅뱅, 즉 우주 대폭발이 일어났을 때 우주의 온도는 3,000K이었을 것이며 이 폭발은 빠른 속도로 팽창하면서 6-7K 정도의 열^{배경복사}을 남겨 놓았을 것이라고 예측했다. 그 후 1965년 벨^{Bell} 연구소의 펜지아스^{Arno Allan Penzias}와 윌슨^{Robert Woodrow Willson}은 초정밀 전파 안테나를 실험하던 도중 여러 방향에서 잡음과도 같은 경미한 전파가 오는 것을 발견했는데, 이 전파의 세기가 온도로 보자면 2.7K에 해당하는 복사에너지였다. 그래서 당시의 빅뱅론자들은 발견된 2.7K를 우주배경복사라고 하며 이 온도가 가모프가 예측한 6-7K와 비슷하기 때문에 빅뱅이 증명되었다고 대대적으로 발표했다.

여기에는 처음부터 문제가 있었다. 가모프가 주장하는 최초의 3,000K는 어떤 계산에 의해 나온 것도 아니었으며 우주에 남아 있을 것이라고 예측한 6-7K의 배경복사 역시 계산 가능한 것이 아니었다. 그런데도 단지 비슷한 수치가 나왔다고 해서 마치 빅뱅이론이 증명된 것처럼 주장한 것은 과장이 되어도 상당히 과장된 것이었다. 앞서 언급한 것처럼 빅뱅이론은 과학의 기본 법칙과 일치하지도 않을뿐더러 많은 천문학자들이 동의하는 이론도 아니다.

좀 더 정확히 우주배경복사는 성경적 우주 기원과 훨씬 잘 맞아떨어진다. 왜냐하면 대폭발에 의해 복사열이 그 큰 우주공간에 거의 평형상태로 남겨졌다는 것은 참으로 상상하기 어렵기 때문이다. 복사열을 내는 에너지로 가장 빠른 것은 빛인데, 열평형을 이루기 위해서는 우주 공간의 물질들이 서로 간에 에너지인 빛의 수많은 왕복 이동이 있어야 한다. 그러므로 수백억 광년의 엄청난 거리에 있는 은하와 은하 사이를 열평형 상태로 만든다는 것은 상상할 수 있는 일이 아니다.

그러나 성경은 별들이 형성되기 이전에 이미 우주 공간에 빛이 존재했다고 말한다. 우주배경복사는 넷째 날 별들이 창조되기 전, 첫째 날 만들어진 빛이 이미 우주 공간에 균일하게 존재했었다는 성경 기록과 훨씬 더 일치한다.

적색편이 현상

빅뱅이론의 또 다른 증거로 등장하는 것이 적색편이다. 어떤 면에서는 우주배경복사보다 적색편이가 빅뱅이론에 대한 증거로 더 많이 제시되어 왔다. 앞서 천문학은 시각에 크게 의존하는 학문이며 우리가 보고 있는 별들은 엄밀하게 말해 빛이라고 설명했다. 빛에는 파동이 있어 파동의 길고 짧음 즉, 파장에 따라 빛을 구분할 수 있다. 예를 들어 가시광선은 단파부터 장파까지 보남파초노주빨 스펙트럼으로 구분된다.

빛은 파장이기 때문에 관측자가 어떤 물체를 보았을 때, 그 관측자로부터 물체가 멀어지는 경우에는 파장이 늘어져서 원래 색보다 빨갛게 보인다. 반면에 관측자로부터 물체가 가까워지는 경우에는 파장이 좁아져서 원래 색보다 파랗게 보인다. 전자와 같은 현상을 적색편이^{red shift}라고 부르며, 후자는 청색편이^{blue shift}라고 부른다.[3] 실제로 이를 계산하는 것이 만만치는 않지만 천문학자들은 이 적색편이를 통해 은하들이 지구로부터 멀어지는지 가까워지는지를 판단한다.

그런데 대부분의 은하들이 적색편이를 보여 주기 때문에 우주가 팽창하고 있다고 판단하는 것이다. 그리고 그 물체가 더 빨리 멀어질수록 파장이 늘어지므로 더 큰 적색편이를 보여 줄 것이다. 쉬운 예로 하얀 풍선 표면에 사인펜으로 여러 개의 원을 그렸다고 가정하자. 풍선을 불어서 팽창시키면 모든 원들 간의 간격은 점점 벌어질 것이다. 이와 같이 빅뱅이론은 모든 은하가 적색편이를 보여 주는 현상을 내세워 우주 공간 전체가 팽창한다고 주장한다.

같은 풍선을 팽창시키며 한 가지 상상력을 더 동원해 보자. 풍선을 팽창시키면 가까이 있는 점들의 간격보다 멀리 있는 점들의 간격은 훨씬 더 크게 벌어진다. 이는 3차원적으로 공간이 팽창하기 때문에 일어나는 결과다. 즉 멀리 있는 점들이 같은 시간에 더 크게 벌어진다는 말은 더 빨리 벌어진다는 의미이다. 그러므로 이를 우주 공간에 적용시키면 우주가 팽창할 때 멀리 있는 은하들은 더 빨리 그 간격이 벌어지므로 더 큰 적색편이를 보여 줄 것이다. 천문학자들은 이 적색편이 값의 크고 작음을 통해 은하의 거리를 계산해 분포를 그려 왔다.

---

3 실제로 빛의 색깔이 이동해서 보이는 것이 아니라 색과 색 사이에 간섭선들(K&H lines)이 이동하는 것이다. 이해를 돕기 위해 색이라고 표현한 것이다. 이와 같이 관측자로부터 이동하는 물체에 따라 파장이 달라지는 현상을 도플러 효과라고 부른다.

빅뱅의 증거를 논하면서 '팽창'과 '폭발'이라는 두 단어를 정리하는 것은 빅뱅 이론 이해에 도움이 된다. 풍선을 불면 점점 커지는데 이는 팽창 expansion 이다. 반면에 이 풍선에 바늘을 갖다 대어 터트리면 이는 폭발 explosion 이다. 폭발은 무질서를 만들지만 팽창은 다르다. 빅뱅론자들이 증거를 말할 때 이 부분을 주의 깊게 점검할 필요가 있다. 실제로 빅뱅론자들이 주장하는 것의 대부분은 폭발이 아니라 팽창의 증거다. 우주가 팽창해 왔다는 것에 많은 창조과학자도 동의한다. 공간이 팽창하면서 천체들의 거리가 멀어지는 효과가 발생하고, 적색편이를 통해 관측되기 때문이다. 아무튼 적색편이는 우주 공간의 팽창의 증거이지 폭발의 증거는 될 수 없다.

적색편이에 따른 은하들의 분포

적색편이 값이 작은 은하는 지구 가까이에 있고, 값이 큰 은하는 지구에서 멀리 떨어져 있다고 판단한다. 천문학자는 이 적색편이 값을 토대로 은하의 분포도를 그리기 시작했다. 그러면서 그들은 그 은하의 분포가 빅뱅, 즉 대폭발로는 불가능하다는 결론을 내리기 시작했다.

만약 빅뱅이 일어났다면, 은하들은 그 어떤 중심도 없이 우주 공간에 골고루 분포되어 있을 확률이 높다. 이런 모습을 과학자들은 균일한 분포라고 표현한다 그런데 적색편이로 본 은하들은 오히려 지구를 우주의 중심에 두고 불연속적인 모습을 하고 있다. 여기서 불연속이란 표현은 은하들이 간격을 두고 배열되어 있기 때문에 사용된 것이다.

적색편이로 유명한 천문학자 티프트 William Tifft 교수와 그의 연구팀은

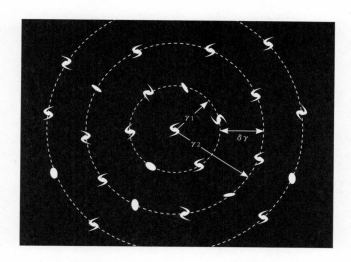

1970년 이후 적색편이 값들이 불규칙적으로 배열되어 있음을 여러 번 확인했으며,[4] 나피에르[William Napier]와 거드리[Guthrie, B. N. G.]도 250개 은하의 적색편이 값이 불연속이라는 결론을 발표했다.[5]

이런 은하들이 지구를 중심으로 거대한 동심원 상으로 분포하고 있는 모습은 참으로 놀랍다. 이는 폭발로는 불가능하며 누군가에 의한 설계가 아니면 설명할 수 없다. 여기서 잘 알려진 천문학자들의 말을 들어 보자.

2004년에 템플턴 상[Templeton Freedom Award]을 수상한 천문학자 엘리스[George Ellis]박사는 다음과 같이 말했다.

"나는 지구가 중심에 있는 대칭적 구 모양의 우주 모델을 세울 수 있는데 실

4 Tifft, W.G. and Cocke, W.J., *Global redshift quantization*, Astrophysical J. 287:492-502, 1984.

5 Napier, W. M. and Guthrie, B. N. G., *Quantized redshifts: a status report*, J. Astrophysics & Astronomy 18(4) 455-463, 1997.

제 우주를 관찰하게 된다면 이 모델이 틀렸다는 증명은 결코 할 수 없을 것이다."[6]

그는 이 모델은 과학적으로 전혀 문제가 없지만 단지 철학적 동기 즉, 편견 때문에 이 모델을 받아들이지 않는다고 비판하면서 빅뱅이론만을 고집하는 과학자들의 편견을 지적했다.

이론 물리학자로 유명한 페인맨 Richard Feynman 은 다음과 같이 말을 했다.

"은하가 균일하게 분포하고 있다는 가정은 지구 중심적 사고 체계 천동설가 무너지는 일련의 과정에서 발생한 하나의 편견이라 생각한다. 우리가 그저 평범한 은하계에 속한, 한 평범한 별 주위를 도는, 한 평범한 행성에 살고 있다고 말해 놓고…. 만약 우주에서의 우리 위치가 특별하다는 사실을 발견하게 된다면 그것은 참으로 당혹스런 일이 될 것이다."[7]

페인맨은 왜 코페르니쿠스까지 언급했을까? 지동설이 등장했을 때 태양계의 중심이 지구가 아니라 태양이라는 것을 알게됐다. 그러나 그때 지구가 우주의 중심일리 없다는 편견이 동시에 발생한 것이다. 즉 태양계의 중심이 아니라는 생각에만 그쳤어야 했었다. 그리고 이런 편견 때문에 지구는 수많은 은하계 속에 있는 평범한 은하계, 그리고 그 속의 평범한 별인 태양을

6 George Ellis, a famous cosmologist, in *Scientific American*, "Thinking Globally, Acting Universally", October, 1995.

7 Feynman, R.P., Morinigo, F.B. and Wagner, W.G., *Feynman Lectures on Gravitation*, Penguin Books, London, 1999.

중심으로 도는 행성이라고 표현하게 되었다. 그러나 적색편이에 따른 은하의 분포는 지구가 우주의 중심이라는 사실을 입증하고 있으니 과학자들에겐 당혹스럽지 않겠는가?

사실 불연속 은하는 성경의 틀과는 잘 맞아떨어진다. 성경에서 지구는 특별한 존재로서 별들보다 먼저 창조되었다. 또한 폭발이 아니라 설계된 것이다. 적색편이를 통한 불연속 은하를 보면 하나님이 지구를 먼저 만드시고 나머지 은하들을 펼치시며 창조하신 것 같지 않은가? 또한 성경에서 지구는 평범한 행성 중의 하나가 아니다. 창조주의 형상을 닮은 사람이 살도록 창조된 특별하고도 특별한 곳이다.^{사 45:18} 지구를 창조하시고 다듬는 데는 닷새를 할애 하셨지만, 별들은 단 하루 만에 창조하셨다.

태양도 다른 별과 같이 취급되어서는 안 된다. 다른 별들과는 차원이 다르게 지구에게 아주 특별한 존재이기 때문이다. 하나님은 넷째 날, 별들을 창조하실 때 태양을 '큰 광명'이라고 부르시면서 지구의 낮을 주관하는 특별한 역할을 담당하게 하셨다.

흥미롭게도 성경에는 '하늘을 펴셨다'는 구절이 자주 등장한다. 마치 지구를 먼저 창조하신 뒤 하늘을 팽창시키는 모습 같지 않은가? 그리고 그 공간에 수많은 은하를 심어 놓으시는 모습이 그려진다.

"그가 하늘을 차일^{curtain} 같이 펴셨으며"^{사 40:22}

"하늘을 창조하여 펴시고"^{사 42:5}

"여호와 … 홀로 하늘을 폈으며"^{사 44:24}

"내가 친수로 하늘을 펴고"사 45:12

"그 명철로 하늘들을 펴셨으며"렘 10:12, 51:15

앞에서 다룬 것처럼 천문학은 거의 전적으로 시각에만 의지하는 학문이다. 그러므로 그 한계도 어떤 과학 분야보다 많다. 그럼에도 불구하고 최근에 나온 이론들이 성경의 창조 과정과 조화를 이룬다는 것은 흥미롭지 않은가?

우리 눈에 보이는 별은 수천 개 정도이다. 하지만 망원경을 사용하면 별과 별 사이에도 별들로 가득차 있는 것을 볼 수 있다. 오늘날 천문학자들은 고성능의 천체망원경을 사용해 하늘에 가득찬 어마어마한 별들을 볼 수 있다. 하지만 정확한 수치는 오늘날의 과학자들도 알아내지 못했다. 우리는 하늘의 별들 중 대체 몇 퍼센트만 보고 있는 것일까?

별들의 창조자이신 하나님이 예레미야에게 직접 하신 말씀을 보자.

"하늘의 만상stars은 셀 수 없으며"렘 33:22

이 하나님의 말씀에 다음과 같은 고백을 드릴 수 있지 않을까?

"하늘이 하나님의 영광을 선포하고 그가 하신 일을 나타내고 있다"시 19:1

"수억 광년 밖에 있는 별들은 우주가 그만큼 오래되었음을 증명하는 것 아닌가요?"

정말 자주 받는 질문이다. 이 질문에 과학적인 답변을 하기란 쉽지 않다. 시간, 빛의 속도, 공간의 모양 등 여러 물리학적 연구 대상들에 대하여 여전히 모르는 부분이 많기 때문이다. 그러나 이런 질문을 하는 배경에는 그 별이 빛을 쏘았다는 기본 가정이 깔려 있다. 그러나 성경은 별보다 빛이 먼저 창조되었다고 말한다. 별이 빛을 발한 것이 아니다. 처음부터 별을 볼 수 있도록 창조하신 것이다.

창세기 1장에서 하나님의 창조 장면을 보면 언제나 성년 창조다. 물, 식물, 동물, 사람 모두가 완성품으로 창조되었다. 물고기와 새를 창조하고 바로 생육하라고 명령했다. 우리는 달걀이 먼저가 아니라 완벽한 달걀을 낳을 닭을 창조했다는 것을 믿는다. 아담과 하와를 창조하실 때 기어 다니는 아기가 아닌 성인 남녀로 만드셨다. 별들도 마찬가지로 처음부터 완전한 상태로 창조하셨을 뿐만 아니라 처음부터 지구에서 별을 볼 수 있도록 만드셨음에 틀림없다. 하나님은 무슨 일이라도 능치 못함이 없으시다는 말씀^{렘 32:17} 을 되새길 필요가 있다.

진실 vs 거짓

움직이는 생물과 날개 있는 새를 종류대로 만드시니

"보이는 것을 초월한 창조주가 종류대로 창조하셨다"는 증언은 수많은 증거와 일치한다.

어려워 보일지라도 우리는 뿌리부터 회복시켜야 한다. 진화론이라는 가시덤불을 제거하고 처음부터 계셨던 창조의 증인 예수님을 창세기에 기록된 사실대로 확실하게 전해야만 한다.

"하나님이 이르시되 물들은 생물을 번성하게 하라 땅 위 하늘의 궁창에는 새가 날으라 하시고 하나님이 큰 바다 짐승들과 물에서 번성하여 움직이는 모든 생물을 그 종류대로, 날개 있는 모든 새를 그 종류대로 창조하시니 하나님이 보시기에 좋았더라"창 1:20-21

하나님은 넷째 날 지구 밖의 별들을 창조하신 후, 다시 지구의 동물들을 창조하신다. 성경에서 최초로 생물이 등장하는 곳이 바로 이 부분인데 식물을 창조하시는 '셋째 날'에서 이미 다루었다. 물고기와 새도 셋째 날 창조하신 식물과 동일하게 종류대로 창조하셨다. 즉 서로 교배할 수 있는 한계를 정하셨다는 의미다.

성경에서 가장 먼저 언급된 동물은 큰 바다 짐승이다. 이 짐승은 히브리어로는 탄닌tannin, 영어로는 great whale큰 고래 또는 great sea-monsters큰 바다 괴물이라고 한다. 이 짐승은 성경의 다른 곳에서도 20회 이상 등장하는데 시랑, 용, 뱀 등으로 번역되었다.출 7:90, 시 44:19, 74:13, 91:13, 148:7, 사 13:22, 27:1, 34:13, 35:7, 43:20, 51:9, 렘 9:11, 10:22, 14:6, 49:33, 51:34, 51:37, 겔 29:3, 32:2 어쨌든 현재는 살지 않는 바다의 큰 동물임에 틀림없다. 재미있는 것은 성경의 첫 동물이 작고 단순한 물고기가 아닌 큰 물고기부터 언급되는 것을 보면 마치 작은 것에서 큰 것으로 변했을 것이라는 진화론을 하나님께서 나무라시는 것 같지 않은가?

현재 지구 상에 살고 있는 동물 중에서 가장 큰 동물은 무엇일까? 바다에 살고 있는 고래다. 이 중에서도 청고래가 가장 거대한 데 몸 길이가 32미터에, 무게는 무려 190톤에 달하며, 심장만 해도 작은 승용차 크기다. 고래의 귀와 눈은 육지의 포유류의 것과는 전혀 다르다. 그 모양은 바다에서 듣고 보기에 적합하게 생겼다. 어미 고래는 물속에서 새끼들에게 젖을 주기 편리한 신체 구조를 가지고 있다. 새끼의 주둥이도 어미 고래의 신체와 밀착되는 모양으로 젖을 먹을 때 결코 짜디짠 바닷물이 섞여 들어가지 않는다. 진화론자들은 물고기가 육지로 올라와 포유류로 진화되었다가 그중 일부가 다시 물속으로 돌아가 고래로 진화되었다고 주장한다. 이처럼 완벽한 구조를 가진 고래가 그런 진화 과정으로 지금의 모습을 갖추었을까?

물총고기는 물 아래 수초에 몸을 숨기고 있다가 나뭇가지에 있는 벌레를 물로 쏴서 떨어뜨린 다음 곧바로 잡아먹는다. 물총고기의 눈은 물 아래 있고 벌레^{먹이}는 물 밖에 있기 때문에 물과 공기의 굴절률 차이를 계산할 수 없으면 목표물을 적중시킬 수 없다. 그러나 물총고기는 그 차이를 조정하는 법을 알고 있기에 먹잇감을 놓치지 않는다.

캘리포니아 해변을 찾아오는 물고기 중 그루니온^{Grunion}은 보름날 밤 물이 육지의 가장 안쪽으로 들어오는 사리 때 모래사장에서 알을 낳는다. 그리고 다음 사리 때 바닷물이 밀려오기 시작하면 갓 부화한 새끼들은 바닷물과 함께 바다로 간다. 알은 정확하게 2주 동안 모래 속에서 부화의 기간을 갖게 된다. 만약 그루니온이 사리 때를 정확하게 알지 못한다면 모래사장에 올라오지 못할 것이고 알들은 부화의 기회를 얻지 못할 것이다. 그리고 그루니온은 멸종 위기에 처할 것이다.

진실 VS 거짓

해파리는 우산과 같이 생긴 독특한 모양의 덮개를 열었다 닫았다 하면서 물속에서 이동한다. 낙지는 몸의 색깔을 변화무쌍하게 바꿔 잡아먹으려는 적이 주위 환경과 자신을 구분하지 못하도록 하는 데 일등이다. 전기뱀장어는 레이더를 이용해 먹이를 잡으며 300볼트의 강한 전기 충격을 계속해서 발생시킬 수 있다. 어디 이것뿐일까? 물고기들의 놀라운 생태를 이야기하자면 한도 끝도 없다. 이 물고기들을 보며 우리도 욥의 고백 외에는 할 말이 없다.

"바다의 물고기도 네게 설명하리라 이것들 중에 어느 것이 여호와의 손이 이를 행하신 줄을 알지 못하랴"욥 12:8-9

지금까지 그 어떤 생물학적 실험도 단 한 종의 어류도 다른 종으로 변화시키지 못했다. 창조자가 세워 놓은 '종류'라는 질서가 깨어지는 것도 보지 못했고 깨뜨려 본 적도 없다. 이 완벽한 모습은 시간이 만들어 주는 것도 아니고 노력으로 얻어진 것도 아니다. 오직 시공간을 초월한 전능자의 능력으로밖에는 설명할 길이 없다.

창세기 1장 20-21절에서 새fowl, KJV는 새, 곤충, 박쥐포유류와 같은 모든 나는 동물을 지칭한다. 이들은 모두 같은 날 창조된 동물로서 진화론의 순서와 일치하지 않는다. 오늘날의 생물학자들이 사용하는 어류, 양서류, 파충류, 조류, 포유류의 분류 방식은 다분히 진화론적 사고에 영향을 받았다. 물론 이 분류 체계를 완전히 배제하라는 말은 아니다.

이 분류 방식 때문에 생물의 역사인 창세기 1장의 창조 순서를 혼동하지 말라는 말이다. 진화론적 분류 방식이 생물의 창조 순서를 의미하지 않기 때문이다. 창조의 순서는 풀, 채소, 과일나무가 셋째 날, 물에서 사는 생물과 하늘을 나는 동물이 다섯째 날, 그리고 가축과 땅에서 기는 것과 짐승이 여섯째 날이다.

만약 창세기 1장의 내용을 모른다면 사람들은 생물들이 어떤 순서로 시작했다고 여길까? 당연히 간단한 것에서 복잡한 것으로 나아가는 진화론적 순서일 것이다. 이것이 인간의 한계이다. 하나님을 배제하고 고민하면 떠오르는 것이 바로 진화의 순서이다.

진화론의 뿌리 자연주의

진화론의 등장 배경에 큰 역할을 한 중요한 사상 중 하나가 '자연주의'다. 이는 18-19세기 유럽을 가장 강력하게 지배했던 철학 사조 중의 하나다. 자연주의란 보이는 모든 것을 보이는 것으로만 설명하자는 사상으로 이것의 최고 걸작품이 바로 진화론이다. 예를 들어 "사람은 어디에서 왔을까?"에 대해 생각한다고 가정해 보자. 이에 대한 정답이 성경에서 말하는 '하나님의 형상'이라고 할지라도 자연주의적 사고방식에서는 결코 받아들일 수 없는 결론이다.

자연주의적 사고방식은 눈에 보이는 원숭이가 사람과 외형이 가장 닮았다는 이유로, 그 본연의 성질이 완전히 다르다고 설명해도 눈에 보이지 않는 '하나님의 형상'을 닮았다고 말하는 것보다 설득력이 있다고 생각한다.

"진화론이 더 믿기 쉬워요."

언젠가 사무실에 찾아온 어떤 여자 집사님의 말이다. 진화론은 눈에 보이는 것을 가지고 설명을 하고, 또 그런 교육만을 일방적으로 받으며 자랐기 때문이다. 사탄이 인간의 이런 약점을 누구보다 잘 알고 있었고, 십분 활용했다.

자연주의 사상은 아주 쉽게 유럽 사람들의 사고 속으로 침투했다. 이것이 단지 유럽뿐이랴. 바벨탑 이후에 하나님을 잊은 모든 나라는 진화라는 단어를 사용하지 않았을 뿐이지 진화론적 사고에 잠식되어 있었다. 중국 고대소설인 《서유기》만 봐도 원숭이가 사람으로 표현되고, 우리나라의 건국신화를 보더라도 여자는 곰이 변한 웅녀의 후손이지 않은가?

"하나님은 왜 눈에 보이지 않아요?"

자녀가 어렸을 때 이런 질문을 한두 번 받아 보지 않은 부모는 없을 것이다. 아마 우리는 태어날 때부터 보이는 것에 더 익숙한가 보다. 이런 질문은 단지 어린아이들한테서만 받는 것은 아니다. 대학 청년부를 인도하고 있을 때, 심지어 최근에 창조과학 프로그램을 인도할 때도 자주 받는 질문 중 하나이다.

보이는 것으로 모든 것을 설명하자는 자연주의가 등장했을 때 진화론은 이미 예견된 바였다. 자연주의적 사고가 사람들에게 스며들수록 그들의 마음속에서 보이지 않는 하나님이 사라지기 시작했고 결국 이는 진화론으로 이어졌다. 자연주의가 진화론을 탄생시켰지만, 진화론이 자연주의라는 불꽃에 기름 역할을 했다고 볼 수 있다. 그 산불이 20세기를 넘어 21세기까지 꺼지지 않고 활활 타오르고 있다.

화석과 진화의 관계에 대한 세미나를 진행할 때면 언제나 다음과 같이 이야기를 시작한다.

"진화론자들은 예나 지금이나 진화의 순서를 이렇게 말합니다. 조개와 같은 해양 무척추동물이 언젠가 껍데기를 벗어버리고 헤엄을 치다 보니 비늘, 지느러미, 아가미를 갖춘 물고기로 진화했습니다."

이 말을 들은 사람들은 작은 소리로 웃기 시작한다.

"이 물고기가 웬일인지 육지로 기어 올라왔습니다. 그리고 기는 시도를 계속하다가보니 앞발과 뒷발이 튀어나와서 개구리와 같은 양서류로 진화했습니다. 개구리 아시죠? 개구리는 말랑말랑한 알을 낳습니다. 이 알이 육지에서는 자꾸 터지기 때문에 알 낳는 것을 계속 개량하다 보니 딱딱한 알을 낳게 되어 도마뱀과 같은 파충류로 진화되었습니다."

여기서부터 사람들의 웃음소리가 커진다.

"이 파충류가 웬일인지 하늘을 보았습니다. 그리고 하늘을 날고 싶어졌습니다. 그가 날려고 계속 시도를 하다가 보니 앞발이 날개로, 피부가 깃털로 변하고 진화했습니다."

새의 진화에서 청중의 폭소는 거의 절정에 달한다.

"그러나 어떤 파충류는 하늘을 나는 것에는 관심이 없었습니다. 그 파충류는 알 낳는 방법을 계속 개선하다 언젠가부터 알이란 단계를 빼 버리고 바로 새끼를 낳는 포유류가 되었습니다."

여기서부터는 사람들의 웃음이 약간 줄어든다.

"그리고 이 포유류가 오랜 세월 동안 사고를 하다 보니 사람으로 진화된 것입니다."

이 부분에서 웃는 사람들도 몇몇 있지만 전반적인 분위기는 꽤 심각해진다.

"여러분 모두 웃으셨지요? 그런데 바로 이 우스운 이야기가 우리 아이들이 배우는 과학 교과서에 나와 있습니다. 이는 결코 웃기는 이야기가 아니에요. 이 이야기는 결국 '나'에 대한 이야기입니다. '내'가 어디서 왔는가에 대한 이야

진실 VS 거짓

기입니다. 이 진화 순서의 그림들은 여러분 각자가 이 자리에 오기까지 수십억 년 동안 진화와 멸종이 반복되다가 살아났다는 이야기입니다."

정말이지 이 이야기를 듣고 우리는 웃을 수만은 없다. 진화론자들은 일단 이 스토리를 만들어 놓았다. 자연주의가 만든 대단한 작품이다. 그리고 이 순서대로 일이 일어났다는 믿음이 생기자 곧바로 중요한 몇몇 종류 사이의 진화의 과정을 보여 주는 중간 단계를 찾기 시작했다. 하지만 살아 있는 중간 단계는 도저히 찾을 수 없었기에 포기해 버렸다. 발표한 것들이 있기는 했지만 진화론자 스스로에게도 만족스러운 것이 아니었다.

과거의 화석에서 이런 진화의 과정을 보여 주는 전이형태transitional form는 아직까지 발견되지 않고 있다. 화석은 언제나 완벽한 기능을 한 완전체의 모습으로만 발견된다. 간혹 전이형태라고 발표됐던 것들이 있었지만 과학자들의 반응은 회의적이었다.

그런데 진화론의 주장으로 보자면 수많은 전이형태가 발견되어야 한다. 왜냐하면 진화론자들은 한 생물이 다음 단계로 진화하는데 수백만, 혹은 수천만 년이 걸린다고 주장하고 있으며 지구상에는 과거 생물의 화석이 수백억 이상 존재하고 있다. 그럼에도 불구하고 아직까지 전이형태는 화석에서도 살아있는 생물에서도 발견된 적이 없다.

전이형태 생물은 순수하게 진화론에서 나온 상상의 산물인데, 결코 존재할 수 없다. 왜냐하면 자연은 그런 애매한 모습의 생물을 보호

하지 않기 때문이다. 생물학 용어 가운데 '자연 선택'^{자연 도태}이란 용어가 있다. 자연 선택은 환경에 잘 맞는 것은 보호를 받지만 맞지 않는 것은 제거된다는 의미다. 그러므로 그 정의를 보더라도 반은 파충류 반은 조류, 반은 어류 반은 양서류 같은 애매한 모양의 전이형태 생물은 환경에 적응하지 못해 자연 선택에 의해 제거될 수밖에 없다. 즉 이런 애매한 모양의 생물들이 존재할 수도 없지만, 있었다고 가정할지라도 완전한 형태로 진화되기 전에 자연이 이를 먼저 제거해 버렸을 것이다.

이와 같이 전이형태로 변하고 있는 생물이 관찰된 적도 없고 전이형태의 화석이 발견된 적도 없는 사실에서 보듯이 전이형태란 존재하지도 않고 존재할 수도 없는 생물 형태이다. 이 사실에서 알 수 있듯이 진화론은 묘하게 모순된 이론이다.

UC버클리대학의 법대 교수인 필립 존슨은 화석에 대해 다음과 같이 말했다.

"화석들은 그들이 객관적으로 조사될 때 다윈의 생각을 지지하기 보다는 실망시키는 쪽으로 향한다. 다윈주의자들^{진화론자들}은 지지할 화석의 증거를 발견하기 위하여 끊임없이 시도하며, 이 시도를 진화의 증거로 발표한다. 그리고 모든 문제점들은 무시해 버린다." [1]

---

1 Philip Johnson, Darwinism on Trial, 1991, p. 84. Law Professor. at UC Berkeley

진화론자들은 끊임없이 전이 화석을 찾는다. 하지만 우리가 들었던 모든 증거는 사실상 증거가 아니라 진화론자들의 시도였을 뿐이다. '우리는 전이 화석을 찾고 있습니다' 또는 '이 화석이 전이 화석이 아닐까 생각됩니다'와 같은 추측들 말이다. 그들의 이와 같은 행동은 화석에만 그치지 않는다. 그들은 '돌연변이를 다른 종류로 변화시킬 수 있는지 시도 중입니다', '유전적 정보가 증가하는 과정이 있는지 시도 중입니다'와 같이 결과 없는 시도만 내세운다.

법정에서 이기기 위해선 무엇이 필요할까? 바로 '증거'가 필요하다! 법정에서 사실로 인정받기 위해선 '증인'과 '증거'가 필요하다. 이 두 가지가 서로 일치하면 그 증언은 사실이 된다. "보이는 것을 초월한 창조주가 종류대로 창조하셨다"는 증언은 수많은 증거와 일치한다. 거짓말하지 않으시는 창조주가 증인이 되어 하신 말씀이야말로 사실이지 않을까?

진화론자들은 150년이 넘도록 전이 화석이 발견되지 않았지만 진화론을 포기하지 않았다. 그래서 등장한 이론이 소위 구두점식 진화론이라고 부르는 "단속평형이론punctuated equilibrium theory"이다. 이 이론은 어떤 한 종류의 생물이 한 진화론적 시대 동안에 변이만을 이루며 평형을 이루어 살다가 진화의 잠재력이 어느 정도 축적되었을 때 대진화가 빠르게 진행되어 다른 종류로 변했고 그 변한 종류도 한동안 변이만을 이루며 평형을 이루어 살다가 또 빠르게 다른 종류로 진화하였다는 식으로 진행된다. 그러므로 평형 된 상태에서 어느 순간에 너무 빨리 진화가 진행되어 전이 화석을 남겨 놓을 수 없었다는 것이다.

예를 들면 공룡에서 새로 진화되는 과정을 이렇게 설명한다. 공룡이 진화의 한 시대 동안 다양한 변이를 이루며 번성하다가 ^{이를 그들은 평형을} ^{이루었다고 표현한다} 언젠가 빠르게 새로 진화되었고 그 새들은 지금 서로 평형 상태로 변이만을 이루며 살고 있다는 것이다. 전이 형태 화석이 발견되지 않자 만든 참으로 놀라운 발상이 아닌가! 참으로 만화영화에서나 등장할 법한 이야기다. 미국 생물 교사 논문지는 단속평형이론이 나온 경위에 대하여 정확히 지적했다.

"단속평형이론은 실험적 증거에 의해서 나온 것이 아니라 증거의 부족에서 나온 것이다. 즉 화석 기록에서 존재하는 간격 때문이다."[2]

이들이 왜 점진적 진화보다도 훨씬 더 믿기 어려운 엉뚱한 이론을 만들었을까? 왜냐하면 여전히 과학자들은 창조자를 제외시킨 자연주의적 사고 방식으로 설명하려고 노력하는 것이 '과학적'이라고 주장하기 때문이다.

그러나 성경은 철저하게 자연주의를 금한다.

"태초에 하나님이 천지를 창조하시니라"

2 William F. McComas & Brian J. Alters "Modeling Modes of Evolution: Comparing Phyletic Gradualism & Punctuated Equilibrium". *The American Biology Teacher*, vol. 56, no. 6, September 1994, pages 354-356.

성경의 첫 구절은 '자연주의를 벗어나라'는 명령이다. 보이는 것이 아닌 시간과 공간과 물질을 초월한 분이 보이는 것을 창조하셨다는 것을 말하는 것이다.

다음 구절은 더욱 구체적으로 지적한다.

"보이는 것은 나타난 것으로 말미암아 된 것이 아니니라"히 11:3

그러므로 진화론자들이 주장하는 순서를 가지고 창조 순서에 맞추려는 것은 참으로 어리석은 시도이다. 진화론이 사실이 아니라면 시도할 가치도 없기 때문이다. 이런 노력은 반드시 피해야 한다. 그럼에도 불구하고 많은 크리스천 과학자들이 자연주의 아래에서 만들어진 진화 순서를 우선으로 놓고 창세기 1장을 바꾸려는 시도를 여러 번 했다. 어떤 이들은 이런 시도를 하는 자신을 무척 자랑스럽게 여기기까지 한다. 과연 이러한 시도의 결과는 어땠을까? 그 결과는 이 책의 마지막에서 다루어 보자.

우리는 진화의 순서보다 창조의 순서를 암기해야 한다. 이는 창조 순서가 진짜 순서이기 때문이다. 그런데 이 순서는 증인 없인 알 수 없다. 그 자리에 있었고, 스스로 세상을 창조하셨고, 지금도 그 창조물을 운행하시고, 말씀하고 계시는 하나님을 통해서만 알 수 있다.

다시 새로 돌아가 보자. 진화론자들은 새가 파충류에서 진화되었다고 주장한다. 그러나 진화론자들은 어떻게 비늘이 깃털로, 냉혈동물이 항온동물로, 앞발이 날개로 변했는지 설명하지 못한다. 실제로 긴다는 것과 난다는 것은 엄청난 차이가 있는데 그 과정을 전혀 설명하지 못한다. 최근에는 이에 대한 어떤 이론도 제시하지 않고 있다.

새들은 알을 낳는다. 그런데 이 알이 정말 놀랍다. 알은 살아 있기 때문에 숨을 쉰다. 그래서 달걀 껍질을 현미경으로 보면 수천 개의 구멍으로 구성되어 있는데, 이 구멍은 산소를 들이마시고 이산화탄소를 내쉴 수 있는 완벽한 크기이다. 그뿐 아니라 내막, 외막, 공기주머니, 흰자와 노른자 등 이 중 하나만 잘못되어도 병아리로 부화될 수 없다. '전능하다'는 의미를 어려운 수학 시험이나 컴퓨터 조립에 만점을 받은 사람 정도로 생각하면 오산이다. 전능하다는 것은 불가능이 없는 분에게 붙이는 칭호다.

닭이 먼저일까? 아니면 달걀이 먼저일까? 이 질문은 자연주의적 사고방식으로는 결코 대답할 수 없다. 닭이 없는데 어떻게 달걀이, 달걀이 없는데 어떻게 닭이, 그러면 닭은, 달걀은 … 끝이 없는 이야기다. 그러나 우리는 자연주의에서 벗어나 있기 때문에 너무 쉽게 답을 얻는다. 달걀 낳는 닭이 먼저 하나님의 작품이기 때문이다. 처음은 달랐다. 우리에게는 처음이 너무 선명하다. 전능하신 분을 알기 때문이다. 실제로 그 선명한 시작이 아니면 이 모든 것이 설명되지 않는 것이다.

이렇게 다른 처음을 자연주의적 사고로 알려고 하면 알 수도 없거니와 전혀 엉뚱한 결론이 나온다. 우리는 처음부터 좋았다. 처음부터 동물들은 종류대로 창조되었다. 처음부터 해, 달, 별은 완벽한 위치에 창조되었다. 첫 남자는 흙으로 창조되었고, 처음부터 말을 할 줄 알았다. 첫 여자는 남자의 갈비뼈로 창조되었다. 이런 모습들을 어떻게 깨달아 알 수 있겠는가? 그래서 역사과학을 하면서 자연주의적 사고 방식으로 과거를 알려고 하는 것은 그 자리에 있었던 증인을 배제한 채 홀로 탐정소설의 범인을 찾는 것이다.

바닷새 중에 어떤 바닷새는 바위 위에 알을 낳는데 이 알은 절대 바위 밑으로 굴러떨어지지 않는다. 이 알은 끝이 뾰족하기 때문에 언제나 작은 원을 그리며 제자리에서만 돈다. 이러한 사실은 원추형 곡선의 방정식을 알고 있는 분의 지혜가 아니라면 무엇으로도 설명할 수 없다.

박쥐는 자기가 입으로 내는 초음파가 물체에 반사되어 오는 소리를 레이더와 같은 모양의 귀로 잡아 물체를 식별한다. 과학자들이 깜깜한 방에 타이어를 채워 놓고 6시간 동안 비행을 시켰지만 한번도 부딪히지 않았다. 이 기술을 익히느라 얼마나 고생했을까? 또 그 기술을 자식에게도 가르쳐야 했을 텐데….

벌집은 육각형으로 이루어져있다. 최소한의 부피와 질량으로 가장 견고하게 지을 수 있는 구조가 바로 육각기둥이다. 벌들이 처음에는 삼각형이나 사각형으로 짓다가 육각형으로 바꾸었을까? 그렇다면 삼각이나 사각으로 집을 짓는 벌들이 세상 어딘가 있어야 하지 않을까? 그런데 벌들은 하나같이 육각형으로만 집을 짓는다. 기하학을 완벽하게 아시는 분의 지혜다.

157

진실 VS 거짓

벌새는 1초에 80번의 날갯짓을 한다. 어떤 딱따구리는 총알과도 같이 1분에 수천 번 나무를 쪼아 댄다. 독수리는 찰라 같은 수십 분의 1초 만에 물고기를 낚아챈다. 논병아리는 헤엄을 치지 않고 날개를 치면서 물 위를 뛰어다닌다. 키위는 자기 몸의 절반 크기의 알을 낳는다. 새들의 놀라운 생태 역시 끝이 없다.

하나님이 욥에게 하신 질문을 들어보라. 감히 누가 이렇게 자신 있게 질문할까? 이분은 그것들을 만드신 창조자이시기 때문이다.

"매가 떠올라서 날개를 펼쳐 남쪽으로 향하는 것이 어찌 네 지혜로 말미암음이냐"욥 39:26

"독수리가 공중에 떠서 높은 곳에 보금자리를 만드는 것이 어찌 네 명령을 따름이냐"욥 39:27

"까마귀 새끼가 하나님을 향하여 부르짖으며 먹을 것이 없어서 허우적거릴 때에 그것을 위하여 먹이를 마련하는 이가 누구냐"욥 38:41

진화론자들은 타조를 보고 과거에는 날았었는데 뚱뚱해져서 날지 못하게 됐다고 하기도 하고, 하지만 앞으로 살을 빼면 언젠가 날 수 있을지 모른다고 말한다. 역시 자연주의적인 해석이다. 분명하게 새를 닮았음에도 불구하고 날지 못하는 타조를 보며 타조에 대한 그들의 생각은 진화론적인 발상이다. 이제 깨달아 알려고 하지 말고 타조를 지은 분의 말씀을 들어 보라.욥 39:13-18

"타조는 즐거이 날개를 치나 학의 깃털과 날개 같겠느냐?" - 타조는 결코 날지 못한다는 말씀

"그것이 알을 땅에 버려두어 흙에서 더워지게 하고, 발에 깨어질 것이나 들짐승에게 밟힐 것을 생각하지 아니하고, 그 새끼에게 모질게 대함이 제 새끼가 아닌 것처럼 하며 그 고생한 것이 헛되게 될지라도 두려워하지 아니하나니"- 타조가 왜 이렇게 어리석은지 아느냐는 질문

"이는 하나님이 지혜를 베풀지 아니하셨고 총명을 주지 아니함이라"- 하나님 자신이 타조를 그렇게 어리석게 창조했기 때문이라는 답변

"그러나 그것이 몸을 떨쳐 뛰어갈 때에는 말과 그 위에 탄 자를 우습게 여기느니라"- 타조는 날도록 지은 것이 아니라 처음부터 뛰도록 지었다는 결론!

이상의 답이 어디 있을까?

몇 년 전 조선족 모녀가 창조과학탐사에 참석한 적이 있다. 크리스천 딸이 무신론자인 어머니를 전도하고 싶어 함께 왔다고 했다. 그리고 어머니는 중국에서 공부했는데 생화학 박사로 상당한 지식을 갖추신 분이라고 귀띔해 주었다. 어머니는 누구보다 열심히 프로그램에 임했지만, 질문 한번 없으셨다. 계속 듣기만 하셨다. 마지막 날 추천하는 창조과학과 관련된 도서를 한글, 영문 구분 없이 모두 구입하셨다. 무거운 책을 손수 들고 버스에서 내리며 필자에게 한마디 하시고 떠나셨다.

"나는 지금까지 보이는 것에서 보이지 않는 것이 나왔다고 배웠는데, 당신은 3일 동안 보이지 않는 존재가 보이는 것을 만들었다고 말했소. 아주 흥미로웠소. 내가 이 책을 모두 읽고 결론을 내려 보겠소."

이 분은 창조과학탐사의 의도를 정확하게 이해한 것이다. 공산주의는 진화론을 근거로 등장한 이념이다. 그러므로 공산주의의 교육은 기본적으로 진화론에 바탕을 두고 있다. 그들은 보이는 물질이 시간이 지나 보이지 않는 마음, 생각, 영혼 등을 갖추게 되었다고 가르친다. 그런데 창조과학탐사에서는 이와는 완전히 반대로 접근한 영이신 보이지 않는 하나님이 요 4:24 보이는 세계를 만드셨다는 이야기만 한다.

그 후 2년쯤 지났을까? LA 근교의 한 교회에서 세미나를 마치고 나오는데 한 권사님이 다가오셨다.

"선교사님 기독교에 대해 아주 공격적이던 한 조선족 아주머니가 있는데, 그랜드캐니언 창조과학탐사에 다녀오더니 갑자기 신앙이 생겼어요. 오히려 우리 보고 신앙이 없다고 하더라고요."

들어 보니 그분이 맞았다. 구입했던 책들을 다 읽어 보았다면, 어찌 변하지 않을 수 있으랴?

"진화론은 정말 맞는 것이 하나도 없나요?"

어떻게 들릴지 모르나 하나도 없다. 어쩌면 이토록 철저하게 하나도 맞지 않을까? 그러므로 진화론을 믿으면 사고에도 심각한 영향을 받게 되며 결국 삶도 변하게 된다.

진화론이 남겨 준 단어 중에 하나가 "생존경쟁"이다. 생존경쟁과 약육강식은 같은 말은 아니다. 약육강식은 강한 자가 약한 자를 지배한다는 의미인 한편, 생존경쟁은 '한 종류' 안에서 경쟁에 유리한 자가 살아남는다는 의미다.

1900년도 초에 러시아의 황태자였던 크로포킨^{Peter Kropotkin}은 다윈의 글을 읽고 감동을 받아 시베리아와 만주에서 오랫동안 생활하면서 동물들의 생존경쟁을 관찰했다. 하지만 오랜 관찰 후 그는 '동일한 종의 개체들 간에서는 심한 생존경쟁의 모습을 찾아볼 수 없었다'는 결론을 내렸다. 실제로 대부분의 동물들은 한 종류 안에서는 함께 노력하며 적으로부터 오는 공격을 막는 데 힘을 합친다.

더 중요한 것은 생존경쟁이라는 것이 존재한다고 해도 이런 경쟁 상황과 그 생물의 종류가 변하는 것이 무슨 연관이 있단 말인가. 경쟁을 해서 종류가 변하는 것을 관찰한 적이 있는가? 종류가 변해야 가능하다고 말할 수 있는 진화는 생존경쟁과는 결코 함께 사용할 말이 아니다.

진화론은 생존경쟁이란 단어를 이 세상의 삶의 법칙으로 심어 주었다. 인간도 하나의 종이기 때문에 생존경쟁을 피할 수 없다는 생각을 갖도록 했다. 이런 생각은 진화론 이후에 등장한 공산주의, 나치즘,

Peter Kropotkin

제국주의 등의 사상으로 이어지게 된다. 많은 역사학자들이 진화론이 1, 2차 세계대전 발발의 원인을 제공했다는 것에 동의한다. 결코 틀린 해석이 아니며 실제로 그렇다. 전쟁은 국가와 민족 간에 생존경쟁의 원리를 적용시킨 극단적인 결과다.

단지 이런 거창한 이데올로기나 세계사의 영향뿐이랴. 우리의 삶 속에서도 생존경쟁이란 단어가 깊숙이 자리 잡았다. 혹시 경쟁에서 뒤질까 두려운가? 분명하건대 이는 하나님이 주시는 부담은 아니다. 성경은 반대로 말한다.

"누구든지 크고자 하는 자는 너희를 섬기는 자가 되고"막 10:43

진화론은 과학적으로도 단 하나도 맞은 것이 없을 뿐 아니라, 우리의 삶 속에서도 옳지 않은 것만을 심어 주었다.

생육하라, 충만하라!

"하나님이 그들에게 복을 주시며 이르시되 생육하고 번성하여 여러 바닷물에 충만하라 새들도 땅에 번성하라 하시니라 저녁이 되고 아침이 되니 이는 다섯째 날이니라"창 1:22-23

하나님이 동물들을 창조하시며 식물과는 달리 "복을 주시겠다"고 명령을 하신다. 여기서도 동물은 식물과는 분명 차원이 다르게 창조되었다는 것을 알 수 있다. 하나님은 생물인 동물에게 "하라"고 명령하신다. 그리고 동물들은 여기에 철저하게 순종한다.

첫 번째 명령이 "생육하고 번성하라"이다. 실제로 "종류대로 창조"하신 것과 "생육하라"는 서로 아슬아슬한 상황에 부딪히게 된다. 종류대로 창조되었다는 것은 서로 교배할 수 있는 한계로 지어졌다는 의미다. 즉 다른 종류와는 교배할 수 없는 것이다. 반면에 생육하라는 명령은 서로 교배를 하라는 명령이다. 즉 이 두 상황이 함께 존속하려면 처음부터 자신의 짝이 누구인지 찾을 줄 알아야 한다.

우리가 갖고 있는 생물학적 자료는 분명히 서로 교배할 수 있는 한계를 인정한다. 그러므로 종류대로 창조되었다는 성경 기록은 유전학적으로도 일치되는 말이다. 반면에 그렇게 창조되었을 경우 자기 짝이 누구인지를 처음부터 알지 못했다면 한 세대를 못 넘기고 그 종류는 멸종되고 만다. 그런데 성경은 하나님이 동물들을 창조하자마자 "생육하라"는 명령을 내리는 장면을 기록한다. 즉 자신과 교배할 대상이 어떤 동물인지 구별하는 능력을 처음부터 부여했다는 말이다. 여기에 창조의 아슬아슬한 묘미가 있는 것이다.

진화론은 이런 동물들의 상황을 전혀 설명하지 못한다. 서로 교배할 수 있는 한계가 어떻게 지어졌는지 설명도 못하고, 이 동물들이 자신의 짝을 언제부터 어떤 동기로 인지하게 되었는지도 설명하지 못한다. 하루살이는 분명히 하루를 넘기기 전에 자기 짝을 찾아야 한다. 짝을 찾으려면 적어도 자신이 죽기 이전이어야 하는데 말이다. 그것도 매 세대마다 찾을 줄 알아야 한다.

두 번째 명령은 "충만하라"이다. 동물들이 갖고 있는 경이로운 본능 중에 '이주'migration를 빼놓을 수 없다. 특별히 물고기와 새들을 보면 더욱 뚜렷하다. 태평양 연어는 작은 민물에서 부화하여 바다로 내려간다. 바다에서 2-6년을 지낸 후 정확하게 자신이 태어났던 곳으로 돌아와 알을 낳고 죽는다. 돌아올 때 거슬러 올라오는 강물의 거리는 수백 킬로에 달한다. 이와 반대로 바다로 돌아가서 알을 낳는 물고기도 있다. 대표적인 것이 뱀장어인데 뱀장어의 새끼는 태어난 후 몇 달 또는 몇 년을 대양에서 살다가 수천 킬로를 이동하여 민물로 돌아온다. 그 밖에 은어, 칠성장어, 상어, 오징어, 물개, 고래, 거북이도 이주를 한다.

새의 경우 북반구의 제비, 오리, 거위, 백조 등이 가장 잘 알려진 있다. 장거리를 여행하는 새들도 많은데 주로 계절에 따라 이주한다. 일반적으로 겨울에는 따뜻한 곳으로 향하고 여름에는 극지방으로 향한다. 무정차 비행으로는 흑꼬리도요가 대표적이다. 이 새는 뉴질랜드에서 한국의 서해까지 약 11,000킬로미터를 9일 동안 쉼 없이 비행하는데 목적지에 도달할 때까지 아무것도 먹지 않는다. 비행 중 잠시 쉬기는 하지만 총 이주 거리로는 북극 제비갈매기가 단연 앞선다. 북극 지방에서 서식하다가 남아프리카와 남아메리카까지 이주하는데 3개월에 걸쳐 무려 22,000킬로미터를 비행한다. 일반적으로 새들은 150-

600미터의 고도에서 날지만, 고방오리, 바거위$^{\text{Bar headed goose}}$, 흑꼬리도요 등은 5,000미터 이상의 히말라야산맥을 넘기도 한다.

새들이 태어날 때부터 이주에 대한 능력이 있다는 것은 흰목 노리 새를 통해 알 수 있다. 이들은 여름은 독일에서, 겨울은 아프리카에서 지낸다. 여름이 가까워질 때가 되면 새끼 새는 독립하는데, 부모는 새 끼를 남겨 놓은 채 먼저 아프리카로 떠나 버린다. 남겨졌던 새끼 새는 몇 주 후 그 자리를 떠나 수천 마일 낯선 땅과 바다를 가로질러 먼저 떠났던 부모를 만난다. 새들이 이주 방법으로 날기만 하는 것은 아니 다. 펭귄은 헤엄치면서 이주하는데 이주거리가 1,000킬로미터에 달한 다. 뇌조$^{\text{blue grouse}}$와 호주에 사는 에뮤^{emus}도 새지만 걸어서 이주한다.

곤충 가운데 이주로서 가장 잘 알려진 것은 제왕나비$^{\text{Monarch Butterfly}}$ 다. 캐나다에서 멕시코까지 시속 50킬로미터 이상으로 총 550킬로미 터를 이동한다. 어떤 경우는 16시간 동안 한 번도 쉬지 않고 600킬로 미터를 비행할 때도 있다. 일생이 짧기 때문에 자신들이 한 번도 가 보 지 못했던 곳을 가야 하는데 정확히 그 목적지에 도달한다.

동물들의 이주에 있어서 과학자들에게 가장 확실한 부분은 이들 이 이동하는 경로뿐이다. 어떻게 항로를 결정하는지에 관해서는 태양, 별자리, 지구자기의 변화에 따른 위치를 확인한다는 가설들이 있지만 이 역시 확실치 않다. 특히 연어에 대해서는 자신이 태어났던 지역의 물 냄새를 기억하는 고유의 행동이라는 학설이 널리 알려져 있다. 그 러나 이들이 왜 이주를 하는지, 어떻게 처음부터 이런 능력을 갖추게 되었는지에 대해서는 아직 접근조차 하지 못하고 있다. 이들의 경이로운 본능은 여전히 과학자들의 궁금증을 자극하고 있는 것이다.

그러나 우리에게는 증인이신 창조자의 말씀이 있다. "충만하라"는 명령 속에는 이미 창조할 당시부터 그런 능력을 부여하시고, 그 명령에 순종하도록 설계하셨다는 뜻이 담겨 있다. 여기서도 역시 자연주의는 접근 불가다. 우리 스스로 깨닫는 것이 아니라 보이는 것을 초월하신 하나님의 창조와 명령으로만 이해될 수 있다. 창조과학자의 대부분은 동물의 이주 본능은 창조 때에 심어졌으며 홍수 심판 이후에 추위와 더위가 추가되면서 변화된 환경 속에서 오늘날의 형태로 발전되었을 것으로 생각한다.

새롭게 보는 '생명'

이제 생명에 대해 정리해 보자. 신구약을 합해서 성경에서는 '살아 있는'living 또는 '생명'life이란 단어가 여러 번 등장한다. 이것은 이 세상의 어느 역사책이나 어느 종교 서적과도 비교가 안 될 만큼 높은 빈도이다. 마치 성경이 생명 과학 교과서같이 느껴질 정도다. 성경은 왜 이다지도 생명이란 단어를 여러 번 사용했을까? 얼마나 중요하고, 그 의미하는 것이 도대체 무엇일까?

성경을 꼼꼼하게 읽어 보면 '생명'이라는 단어를 그렇게 많이 사용하면서도 흔들림 없는 일관된 방향성을 보여 주고 있으며 생명에 대

진실 VS 거짓

한 개념도 구체적으로 제시하고 있는데 이는 일반적으로 우리가 알고 있는 '생명'의 정의와는 다소 차이가 있다.

성경에서 살아 있다는 표현은 동물이 창조되는 다섯째 날에 처음 등장한다. 셋째 날 식물을 창조하실 때는 살아있다는 표현을 사용하지 않으셨다는 말이다. 생물이란 말은 이틀 후인 다섯째 날 "물들은 생물living creatures로 번성케 하라"^{창 1:20}고 하며 처음 등장한다. 또한 동물뿐 아니라 "하나님께서 사람을 지으시고 생기breath of life를 그 코에 불어넣으시니 사람이 생령living being이 된 지라"^{창 2:7}와 같이 인간에게도 생명이란 용어를 사용했다. 그러므로 성경이 생명이라고 지칭할 때 일반적인 분류와는 사뭇 다름이 주목된다.

'생명' 또는 '생물'이란 단어를 동물과 사람에게는 적용했지만, 식물에게는 사용하지 않았다. '생명'이란 단어의 이러한 한정된 사용은 성경 전체에서 일관되게 유지된다. 따라서 우리는 생물을 논하는 시점부터 일반적인 생물 분류 체계 개념에서 벗어나 하나님이 말씀하시는 생물 개념이 무엇인지를 정리할 필요가 있다.

오늘날 과학은 식물, 동물, 사람까지 모두 생물학의 범주로 포함시킨다. 이들은 모두 무생물과 달리 스스로 질서를 유지할 수 있기 때문이다. 모든 물질과 에너지는 시간이 지나면 점점 무질서해지며 일의 효율이 떨어진다. 이런 양상은 물질과 에너지에 예외 없이 적용되며 이 법칙을 열역학 제2법칙이라고 부른다. 예를 들면 자동차는 결국 폐차되고, 시계는 정지하고, 건물도 부식된다.^{우주의 기원 참고} 그러나 여기에 예외들이 있다. 바로 식물, 동물, 사람이다. 이들은 살아있을 동안에는 성경에서 식물을 생물이라고 하지 않기 때문에 살아있다는 말이 완전히 적당하지는 않지만 달리 대신할 표현이 없음으로 이 단어를 씀 스스로 질서를 유지한다. 이와 같이 일반 과학자들은 질서를 유지할 수 있다는 이유로 식물, 동물, 사람을 모두 생물로 묶어서 분류하고 있다.

과학자들은 동식물과 사람같이 스스로 질서를 유지하는 어떤 것을 "목적률"teleonomy 이라고 부른다. 이 '어떤 것'이란 것이 어디서 일어나는 지는 짐작할 수 있어도 왜 일어나는지는 정확히 알지 못한다. 예를 들면 식물의 경우 엽록체에는 빛에너지를 포획하는 목적에 필요한 기능이 있다. 아무튼 목적률이란 동식물과 사람에게 질서를 유지하게 하는 무언가를 지칭한 것이다. 그리고 과학자들은 이 목적률을 갖고 있는 것들을 모두 생물로 분류시킨다.

그러나 성경은 생명의 분류 기준에 있어서 이와는 차이를 보여 준다. 단지 질서를 유지시키는 목적률을 가진 것만을 생명이라고 말하지 않는다. 성경은 식물이 아닌 동물과 사람에게만 생명이 있다고 말한다. 이는 동물이 창조될 때부터야 비로소 '살아 있다'는 표현을 사용한 것을 통해 알 수 있다.

성경의 다른 부분에서는 이 생명을 구체적으로 제한한다. 홍수 심판 직후에 인간에게 채식뿐 아니라 육식을 허용하시면서 생명 되는 피째 먹지 말라고 명령하신다.창 9:3-6 즉 생명의 특징으로 피를 말하고 있다. 이러한 생명의 특징으로써의 '피'는 레위기에서 더 구체적으로 강조된다.[17:11] 이 모두가 생명이 피를 가진 동물에 있다는 점을 성경 전체가 일관되게 유지하고 있음을 보여 주는 것이며, 그런 이유로 구약시대에는 인간의 죄의 대가로 피가 있는 동물이 제물로 사용될 수 있었다. 동물은 식물이 갖고 있는 목적률뿐 아니라 생명의 피를 함께 갖고 있는 존재다.

반면에 식물은 질서를 유지하는 목적률은 갖고 있지만 성경적 개념을 만족시키는 생명은 갖고 있지 않은 것이다. 이와 같이 식물은 엄밀하게 따져서 생명life도 없고 죽음death도 없으므로 생명을 대신할 수 없는 것이다. 이런 이유로 레위기에 나오는 다섯 가지의 제사 가운데 곡물은 죄 사함과 직접 관련이 없는 오직 감사의 표시인 소제grain offering에만 사용되었다.

어떤 사람들은 "그래도 동물과 식물은 여러 유사점이 있지 않은가?"라고 질문한다. 분명히 겉보기에는 그렇다. 예를 들면 똑같이 재생산되고, 유전 법칙이 적용되고, DNA도 있고, 세포로 되어있고, 단백질로 구성되어 있다. 그러나 이런 유사점들은 조금만 생각하면 너무 당연하다. 왜냐하면 동식물 모두가 같은 공기, 같은 물, 같은 땅, 같은 지구 환경에서 동일한 질서를 유지하도록 디자인되었기 때문이다.

다른 이유로는 식물은 동물과 사람의 음식이라는 중요한 목적으로 창조되었기 때문에 질서를 유지하고, 같은 물질로 되어 있고, 재생산된다. 만약 사람과 동물은 자식을 낳으며 재생산이 되는데 그 먹거리가 재생산이 되지 않는다면 어떻겠는가? 이는 창조 셋째 날 식물을 창조하실 때 동물과 같이 같은 종류 안에서 재생산되도록 "종류대로" 창조하셨다는 단어를 보아도 알 수 있다. 이는 창조주의 지혜요, 특별한 배려가 아닐 수 없다.

한편 인간의 경우는 또 다르다. 살아 있는 동안 스스로 질서를 유지하는 목적률과 피를 갖고 있는 생명으로만 그치는 것이 아닌[창 2:7], '하나님의 형상'으로 지은 바 된 특별한 존재다.[창 1:26-27] 그러므로 성경에서 생명을 사람과 함께 사용할 때는 단순히 동물의 생명과 달리 '하나님의 형상인 생명'을 의미한다. 동물의 생명과는 차원이 다르다. 실제로 하나님은 생명의 원천이며[시 36:9], 생명 그 자체이시다.[요 11:25, 14:6] 그러므로 우리는 영원하신 하나님의 생명을 통하지 않고는 살 수 없는 존재인데, 첫 사람 아담이 범죄했을 때 우리 안에 있던 그 생명이 떠나게 되어 곧바로 죽음이 온 것이다.

우리의 생명은 그 생명 자체이신 하나님이 자신의 피를 흘리실 만큼 귀하다. 동물을 살리기 위해 하나님은 피를 흘리지도 않으셨고 죽지도 않으셨다. 그러나 인간의 생명을 살리기 위해서는 자신의 생명을 내어 주셨다. 왜냐하면 하나님의 형상을 다시 살리기 위해서는 하나님의 생명 이외에는 대안이 없기 때문이었다. 이 하나님의 생명으로 오신 분이 바로 예수 그리스도이시다. 그분께서는 "내가 부활이요 생명"이며, "내가 곧 길이요 진리요 생명"이라고 하셨다. 우리를 흙으로 지으시고 우리에게 불어넣으신 생기Life가 바로 그분이신 것이다.

피가 생명의 상징이기 때문에 피는 성경 전체에서 속죄의 유일한 기준으로 제시된다.^{히 9:22, 레 4} 성경에서는 동물의 피라고 해서 값없이 사용하지는 않는다. 예수님이 십자가에서 피를 흘리시기 전까지 우리의 죄 사함을 위해 사용되었을 만큼 가치 있는 것이다. 홍수 심판 이후에 육식을 허용하실 때도 "생명 되는 피째 먹지 말라"고 하실 만큼 동물의 피는 귀한 것이다. 그러나 예수님이 십자가에서 흘리신 피는 동물이 갖고 있는 생명의 상징과는 비교할 수 없는 흠이 없고 영원한 하나님의 보혈^{precious blood}이다. 이 영원하신 예수 그리스도의 대속의 피로 인하여 영원히 구원받을 길이 생긴 것이다.^{히 9:12, 10:12, 벧전 1:19, 3:18, 4:1}

진화론적 역사는 생존경쟁에 의해 진화와 멸종이 반복되는 과정에서 인간이 되었다고 주장하면서 진짜 역사인 성경을 부정하도록 부추기고 있다. 또한 어떤 사람들은 하나님이 수십억 년 동안 창조하시고 멸종시키는 과정을 반복적으로 행하는 과정 중에 사람을 창조하셨다고 주장하기도 한다. 이런 이상한 과정이 우리의 역사라면 그 수많은 동물들이 생명의 상징인 피를 흘리고 고통을 겪은 후에 또는 그 가운데 하나님의 형상인 인간이 창조되었단 말인가?

그러나 성경은 진화론적 역사와 정반대로 말한다.

"그 바라는 것은 피조물도 썩어짐의 종 노릇 한 데서 해방되어 하나님의 자녀들의 영광의 자유에 이르는 것이니라 피조물이 다 이제까지 함께 탄식하며 함께 고통을 겪고 있는 것을 우리가 아느니라"^{롬 8:21-22}

오히려 죽음이 없었던 세상에 인간의 죄 때문에 모든 피조물이 탄식하고 고통을 겪고 있다고 말한다. 이들의 피 흘림과 고통은 오직 하나님의 형상인 인간의 죄 때문이다.

창세기 1-3장이 없다면 우리는 생명과 죽음에 대하여 과연 얼마나 잘 이해할 수 있을까? 성경을 기록된 그대로의 역사적 사실로 받아들이지 않으면서 영원한 생명인 예수님이 우리를 위해 대속하셨다는 복음은 어떻게 받아들일 수 있단 말인가?

이처럼 우리는 생명에 대하여 여러 번 언급하면서도 흔들림 없이 그 의미를 유지하고 있는 말씀에 놀라게 된다. 그래서 하나님의 말씀으로 돌아가야 한다. 그리고 그 출발은 역시 생명이 들어오고ᶺ 떠나게ᵇ 된 창조와 타락의 역사가 기록된 창세기다. 창세기를 우리가 지금 경험하고 있는 시공간 속에서 일어났던 실제 사건의 기록으로 받아들일 때 복음의 중심에 서 있는 생명을 바르게 이해할 수 있다.

보시기에 좋았더라와 좋은 소식

하나님이 세상을 창조하실 때 반복적으로 등장하는 말씀이 "보시기에 좋았더라"good 이다. 다섯째 날도 어김없이 사용하셨다. 창조 마지막에 인간을 창조하신 후에는 "심히 좋았다"very good 라고 마무리하셨다. 이런 '시작'은 다른 책에선 찾아볼 수 없는 독특한 묘사이다. 하나님은 왜 이 세상을 처음부터 좋게 창조하셨을까? 이유는 간단하고 분명하다. 이런 시작만이 자신의 성품을 그대로 드러내기 때문이다. 하나님은 좋으신 분이며, 전능하신 분이시다.

그리스도인의 특권 중 하나는 아버지 하나님께 기도할 수 있는 것이다. 만약 기도를 받으시는 하나님이 좋으신 분인데 반면 전능하지 않다면 어떨까? 반대로 하나님이 전능하신 분이신데 나쁜 분이시라면? 이것처럼 끔찍한 일은 없을 것이다. 그런데 우리의 기도를 받으시는 분은 전능하실 뿐 아니라 좋으신 분이시다. 그러므로 우리는 무엇이든지 기도할 수 있다. 그리고 전능하신 하나님은 최고의 응답을 주신다. 그러므로 우리는 성령님이 하나님의 뜻대로 우리를 대신해 중보하시는 것에 감사하며, 하나님과 합력하셔서 선[good]을 행하신다는 믿음을 갖고 기뻐할 수 있다.

복음을 "Good News"[좋은 소식]이라고 말한다. 그런데 왜 좋은 소식이라고 할까? 처음부터 좋았는데 이제 와서 새삼 좋은 소식이 또 필요할까? 그럼 창조와 지금 사이에 무슨 나쁜 소식[bad news]이라도 있었단 말인가? 바로 첫 아담과 하와의 범죄다. 그들의 범죄로 인해 죽음이 세상에 들어왔으며, 가시덤불과 엉겅퀴가 나왔다. 홍수 심판 이후에는 추위와 더위가 생겼고 바벨탑 사건으로는 서로 언어가 통하지 않게 되는 등 점점 나빠지는 일련의 사건을 겪었다.

언어의 혼란으로 인해 각 민족들이 흩어지게 되고 흩어진 자들의 세대가 지나가면서 그들은 정말 처음에 그렇게 좋았는지, 자신들은 하나님 곧 그 분의 형상을 닮은 존재인지, 이렇게 불편한 추위와 더위는 왜 겪어야 하는지, 이웃 민족과는 어째서 말이 통하지 않는지 등을 모두 잊어버리게 되었다. 오늘날의 상황은 이 모든 것을 잊었다기보다는 지금 우리의 환경이 얼마나 황폐한 모습인지조차 알지 못한다는 표현이 더 어울릴 듯하다.

　모든 나라들이 이 역사를 다 잊어버리고 있을 때, 하나님은 이스라엘을 택하셔서 이 모든 사실이 기록된 성경을 맡기셨다.^{롬 3:2} 이 이스라엘을 통해 창조주이신 예수님이 이 땅에 오셔서 십자가에서 죽으시고 부활하심으로 새로운 길이 열렸으며, 이때부터 성경이 이스라엘을 떠나 세상 모든 나라로 전파되기 시작했다. 이 사실을 믿는 자들은 살게 되었고 처음 좋았던 그 모습으로 갈 수 있게 됐다. 이것이 바로 복음 즉 Good News^{좋은 소식}이다. 처음이 좋았고^{good} 범죄 함의 나쁜^{bad} 일이 있었고, 다시 좋은^{good} 상황으로 가게 된 것이다.

　이런 이유 때문에 성경은 예수님이 이 땅에 오셨던 생애만을 복음이라 말하지 않는다. 복음은 반드시 구약, 특별히 창세기로부터 시작된다. 아마 '복음은…'으로 시작되는 가장 분명한 구절은 로마서 1장일 것이다.

"이 복음은 하나님이 선지자들을 통하여 그의 아들에 관하여 성경에 미리 약속하신 것이라 그의 아들에 관하여 말하면 육신으로는 다윗의 혈통에서 나셨고 성결의 영으로는 죽은 자들 가운데서 부활하사 능력으로 하나님의 아들로

선포되셨으니 곧 우리 주 예수 그리스도시니라"롬 1:2-4

바울 사도는 복음이 예수님이 탄생하시기 이전부터 시작하며 성경에 이미 약속된 것이라고 말한다. 물론 이 성경은 당시 구약성경을 의미한다.

복음서도 결코 예수님이 탄생하시기 이전인 구약시대를 그냥 지나치지 않는다. 마태복음은 아브라함의 족보, 마가복음은 이사야서의 예언부터 시작한다. 누가복음 3장의 족보는 아담을 넘어 하나님부터 시작한다. 요한복음 1장은 태초부터 시작하며 바로 예수님이 창조자임을 언급한다.요 1:3

성경은 복음을 말할 때 좋았지만good, 나빠졌고bad 다시 예수님을 통해 좋아진good 일련의 역사를 항상 함께 언급한다. 이 역사가 하나님의 성품과 능력, 죄의 중대함, 그리고 그분의 사랑을 확증하신 일련의 과정을 보여 주는 우리의 참 역사이다. 만일 하나님이 창조하셨을 때 '보시기에 좋지' 않았다면 예수님이 우리를 어디로 데려가시겠다는 것인가? 하나님의 형상인 아담과 하와가 죄를 짓지 않았다면, 그 하나님 자신이 죽었다는 것이야말로 도저히 이해할 수 없는 이야기 아닌가?

문제는 지금을 살고 있는 사람들에게는 창조의 '좋았던'good 것과 범죄로 인해 '나빠진'bad 사실이 그려지지 않는다는 것이다. 왜냐하면 죄가 들어온 것을 설명하기 위해 창세기 3장부터 다룰 수는 없다. 창세기 1-2장을 다루지 않고는 이해할 수 없기 때문이다. 죄 때문에 나빠

PERFECT WORLD

INTRUSION

DEATH
DISEASE
PAIN
SUFFERRING
EMOTIONAL
ANGUISH

RESTORATION

NEW HEAVEN
AND
NEW EARTH

진 원인이 오늘날 사람들의 마음속에 그려지지 않는 것이 진화와 멸종이 수십억 년 동안 반복되었다는 진화론 교육 때문이라고 말한다면 너무 과장된 것일까? 결코 아닐 것이다. 진화의 역사를 받아들이면 성경역사는 거짓이 되며, 그러면 처음 좋았던 때를 알 수 없다.

다윈도 세상에서 일어나는 고통을 설명할 수 없어서 결국 믿음을 버렸다고 했다. 왜냐하면 다윈은 이미 그 자신이 진화론적 사고로 가득차 있었기 때문에 이 고통을 성경이 아닌 자신의 이성으로만 해결하려고 했던 것이다. 성경 밖에서 하나님의 성품을 찾으려고 한다면 결코 그분을 만날 수 없다. 그가 마음에 둔 하나님은 이미 '자신을' 만든 하나님이 아니라 '자신이' 만든 하나님이었다.

진화론으로 세속화된 이 시대에 어떻게 하면 효과적으로 복음을 전할 수 있을까? Good News^{좋은 소식}인 복음을 어떻게 사실적으로 전할까? 이것이 오늘날 교회의 가장 큰 과제이다. 참으로 어렵게 보일지라도 우리는 뿌리부터 회복시켜야 한다. 진화론이라는 가시덤불을 제거하고 처음부터 있었던 예수님을 창세기에 기록된 사실대로 확실하게 전해야만 한다.

"아무리 멋있어도 이 모습도 결국 맛보기네요."

창조과학탐사에 참석하신 한 남자 집사님이 브라이스캐니언을 향해서 계속 카메라 셔터를 누르시면서 하신 말씀이다. 단지 브라이스캐니언뿐이랴! 우리가 살면서 기뻐하고 있는 모든 것이 맛보기다! 우리는 처음이 좋았고, 아들을 통해서 준비하신 앞으로 갈 그곳은 지금과 비교할 수 없이 좋은 곳이다.

조작 실험의 대표 후추나방

교과서의 진화 단원에서는 언제나 빠지지 않고 사진과 함께 후추나방이 등장한다. 후추나방에 대한 이야기는 다음과 같이 전개된다. 후추나방은 어두운 색과 밝은 색 나방으로 구분되는데, 영국 산업혁명이 일어나기 전에는 나무 색깔이 밝았기 때문에 밝은 색 나방이 주로 보호 받았으나, 산업혁명 이후에는 공해로 말미암아 나무 색깔이 어두워졌으므로 어두운 색 나방이 보호 받게 되어 어두운 색 나방 비율이 상대적으로 높아졌다. 참 그럴듯한 이야기가 아닌가? 그러나 내막을 알고 나면 이 내용이 아직도 교과서에 남아 있다는 사실이 놀랍기만 할 것이다.

이 이야기는 진화론자인 케틀웰Kettlewell에 의해 시작됐다. 그는 새들은 눈에 잘 띄는 색깔의 나방을 먼저 잡아먹는다는 것을 관찰한 후, 산업혁명 이후에 검은 색 나방의 비율이 높아졌다고 확대 해석했다. 1955년에 그는 나무에 붙어 있는 나방의 사진까지 제시하며 논문을 발표했다. 그러나 우리가 먼저 알아야 할 것은 영국의 산업혁명은 18세기 말에서 19세기 초에 일어났다는 것이다. 즉 이는 산업혁명 때 살던 나방의 이야기가 아니란 말이다!

또한 나방은 주로 밤에, 새는 낮에 활동하므로 서로 활동 시간이 달라 실험 자체가 불가능하다. 더군다나 나방 사진도 나무 위에 접착제로 붙여 찍은 위조된 것으로 드러났다. 교과서에 실린 그림은 직접 찍은 사진이 아니었

교과서 속 진화론

다. 실제로 후추나방은 두 극단적인 색깔만이 아니라 밝은 색부터 어두운 색까지 전 범위의 색깔을 갖고 있으므로 이 논문은 관찰을 바탕으로 한 것이 아니었다.

상식적으로 접근해 보자. 어떤 지역에 사는 나방의 수를 세어 보기로 했다고 치자. 과연 그 지역의 모든 나방을 찾았다고 자신할 수 있을까? 절대 불가능한 일이다. 만약에 정말로 그곳의 모든 나방을 찾았다고 치더라도 그 나방의 수가 다른 지역에서 날아와서 늘었는지, 날아가서 줄어들었는지 어떻게 알 수 있고, 확신할 수 있겠는가?

이 논문은 발표 당시부터 여러 과학자에 의해 반론이 이어졌으며, 결국 논문 내용과 실제 나방의 분포가 서로 일치하지 않는다는 점도 밝혀졌다. 이미 가장 유명한 논문지인 《네이처》Nature 誌 저자를 포함해서 여러 과학자들은 후추나방 이야기를 폐기해야 한다는 데 동의했다. [3]

이 실험은 결과를 먼저 예상하고, 그 예상된 결과대로 방법을 유도한 조작 실험의 대표적인 예다. 그럼에도 불구하고 이 이야기는 자연선택이 진화의 과정이라는 다윈의 생각을 지지하는 증거로써 중고등학교 교과서에 아직까지도 실려 있다.

여기서 잠깐 자연선택에 대하여 살펴보자면 자연선택이 과연 진화의 과정인지, 혹은 자연선택으로 종류가 변하는지를 알아보아야 한다. 당연히 종류가 변한 예는 결코 없다. 어떤 생물이든 보호 받는 형태가 살아남는다는 자연선택의 주장은 맞는 말이다. 이 주장은 창조과학자도 진화론자도 모두

---

3 J. A. Coyne, *Nature* 3966706:35-36, 1998.

동의하는 바이다. 그러나 자연선택이 종류를 변화시켰다는 것을 관찰한 과학자는 아무도 없다.

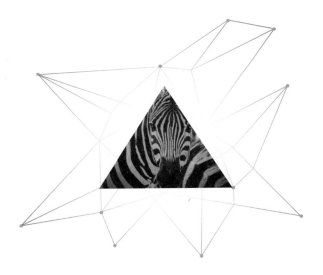

하나님의 형상 vs 조작된 형상

땅에 기는 것을 종류대로 만드시니

우리는 하나님이 더이상 더할 것도 뺄 것도 없이 창
조하신 완전한 피조 세계에 감탄하지 않을 수 없다.
여기에는 자연주의가 들어갈 틈도 없고 진화의 흔
적도 없으며 시간의 간격과 동물들의 노력도 필요
없는 오직 창조주의 능력과 신성만이 드러난다.

"하나님이 이르시되 땅은 생물을 그 종류대로 내되 가축과 기는 것과 땅의 짐 승을 종류대로 내라 하시니 그대로 되니라 하나님이 땅의 짐승을 그 종류대 로, 가축을 그 종류대로, 땅에 기는 모든 것을 그 종류대로 만드시니 하나님이 보시기에 좋았더라"^{창 1: 24-25}

셋째 날 물이 한 곳으로 모이고 난 후 식물들이 자란 육지에서 동 물을 창조하시는 장면이다. 성경에는 여섯째 날의 동물들을 세 가지로 구분한다. 가축과 기는 것과 짐승이다. 여기서 가축은 길들이기 쉬운 동물, 짐승은 야생동물, 그리고 기는 것들은 그밖의 땅 위의 동물들로 기어 다니는 곤충과 파충류, 양서류, 포유류 등을 의미하는 것으로 보 인다. 역시 여기서도 서로 교배할 수 있는 한계인 종류대로 창조하셨 음을 알 수 있다.

하나님은 자신이 원하는 그대로 된 모습을 보시고 "보시기에 좋았 다"고 만족하셨다. 바로 이어 창조될 하나님의 형상인 사람이 거주하 도록 하기 위해 완전한 지구를 준비하시는 모습이다.^{사 45:18}

바다에서 가장 큰 동물이 고래라면 육지에서 가장 큰 동물은 코끼 리다. 코끼리는 무게가 6.6톤이나 되는데 한 번에 150리터 이상의 물 을 마시며 227킬로그램의 먹이를 먹는다. 또한 코끼리의 큰 귀는 놀라 운 청각 능력을 갖고 있는데, 이 귀는 체온을 유지하는 냉각기 역할을 하기도 한다.

기린은 육상 동물 중에서 심장이 가장 크다. 길이가 무려 60센티

하나님의 형상 VS 조작된 형상

창조주 하나님

미터가 넘는데 5미터가 넘는 높이에 있는 머리에 중력을 거슬러서 피를 밀어 올려 준다. 만약 기린이 이런 강한 심장이 없으면 높이 있는 머리에 피가 공급되기 어려워 졸도해 죽을 수밖에 없다. 하지만 이런 특성 때문에 기린은 혈압이 높다. 그런 혈압으로는 물을 먹기도 힘들다. 물을 먹으려고 고개를 숙이면 갑자기 피가 머리로 쏠려 혈압으로 인한 뇌출혈이 일어날 수 있다. 그러나 다행히 기린이 물을 먹기 위해 고개를 숙일 때면 자동으로 혈관 밸브가 작동해 뇌에 갑작스럽게 피가 모이지 않게 해 준다.

기린만 하더라도 긴 목으로 인해 혈압이 높아져 죽을 수도 있는 아슬아슬한 상황에서 살고 있는 것이다. 그러나 우리는 기린을 보면서 전혀 위험하다고 생각하지 않는다. 완전하게 설계되었기 때문이다. 이는 시간이 만들 수도 없으며, 기린이 노력했다고 갖출 수 있는 모습도 아니다. 오직 기린을 초월하신 전능자만이 할 수 있는 일이다.

후각이 매우 발달한 회색 곰은 약 29킬로미터 떨어진 시체의 냄새도 맡을 수 있다. 북극곰의 털은 마치 털옷과도 같아서 차가운 실외 온도와 몸을 격리시키는 단열재와 같은 역할을 한다. 그래서 북극곰은 차가운 북극의 얼음물에서 거대한 몸집으로 80킬로미터 이상 수영을 하고 물고기를 잡아먹을 수 있다. 인도산 곰의 일종인 슬로스sloth는 대부분의 시간을 나무에 거꾸로 매달려 지내는데 땅에 내려오는 경우가 거의 없다. 그는 거꾸로 매달린 채로 머리를 270도 돌릴 수 있으며 매달린 상태임에도 불구하고 머리는 똑바로 세우고 지낸다.

하루에 3,000개 이상의 대나무를 씹는 판다는 특별한 손목뼈를 갖고 있어서 손에 잡은 대나무가 절대로 빠져나가지 못한다. 한편 코알라의 엄지손가락은 새끼에게 젖을 주거나 안고 있는 데 적합하도록 설계되었다.

낙타의 털은 기후로부터 신체를 보호한다. 코는 모래를 밖으로 내보내는 역할을 하며 평평한 발바닥은 모래 위를 걷기에 알맞은 모양이다. 낙타의 혹에 있는 지방은 음식과 물을 저장할 수 있기 때문에 사람보다 물 없이 10배나 더 잘 견딜 수 있다. 캥거루는 주머니 속에 있는 새끼를 위해서는 지방이 풍부한 젖을 내고, 아주 작은 새끼를 위해서는 탄수화물이 풍부한 젖을 낸다.

표범은 육상동물 중 최고의 높이뛰기 선수인데 5.5미터의 높이를 뛰어넘을 수 있으며 밤에는 사람보다 6배 뛰어난 청각과 시각을 갖는다. 또한 동물의 왕 사자는 시속 64킬로의 달리기 실력과 3.7미터의 높이뛰기 실력 그리고 12미터의 멀리뛰기 실력을 갖췄다. 고양이과 동물들은 모두 뛰어난 낙법과 착지 능력을 갖고 있는데 이는 특수한 관절과 평형감각 덕분이다. 1984년 뉴욕에서는 32층에서 떨어진 고양이가 아무 탈 없이 살아난 적이 있다.

점프 능력의 단연 일등은 벼룩이다. 벼룩은 자기 몸의 150배의 높이를 뛰어오르는데 이때의 가속도는 NASA의 우주왕복선의 50배에 달한다. 더욱이 한번 뛰기 시작하면 계속해서 3,000번 이상 연속해서 뛰어오를 수 있다.

우리는 하나님이 더할 것도 뺄 것도 없이 창조하신 완전한 피조세계에 감탄하지 않을 수 없다. 여기에는 자연주의가 들어갈 틈도, 진화의 흔적도 없으며 시간의 간격과 동물들의 노력도 필요 없는 오직 창조주의 능력과 신성만이 드러난다.

하나님의 형상대로

"하나님이 이르시되 우리의 형상을 따라 우리의 모양대로 우리가 사람을 만들고 그들로 바다의 물고기와 하늘의 새와 가축과 온 땅과 땅에 기는 모든 것을 다스리게 하자 하시고 하나님이 자기 형상 곧 하나님의 형상대로 사람을 창조하시되 남자와 여자를 창조하시고 하나님이 그들에게 복을 주시며 하나님이 그들에게 이르시되 생육하고 번성하여 땅에 충만하라, 땅을 정복하라, 바다의 물고기와 하늘의 새와 땅에 움직이는 모든 생물을 다스리라 하시니라."창 1:26-28

드디어 창조의 종착역에 왔다. 하나님이 기다리던 순간이다. 하나님 자신이 대신 죽을 만큼 사랑할 존재인 사람이 창조된 것이다. 다른 동물들을 창조하셨을 때는 '종류대로'란 단어를 여러 번 사용하셨는데, 사람을 창조하실 때는 '하나님의 형상'이란 표현을 세 번 사용하셨다. 형상은 영어로 이미지image다. 우리도 어떤 사람을 보고 '누구 이미지가 난다'란 말을 하지 않는가? 곧 닮았다는 의미다. 앞서 창조한 것들은 모두 우리 인간이 다스릴 대상이며 인간은 그것들을 창조하신 하나님을 닮게 창조되었다.

성경에는 하나님이 "보신다, 들으신다, 만지신다, 흠향하신다, 말씀하신다" 등의 오감뿐 아니라 "기뻐하신다, 웃으신다, 슬퍼하신다, 한탄하신다, 진노하신다" 등의 감정 표현도 등장한다. 또한 "만드신다, 부르신다, 기억하신다" 등, 사람에게 사용하는 동사를 그대로 사용하는데 이는 사람이 하나님의 형상이기 때문이다.

나는 신학교 시절에 삼위 하나님에 대한 Three Persons ^{세 분의 인격자}라는 표현을 처음 접했을 때의 그 충격을 잊을 수 없다. 한국어로 삼위일체, 인격적인 하나님이라고 할 때보다 Person ^{인, 人}이란 영어 표현을 보면서 하나님과 내가 무척 가깝다는 느낌이 들었기 때문이었다.

진화론자들은 인간의 정의를 눈에 보이는 것만 가지고 설명하려 한다. 그래서 찾아낸 것이 원숭이가 아니던가? 이는 자연주의적 사고 방식에서는 필연적인 결과이다.

오늘날의 진화론자들은 원숭이가 사람으로 진화됐다는 주장을 더 이상 하지 않는다. 왜냐하면 살아 있는 동물 가운데 원숭이와 사람의 중간 단계가 존재하지 않기 때문이다. 그래서 오늘날 진화론자들은 과거에 사람과 원숭이의 공통 조상이 존재했던 적이 있었는데 이들 중 하나는 원숭이로, 다른 하나는 사람으로 각각 진화했다고 말한다. 그들은 진화론적 믿음을 채우기 위해서 이 상상의 산물인 공통 조상을 찾으려고 꾸준히 노력해 왔다. 이들 중에 어떤 것들은 세상에 발표되었고 그중에 일부는 교과서에까지 실리기도 했다. 그들이 찾아내고 발표한 공통 조상이 결국 어떤 것으로 결론이 났는지는 아주 중요하다. 왜냐하면 그들의 존재 예후가 진화를 입증하기 때문이다.

최근까지 자바원인, 네안데르탈인, 필트다운인, 네브라스카인 등이 공통 조상으로 교과서에 수록됐다. 이들은 수십 년 동안 교과서를 장식했으며 아직까지도 교과서에 이것이 남아 있는 나라들도 있다. 그러나 이들 중 자바원인과 네안데르탈인은 사람으로, 네브라스카인은 멧돼지로, 필트다운인은 거짓말로 결론이 났다.

중·고등학교 교실에서 이들을 진화의 조상으로 가르침으로써 진화론을 믿도록 하는 데 큰 역할을 했다라는 것은 충분히 상상할 수 있다. 그래서 인류 기원에 대한 세미나를 할 때 이미 오래전에 결론이 난 공통 조상에 대해 다시 이야기를 해야만 한다. 대부분의 사람들은 아직도 그 결론에 대해 모르고 있기 때문이다. 교과서의 영향력은 막강하다. 잘못된 내용이 교과서에 실렸다가 빠졌다고 하더라도 여전히 사람들의 머릿속에는 지워지지 않고 남아있기 때문이다.

나도 창조과학을 만나기 전까지는 이렇게 배운 공통 조상들의 이름을 열심히 외우면서 이들이 우리의 조상이라고 굳게 믿었다. 아직도 선명하게 기억한다. 중학교 세계사 책에 실린 그림인데 돌을 들고 구부정하게 서 있는 네브라스카인의 모습이었다. 이 그림은 사람의 치아 하나만 가지고서 그렸으며 이 치아조차도 멧돼지의 이빨로 결론이 났

창조주 하나님

다는 사실은 미국에 유학 와서 읽은 창조과학 책을 통해 알게 되었다. 이렇게 공통 조상들의 결론을 다룰 때마다 중년 이상 되신 분들의 놀라는 모습을 보면 오래전 처음 이 사실을 알았을 때의 내 모습을 보는 듯 하다.

공통 조상의 대명사는 단연 오스트랄로피테쿠스 Australopithecus 이다. 그동안 오스트랄로피테쿠스라는 이름으로 여러 개의 뼈들이 발표되었는데, 그 가운데서도 '루시'Lucy가 단연 유명하며 아직도 교과서에 수록되어 있다. 루시는 도날드 요한슨이 1973년 이디오피아에서 발견한 두개골과 몸통, 다리뼈를 연결하여 사람의 신체 모양으로 만든 것이다. 이 신체 중에서 몸통은 원숭이를 닮았지만 무릎 관절이 인간의 것과 비슷하기에, 네발로 걷다가 두 발로 걷기 시작한 공통 조상으로 여겼던 것이다.

그러나 대표적인 과학 논문지에서 이미 루시는 원숭이의 뼈로 결론이 났다. 2000년 《사이언스》에서 고생물학자인 스탁스테드 Erik Stokstad 는 "루시의 무릎 관절에 상관없이 새로운 증거들은 루시가 주먹으로 걸었던 모습을 보여 준다"고 하며 원숭이임을 확신 했다.[1] 같은 해 《네이처》에서도 인류학자인 리치먼드 Brian Richmond 와 스트레이트 David Strait 가 "루시는 주먹으로 걸었던 전형적인 모습을 보여 준다"고 했다.[2] 실제로 인간의 것과 닮았다던 루시의 다리뼈는 루시의 몸통으로부터 3킬로미

---

1 E. Stokstad, "Hominid Ancestors May Have Knuckle Walked," *Science*, 2000.

2 Richmond and Strait, "Evidence that Humans Evolved from Knuckle-Walking Ancestor," *Nature*, 2000.

터나 떨어진 곳에서 따로 발견된 것이었다. 최근에도 주요 과학 논문지에서 루시에 대하여 심각한 반론이 제시되곤 한다.

세 그림의 공통점과 차이점: 인류의 진화계통표, 진화나무, 지질시대표

인류의 진화계통표

우리는 과학책에서 원숭이에서 사람으로 변하는 그림이나, 또는 두개골 화석을 진화 순서대로 나열해 놓은 "인류의 진화계통표"를 쉽게 볼 수 있다. 그러나 분명한 사실은 두개골이 진화 순서대로 고스란히 발견된 곳은 이 세상 어디에도 없다는 점이다. 이런 진화 순서는 오직 진화론 책에만 존재한다. 실제로 두개골 화석들은 아주 드물게 발견되며 지구 상에 띄엄띄엄 흩어져 있을 뿐이다.

유기물의 나이를 측정할 수 있는 방법은 탄소 연대측정법이 유일한데, 원리상 50,000년보다 오래되었다고 하는 유물은 연대측정의 대상들이 아니다.[3] 진화계통표는 측정 없이 두개골의 모양만 보고 사람 닮은 것은 위에 덜 닮은 것은 아래에 배열시킨 것이다. 더군다나 이 두개골들의 대부분은 나중에 인간의 것 아니면 원숭이의 것으로 판명되었다.

지금까지 공통 조상의 두개골이라고 발표된 것을 한자리에 모아

---

3 탄소 연대 측정에 대한 더 자세한 내용은 《노아 홍수 콘서트》(이재만, 2009, 두란노) p. 240-259에서 접할 수 있다.

보면 웬만한 방 하나는 가득 채울 수 있다. 다시 말해 드물게도 이런 뼈들은 지구 상에 아주 흩어져서 발견된다는 것이다. 그러므로 이들이 순서적으로 발견될 리 없다. 혹시 누가 진화계통표를 보여 주며 "진화가 맞잖아!"라고 말한다면 정말 곤란하다. 진화계통표는 "나는 진화를 믿는다!"라는 고백과 같다. 그런데도 불구하고 많은 사람들은 진화계통표를 보며 진화의 증거로 오해하고 있다.

만약 어떤 사람의 두개골을 해부학자에게 들고 와서 이 사람의 살았을 때 얼굴을 복원해 달라고 부탁한다면 복원이 가능할까? 결코 불가능하다. 왜냐하면 사람의 두개골은 대부분의 사람이 비슷하게 생겨서 세부적인 특징까지 알기는 힘들기 때문이다. 눈의 크기, 돌출 여부, 코의 높이, 귀의 크기, 입술의 두께 등의 자세한 모습은 두개골만으로는 결코 알 수 없는 것이다. 그러나 진화론자들은 두개골만 가지고 이런 상상의 그림을 서슴없이 그린다. 사실 자신들이 직접 그린 것도 아니고 예술가들에게 맡긴 것이다. 아마도 "원숭이와 사람의 중간 모습으로 그려주세요"라고 주문했을 것이다. 우리가 보고 있는 수많은 공통조상의 얼굴과 그들의 생활 모습을 묘사한 그림들은 훨씬 더 사실에서 벗어난 것이다. 진화계통표 자체가 진화론이다. 이것은 그들 자신이 진화를 믿고 있다는 마음을 표현한 것뿐이다.

지금까지 발견된 두개골 중에 가장 먼저 공통 조상으로 여겨졌던 것이 1891년에 발견된 자바원인이다. 그런데 다윈의 〈종의 기원〉이 발표된 것은 1859년이다. 뭔가 이상하지 않은가? 다윈은 공통 조상을 본

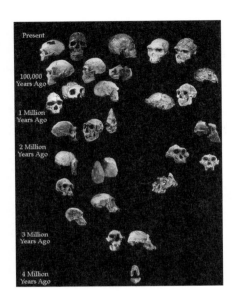

적도 없이 종의 기원을 쓴 것이다. 더군다나 다윈은 1882년에 사망했다. 다시 말해 다윈은 죽을 때까지 공통 조상에 대하여 본 적도 없고 들어본 적도 없었던 것이다. 여기서 중요한 부분을 이해해야 한다. 공통 조상이 발견된 뒤에 진화론이 등장한 것이 아니다. 오히려 진화가 맞을 것이라는 믿음을 갖고 그때부터 공통 조상을 찾기 시작한 것이다. 역시 진화론에 대한 '믿음'이 먼저다. 그래서 우리는 진화론을 믿음이라 한다.

여기서 인류의 진화계통표와 함께 다루면 더 쉽게 이해될 수 있는 두 개의 비슷한 그림들을 함께 다루어 보려고 한다. 이들은 모두 진화론 책에서 쉽게 접할 수 있는 그림들이다. 하나는 '진화나무'이며, 다른 하나는 '지질시대표'이다. 이들 셋은 유사하기도 하고 다르기도 하다. 공통점은 모두 진화의 역사를 말한다는 점이다. 그러나 이 그림들이 사용되는 분야는 각각 다르다. 지금 다루었던 인류의 진화계통표는 인류학에서, 진화나무는 생물학에서, 지질시대표는 지질학에서 각각 사용되고 있다. 이 세 그림들은 사용되는 각각의 분야에 진화론을 주입하는데 큰 역할을 하고 있다.

진화나무

진화론자들은 현존하는 오늘날의 모든 생물들이 처음에 "한one 생물"에서 출발했다고 말한다. 왜냐하면 아직까지 무생물에서 생물로 진화되는 과정을 관찰하거나 실험에 성공한 예가 단 하나도 없으니, 처음부터 여러 생물로 시작했다고 하는 것은 더욱 믿기 어렵기 때문이다. 어쨌든 진화론적 생각으로부터 "모든 생물이 한 조상에서 갈라져 나와 현재의 모습으로 진화해 가는 것을 볼 수 있다"라고 하며 한 나무의 줄기와 줄기 끝에 생물들을 달아놓았다. 이것이 마치 나무와 유사하기 때문에 '진화나무'라고 부른다. 진화나무에 따르면 지금의 모든 생물들은 과거로 거슬러 올라가면 결국에 가장 단순한 하나의 조상을 만나게 된다. 사람, 소, 토끼, 모기, 감자, 개나리꽃 등도 말이다. 참으로 그럴듯하다.

그러나 진화나무처럼 진화되는 과정을 본 진화론자는 아무도 없다. 이는 단지 하나의 간단한 생물에서 지금의 모든 생물들이 진화되었다는 상상에서 비롯된 그림에 불과하다. 이 진화나무를 자세히 바라보라. 생물들이 모두 어디에 있는가? 가지 끝에만 매달려 있다. 즉 진화가 진행되는 과정을 의미하는 줄기는 모두 거짓 믿음으로 메운 것이다. 이미 다루었던 것처럼 살아 있는 생물이나 과거의 화석에서 이 가지 끝의 생물로 진화하던 중간 단계 생물이 발견된 적은 없다.

염색체라는 용어를 들어보았을 것이다. 염색체는 유전 정보가 들어있는 DNA로 구성되어 있다. 각 생물은 세포 속에 자신의 고유한 염색체의 숫자를 갖고 있다. 그래서 생물학자들은 염색체 개수를 통해서 생물의 종을 분류한다. 이를 분자 분류학이라고 한다. 사람의 염색체 숫자는 46개다.

그런데 염색체 개수도 진화의 순서와 무관하다. 복잡하거나 지능이 높은 생물이라고 염색체가 더 많은 것이 아니다. 개[78], 토끼[44], 소[60], 말[64], 원숭이[48], 토마토[48], 가재[200], 모기[6] 등을 예로 볼 수 있다. 염색체 개수가 다르면 교배가 어려울 뿐 아니라, 그 개수가 같더라도 DNA가 다르면 교배조차 되지 않는다.

분명한 것은 각 생물의 염색체 수도 진화론의 순서를 지지하지 않는다는 점이다.

지질시대표

위의 두 개와 유사한 또 다른 그림이 하나 더 있다. 고생대, 중생대, 신생대라고 하는 지질시대표[또는 지질계통표]다. 지질시대표는 단순한 화석을 맨 밑에 복잡한 화석을 위에 순서적으로 나열해 놓은 표다. 그리고 그 시대마다 수억 년의 장구한 숫자가 붙어 있다. 이 표가 의미하는 바는 수십억 년의 세월을 거치는 동안 이 지구 상의 생물들이 수많은 진화와 멸종을 반복하면서 결국 오늘날과 같은 생물들이 되었으며, 그중 가장 진화된 동물이 사람이라고 말한다.

진화나무나 인류의 진화계통표가 그렇듯이 이 지질시대표도 세상에 존재하지 않을 것이라는 것을 이제 추측적으로 알 것이다. 실제로 그렇다. 화석들은 이 세상 어디에서도 지질시대표와 같이 순서대로 발견되지 않는다. 우리가 살고 있는 땅의 그 어디를 파더라도 진화의 역순으로 사람화석부터 간단한 화석까지 고스란히 발견되는 곳은 없다는 말이다. 단지 세상에 널려 있는 화석들을 진화 순서대로 모아 놓았을 뿐이다. 실제로 화석들은 다분히 조각조각 수평적으로 널려져 있다는 표현이 맞다. 그러한 수평적 분포를 진화의 신념으로 수직적으로 만들어 놓은 것이 지질시대표다. 실제로 여러 화석이 순서 없이 뒤섞여서 발견되며, 진화론의 순서하고 맞지 않다고 보고된 논문들이 많이 발표됐다. 앞서 언급한 것처럼 이 화석들도 연대측정의 원리상 나이는 직접 측정되지 않는다.[4]

이 지질시대표는 과학자들조차 본 적이 없는데도 불구하고 과학책에 실린 가장 대표적인 그림이다. 또한 우리의 역사관과 세계관을 진화론적으로 바꾸는 데 일등 공신을 했다고 볼 수 있다. 수십억 년이라는 지구의 나이가 나온 것도 이 그림에서부터며, '인생은 생존경쟁'이라는 생각을 합리화시킨 것도 이 그림이라고 할 수 있다.

인류에게 위의 세 가지 그림이 준 영향은 아무리 과하다고 해도 지나치지 않다. 이 그림들은 모두 세상에 존재하지 않는 것이며 수많은 과학자가 이 그림의 틀에서만 설명하도록 엄청난 편견을 심어 주기도 했다. 이 진화 역사의 그림들이 아직까지도 교과서에 남아있기에 오늘날 많은 사람들로 하여금 진화론적 사고의 틀에서 허우적거리도록 만드는 가장 큰 주범인 셈이다. 우리 모두는 이 진화의 과거 역사에서 벗어나야 한다.

---

4 탄소연대측정에 대한 더 자세한 내용은 《노아 홍수 콘서트》(이재만, 2009, 두란노) p. 240-259에서 접할 수 있다.

마지막 아담

　진화론은 사실의 역사를 잃어버리게 함으로 성경의 핵심인 복음을 이해하는데도 영향을 주었다. 그 중 하나를 다루어 보겠다.

　유학시절 창조과학을 만난 후, 한창 주위 유학생들과의 성경 공부를 인도할 때 막혔던 단어가 하나 있었는데 바로 '마지막 아담'이다.

> "첫 사람 아담은 산 영이 되었다 함과 같이 마지막 아담은 살려주는 영이 되었나니" 고전 15:45

　아는 것처럼 '마지막 아담'은 예수님을 의미한다. 그러면 아담의 범죄 때문에 우리가 지금 이렇게 어려움을 겪고 있는데 왜 예수님을 굳이 아담이라고 표현했을까? 또한 마지막이란 말은 무엇일까? 당시엔 어렵기도 했지만 나중에 의미를 알고 나서 얼마나 기뻤는지 모른다. 실제로 성경 전체를 통해 '마지막 아담'은 이 세상의 역사와 복음을 가장 잘 함축하고 있는 구절 중 하나라 할 수 있다. 그런 면에서 이 구절을 이해하면 이 세상 역사와 복음을 확실히 알 수 있는 귀한 기회가 된다.

　'마지막 아담'에 대한 궁금증은 당연히 '첫 사람 아담'을 이해하는 것으로부터 시작되어야 할 것이다. 이 아담은 모든 피조물을 다스리도록 창조자의 형상으로 창조되었다. 그는 하나님께서 "보시기에 심

마지막 아담
고전 15:45

아담 안에서 모든 사람이 죽은 것 같이 그리스도 안에서 모든 사람이 삶을 얻으리라. 고전 15:22

첫번째 아담
고전 15:45

히 좋았던" 죄 없이 창조된 인류의 첫 조상이다.^{눅 3:38, 행 17:26} 그는 완전한 하나님의 형상으로 창조되었지만, 선악과를 따먹는 범죄로 인해 생명이신 하나님으로부터 떨어져서 죄의 대가인 사망에 이르게 되었다.^{창 2:17} 더 나아가 그의 후손들도 아담의 형상으로 태어났기에^{창 5:3}, 하나님의 형상이지만 죄인이기에 죽음에서 벗어날 수 없는 존재가 되었다.

그렇다면 마지막 아담이라는 예수님은 누구신가? 예수님은 창조주시다. 이분으로 말미암아 지어지지 않은 것이 없다.^{요 1:3, 골 1:16} 이분은 죄 없는 거룩한 분이다.^{행 3:14} 또한 예수님은 아들 하나님이시며, 우리는 특별히 이 아들 하나님의 형상을 본받도록 창조되었다.^{롬 8:29} 이분은 우주를 초월하신 창조주이심에도 불구하고 이 땅에 오셨다. 그리고 고난 받으시고, 십자가에서 돌아가셨고, 삼일 후에 부활하셨다.

여기서 우리는 아담과 예수님의 공통점을 발견할 수 있다. 예수님은 '하나님'이시며, 아담은 '하나님의 형상'이다. 하나님이라는 공통분모가 있다. 예수님은 거룩한 분이며, 아담도 죄 없이 거룩하게 태어났다. 인류 역사 가운데 유일하게 죄 없이 살았던 사람은 딱 두 사람인데 아담과 하와다. 선악과를 따먹기 이전에 말이다. 인류 역사상 이 때 외에는 어떤 경우도 죄 없던 적이 없다. 즉 우리는 모두 모태에서부터 죄악 중에 태어났지만^{시 51:5}, 우리의 조상을 소급해 올라가면 죄 없던 때를 만나는데 바로 첫 사람 아담과 하와이다. 이 둘 가운데 첫 사람은 아담이다. 첫 사람 아담과 예수님은 죽음을 경험했다.

공통점뿐 아니라 차이점도 있다. 예수님은 하나님 자신이지만, 아

하나님의 형상 VS 조작된 형상

담은 하나님의 형상인 '피조물'이다. 예수님은 흙을 창조하신 분이지만, 아담은 흙으로 지은 바 되었다. 아담은 범죄함으로 거룩함을 잃어버렸지만, 예수님은 거룩하시며 이 땅에 오셔서도 그 거룩함을 유지하셨다. 아담은 죄의 대가로 죽었지만, 예수님은 인류의 죄의 값을 대신 지불하기 위해서 죽으셨다. 그리고 부활하셨다.

마지막 아담이란 의미는 정리되어 갈 것이다. 창조주 예수님은 인간의 몸으로 오셨지만, 범죄하기 이전인 우리의 첫 조상 아담의 모습으로 오셨다! 그러므로 우리가 자신의 형상임을 보여 주신 것이다. 첫 사람 아담은 죄의 대가로 죽었지만, 예수님은 죄 없고 흠 없는 어린 양으로 영원한 대속제물이 되어 그 안에 있는 자들에게 생명을 주셨다.^{요 1:29, 롬 5:18, 히 10:14} 그분이 영원한 제물이 되심으로 더 이상의 아담이 필요 없으므로 '마지막 아담'으로 불리신 것이다.^{히 10:18} 이런 이유로 성경은 아담을 "오실 자의 모형"^{롬 5:14}이라고 말한 것이다.

예수님을 '마지막 아담'이라 표현한 것은 우리의 역사와 복음의 핵심을 함축하고 있지 않은가! 하나님의 형상이므로 귀하지만 죄의 대가로 죽게 된 딜레마를 하나님 자신이 첫 사람 아담의 모습으로 오심으로 해결하신 것이다. 하나님 자신이 대신 죽을 만큼 우리가 귀한 존재임을 보여 주셨으며, 자신과 영원히 살 수 있는 길도 열어 주셨다.

과연 첫 아담에 대한 이해 없이 마지막 아담을 이해할 수 있을까? 첫 아담에 대한 이해가 어려우면 마지막 아담도 제대로 이해하지 못한다. 만약 성경 그대로 첫 아담이 존재하지 않았다면, 왜 예수님을 마지막 아담이라고 말하겠는가? 그리스도는 왜 세상에 오신 것일까? 무엇을 위해서 오셨을까? 우리가 누구이기 때문에, 어디로 데려가기 위함일까?

우리가 범죄 하였을 때 아들 하나님이신 예수님이 대신 돌아가셨다. "예수님께서 우릴 위해 돌아가셨기 때문에 우리가 귀한 걸까?" 아니면 "우리가 귀하기 때문에 하나님께서 돌아가신 걸까?"

당연히 후자다. 우리가 귀한 것이 먼저다. 그분이 돌아가심으로 "너는 정말 내 형상이다!"라고 우리의 존재를 인정하시고, 그 형상이란 의미가 하나님 자신이 대신 죽을 정도로 사랑받을 만한 존재라는 것까지 확증하신 것이다.롬 5:8 마지막 아담은 참으로 복음을 함축하는 놀라운 표현 아닌가?

이 세대에 심각한 문제가 바로 여기에 있다. 그 마음에 첫 사람 아담이 확실치 않은 것이다. 죄 없던 아담의 첫 모습이 그려지지 않는 것이다. 이는 진화론 교육으로 인해 창세기가 사실로 믿어지지 않기 때문이다. 수백만 년에 걸쳐 오스트랄로피테쿠스, 네안데르탈인과 같이 점점 완성되어 가는 인류의 진화 단계가 마음에 자리 잡고 있기 때문이다. 이런 거짓 증거들이 첫 아담으로 다가가지 못하게 만들고 있는 것이다.

진화론이 등장하며 창세기와 진화 과정을 함께 믿으려는 수많은 타협이론이 나타났다. 창세기 1장 1절과 2절 사이에 수십억 년의 간격이 있고, 그때 커다란 심판이 있었다는 '간격 이론', 하나님이 진화의 순서로 창조와 멸종을 반복하다가 아담을 창조하셨다는 '점진적 창조론', 그리고 여기에 덧붙여 멸종을 일으키실 때마다 격변이 있었다는 '다중격변론', 더 나아가 창세기 1-11장을 시나 설화로 취급하는 '구조가설' 등….

그러나 창세기 기록 그대로 말하지 않는 어떤 이론도 첫 사람 아담을 분명하게 설명하지 못한다. 위의 이론들은 모두 인간이 창조되기 전에 이미 멸종^{죽음}이라는 언어를 허용해야 하기 때문에 하나님의 성품과 맞지 않고, 아담의 범죄의 심각성을 약화시킨다. 그만큼 예수님을 통해 회복될 세상을 퇴색시킴으로 하늘나라 소망도 막연하게 만든다.

이 세상의 역사는 하나다. 타협이론이 만든 과정은 이 세상에 없던 역사이기 때문에 하나님의 성품과 능력을 완전히 훼손시키며, 진짜 존재했던 그분의 형상인 첫 사람 아담까지도 거짓으로 만들어버린다. 이 이론을 만든 사람들은 신앙을 지키기 위한 자구책이었다고 변명하며 자신들의 이론으로 진화론을 믿는 다음 세대를 교회에 붙들어 놓을 수 있다고 기대했을지도 모른다. 그러나 그 기대는 전혀 다른 결과를 가져왔다. 이 타협이론을 받아들였던 유럽과 미국의 예배당은 더 이상 성도의 발길이 닿지 않으며, 복음을 다음 세대로 넘기는데 실패했다. 그 이유는 성경 그대로 존재했던 첫 사람 아담이 사라졌기 때문이다. 그리고 첫 사람 아담에 대한 이해 없이 마지막 아담이신 예수님을 설명하려고 했기 때문이다.

"한 사람의 범죄를 인하여 많은 사람이 죽었은 즉, 더욱 하나님의 은혜와 또한 한 사람 예수 그리스도의 은혜로 말미암은 선물은 많은 사람에게 넘쳤느니라"롬 5:15

"한 사람이 순종하지 아니함으로 많은 사람이 죄인 된 것 같이 한 사람이 순종하심으로 많은 사람이 의인이 되리라"롬 5:19

"우리가 흙에 속한 자의 형상을 입은 것 같이 또한 하늘에 속한 이의 형상을 입으리라"고전 15:49

첫 사람 아담을 회복하자. 그리고 사랑의 확증 되신 귀하신 마지막 아담을 분명하게 전수하자. 진화론에서 벗어나서 마지막 아담에 대한 확신을 통해 우리를 향한 하나님의 사랑을 감동으로 전달하자. 마지막 아담을 통해 진화론에서 벗어나 성경이 사실임을 알리자.

사람과 동물의 먹을거리

"하나님이 이르시되 내가 온 지면의 씨 맺는 모든 채소와 씨 가진 열매 맺는 모든 나무를 너희에게 주노니 너희의 먹을거리가 되리라. 또 땅의 모든 짐승과 하늘의 모든 새와 생명이 있어 땅에 기는 모든 것에게는 내가 모든 푸른 풀을 먹을거리로 주노라 하시니 그대로 되니라"창 1:29-30

하나님이 사람과 동물의 먹거리를 정하시는 모습이다. 사람은 채소와 과일을 동물들에게는 풀을 먹거리로 주셨다고 말씀하신다. 처음에는 사람과 동물 모두 채식을 했다는 사실을 알 수 있다. 재미있는 것은 사람은 채소와 과일을 소화할 수 있지만 셀룰로스가 주성분인 풀을 소화시킬 수 없다. 따라서 사람은 풀을 주식으로 하며 살기 어렵다. 최근에 들어 과학자들은 동물들에게 셀룰로스를 소화하는 기능이 발달했음을 밝혀냈다. 그런데 성경에서는 처음부터 이를 구분해서 기록했다는 것은 매우 흥미로운 사실이다.

오늘날 사람들은 육식을 하며, 육식동물도 존재한다. 사람이 언제부터 채식과 육식을 했었는지는 아무도 모른다. 진화론적으로 이와 관련해 여러 가지 설들이 있지만 한결같이 소설 같은 이야기다. 그러나 성경은 사람의 먹거리의 변화에 대해 정확히 언급한다. 창조되었을 때는 채소와 과일을 먹었으며, 홍수 심판 이래로 육식을 하게 되었다고 기록하고 있다. 하나님께서는 홍수가 끝나고 방주에서 나온 노아에게 다음과 같이 말씀하셨다.

"모든 산 동물은 너희의 먹을 것이 될지라 채소같이 내가 이것을 다 너희에게 주노라 그러나 고기를 그 생명 되는 피째 먹지 말 것이니라" 창 9:3-4

왜 홍수 이후부터 사람에게 육식을 허락하셨는지 정확한 이유는 기록되어 있지 않다. 이 이유에 관해 과학적으로 접근을 했던 몇몇 사람들도 있지만 쉽지 않은 문제였다. 어떤 이들은 홍수 전후의 환경 변화 때문이 아니었을까 추측하기도 한다.

어쨌든 육식의 기원도 창세기를 통해서 찾을 수 있는데, 홍수 심판 이후에 사람과 동물과의 관계가 더 악화되었음을 보여 준 죄가 들어오기 전에는 서로 피 흘림이 없는 관계였으나 죄가 들어온 뒤로 제사를 위해 동물의 피가 필요했으며 홍수 심판 이후에는 사람의 먹거리를 위해 동물이 죽어야 하는 상황이 된 것이다. 농사나 목축[창 4:2]을 넘어서 이제는 먹기 위해 사냥도 해야 하는 노동이 추가된 것이다.

심판 이후에 하나님이 우리에게 육식을 허락하셨다. 하나님께서 허락하셨다는 것은 해도 된다는 것이다. 분명한 것은 죄가 들어오기 전에 인간이 채식만 한 것과 어느 종교에서 말하는 것처럼 동물과 사람을 동등한 위치에 두고 채식만을 하라고 하는 진화론적 개념과는 결코 같은 내용일 수 없다.

동물의 먹거리의 변화에 대하여는 사람보다는 덜 분명하다. 그러나 방주 안에서 지금의 육식동물과 초식동물 간에 별 문제가 없었던 것으로 보아 홍수 이전에는 동물들의 관계가 지금보다 험악하지는 않았던 것 같다. 홍수 심판 이후에 하나님이 동물들로 하여금 사람을 두려워하고 무서워하게 하시며[창 9:2], 사람이 육식을 하게 되었을 때, 동물들도 관계가 악화되지 않았을까.

아직도 과학자들은 어떤 동물이 육식을 하고 어떤 동물이 초식을 하는지 잘 모른다. 대부분의 육식동물들은 초식도 함께 하는 잡식이다.

창조주 하나님

아프리카에서 육식동물이 사냥을 하지 못할 경우 식물로부터 음식을 섭취하는 것은 어렵지 않게 관찰된다. 심지어 육식동물이 초식만 할 경우에도 건강에 아무런 문제가 없다. 1900년 초 조지 웨스트뷰^{Georges Westbeau}가 자신이 기르던 사자인 리틀 타이크^{Little Tyke}에게 9년 동안 곡물과, 달걀, 우유만 먹였지만 건강에 전혀 문제가 없이 잘 자랐다.

어떤 사람들은 이빨 모양으로 구분한다고 말하지만 초식동물 가운데 이빨이 뾰족한 것도 있기 때문에 외양만 갖고 동물들의 먹을거리가 정해졌다는 주장은 무리가 있다. 박쥐 가운데에도 초식만 하는 박쥐가 있는데, 이는 육식 박쥐와 아무런 차이가 없다. 또한 초식동물인 판다 역시 날카로운 이빨과 발톱을 갖고 있지만 이것들은 주로 나무에 오르거나 나무껍질을 벗기는 데 사용하고 있다.

그러나 육식동물의 날카로운 발톱이 동물들을 잡아먹는 데 유용하다는 것은 부정할 수는 없다. 육식동물은 이것을 이용해 공격적인 모습을 보이기도 하며 무기로도 사용한다. 여기서 가능성 높은 추측을 할 수 있다. 인간이 타락했을 때, 사람^{특별히 하와}의 몸에 변화가 생기고 식물들 중에서는 가시덤불과 엉겅퀴가 나왔던 것처럼, 그때 동물들에게도 날카로운 이빨과 발톱이 생겼을 것이라는 예상이다.

한편 성경에는 예수님이 이 땅을 회복하실 때의 모습을 이렇게 표현했다.

"그때에 이리가 어린 양과 함께 살며 표범이 어린 염소와 함께 누우며 송아지와 어린 사자와 살진 짐승이 함께 있어 어린 아기에게 끌리며 암소와 곰이 함께 먹으며 그것들의 새끼가 함께 엎드리며 사자가 소처럼 풀을 먹을 것이며 젖 먹는 아이가 독사의 구멍에서 장난하며 젖 뗀 어린아이가 독사의 굴에 손을 넣을 것이라 내 거룩한 산 모든 곳에서 해 됨도 없고 상함도 없을 것이니 이는 물이 바다를 덮음같이 여호와를 아는 지식이 세상에 충만할 것임이니라"^{사 11:6-8}

이 모습에서도 지금의 육식동물들이 죄 짓기 전과 같이 풀을 먹는 모습이 그려져 있다. 이는 바로 사람이 범죄함으로 인해 땅이 가시덤불과 엉겅퀴를 내었을 때, 동물들에게도 신체의 변화가 왔고 홍수 심판 이후 사람이 육식을 하게 되면서부터 동물들도 육식으로 변했을 것이라는 추측을 가능케 한다. 분명한 것은 모든 동물들이 풀만 먹었던 보시기에 심히 좋았던 적이 있었으며 예수 그리스도로 완전히 회복된 곳도 그런 모습이란 것이다.

평범한 엿새 동안의 창조

"하나님이 지으신 그 모든 것을 보시니 보시기에 심히 좋았더라 저녁이 되고 아침이 되니 이는 여섯째 날이니라"^{창 1:31}

창조하실 때마다 "보시기에 좋았더라"고 하셨는데, 자신의 형상 인간을 창조하신 후에는 "보시기에 심히 좋았더라"로 마무리하신다. 마지막에 창조될 자신의 형상이 살 곳을 만드시며 매번 좋다고 하셨고, 결국 마지막에는 "심히 좋다"고 스스로 감탄하시는 하나님의 마음을 엿보게 된다.

창세기 1장을 다룰 때 가장 많이 나오는 질문이 있다.

"창세기 1장의 하루가 정말 오늘날의 하루인가요?"

이 질문에 답하기 전에 먼저 각자를 점검해 볼 필요가 있다. 왜 이 질문을 하느냐 하는 것이다. 이는 전적으로 우주가 백억 년이 넘고, 지구가 수십억 년 되었다는 진화론자들이 만든 인위적인 역사 이론의 영향 때문이다. 만약 진화론이 마음속에 없다면 이를 믿지 않을 만한 이유가 없다. 더욱이 우리 마음에 진화론이 사라지고, 인류의 진화계통표와 진화나무, 그리고 지질시대표 등의 진화의 작품이 사라진다면 이런 질문은 절대 하지 않을 것이다.

개혁주의 신학의 기반을 이룬 존 칼빈^{John Calvin}은 하나님께서 엿새 동안 창세기 1장의 순서로 창조 작업을 완수하셨다는 것의 중요성을 강조했다.[5] 과연 칼빈의 신학에서 성경을 사실로 보지 않았다면 그의 신학이 존재할 수 있을까? 엿새 동안 창조하셨다는 사실을 그대로 받아들이지 않았다면, 그 이후에 하나님이 하신 일들에 대한 그의 신학적 체계는 모두 무너져 버리고 말 것이다.

---

5 John Calvin, Genesis (1992), translated by John King, p.76-78.

종교개혁을 이끌었던 마르틴 루터^{Martin Luther} 도 다음과 같이 말했다.

"모세는 우리에게 6,000년 전에는 세상이 존재하지 않았음을 알려 준다."[6]

루터는 성경 역사를 그대로 믿었다. 과연 루터가 성경 역사를 사실로 믿지 않았다면 "오직 성경"이란 말을 외칠 수 있었겠는가? 과연 종교개혁을 시작할 수 있었을까? 마르틴 루터와 존 칼빈은 과학을 모르는 사람들이기 때문에 그들의 이런 주장은 무시해도 되는 것일까? 이들은 진화론의 영향을 받지 않았기 때문에 창세기 1장을 그대로 받아들이는 데 문제가 없었다. 이는 과학을 알고 모르고의 문제가 아니다. 진화론의 영향을 받았느냐 받지 않았느냐의 문제이다.

사실 진화론에서 벗어난다면 루터나 칼빈처럼 창세기의 '날'을 오늘날의 '하루'로 보는데 전혀 문제가 없다. 구약성경에서 이 날^{하루}이란 의미의 히브리어 단어는 '욤'인데 총 2,301번 등장한다. 거의 모두가 오늘날의 '하루'란 의미로 사용된다. 가끔 어떤 시기를 지칭할 때도 있지만, 이는 문맥을 보면 어렵지 않게 이해할 수 있다.

조금 더 구체적으로 살펴보자. 창세기 1장을 제외하고 '하루'란 단어 앞에 숫자가 붙어서 사용될 때가 410번이다. 이는 언제나 평범한 오늘날의 하루다. 저녁이나 아침과 함께 하루가 사용될 때는 23번이

---

6 Luther, Martin (1958). Jaroslav Pelikan, ed. Luther's Works vol. 1: Lectures on Genesis Chapters 1 - 5. Concoridia Publishing House. (Ch.1, pg. 3).

다. 이때도 언제나 평범한 오늘날의 하루다. 밤과 함께 사용될 때가 52회인데, 이때도 언제나 오늘날의 하루다. 그런데 왜 창세기 1장의 '하루'를 오늘날의 '하루'로 받아들이는 것이 부담이 되는 것일까?

여호수아서에 이스라엘이 여리고 성을 무너뜨릴 때 하나님께서 이렇게 명령하신다.

> "너희 모든 군사는 그 성을 둘러 성 주위를 매일 한 번씩 돌되 엿새 동안을 그리하라 제사장 일곱은 일곱 양각 나팔을 잡고 언약궤 앞에서 나아갈 것이요 일곱째 날에는 그 성을 일곱 번 돌며 그 제사장들은 나팔을 불 것이며"수 6:3-4

누구도 이 말씀의 엿새를 6백 일이나 6천만 년으로 해석하지 않는다. 그런데 왜 창세기 1장의 엿새는 받아들이는 데 부담이 될까? 바로 진화론 때문이다.

진화론에서 벗어나면 오히려 엿새가 너무 길다. 시공간을 초월하신 분께서 창조하셨기 때문이다. 지금까지 다루었던 동물, 식물, 사람 심지어 무생물까지 이들의 창조는 시간으로는 설명되지 않기 때문이다. 오히려 길게 늘이면 늘일수록 같이 살 수 있는 조건이 맞기 어렵기 때문에 더 이상한 모습이 된다. 과연 식물이 없이 동물이 살 수 있을까? 동물이 없이 식물이 살 수 있을까? 곤충을 대신해 꽃가루를 날라다 줄 무엇인가 있을까? 진화론에서 벗어나면 창조 기간은 짧을 수록 더 이해하기 쉽다. 그런데 하나님이 엿새 동안 창조하셨다고 스스로 말씀하신 것이다. 여리고 성을 무너뜨릴 때의 엿새와 일곱째 날은 십계명을 주실 때 하나님께서 동일하게 사용하신다.

> "이는 엿새 동안에 나 여호와가 하늘과 땅과 바다와 그 가운데 모든 것을 만들고 일곱째 날에 쉬었음이라"출 20:11

"그래도 성경에 하루가 천년 같고, 천년이 하루 같다는 구절이 있잖아요?"
이 질문이 자주 등장하는 것은 아래 성경 구절 때문일 것이다.

> "주의 목전에는 천 년이 지나간 어제 같으며 밤의 한순간 같을 뿐임이니이다"시 90:4
> "주께는 하루가 천 년 같고 천 년이 하루 같다는 이 한 가지를 잊지 말라"벧후 3:8

그러나 위의 두 성경 구절을 자세히 보라. 주어가 누구인가? 모두 주님이시다. 이 두 구절은 사람이 하나님께 고백하는 구절이다. 당연히 시간을 창조하신 하나님께는 그 시간을 초월하신 분이기 때문에 하루가 천년 같고 천년이 하루 같다. 그러나 성경은 우리에게 하나님이 계시하는 것이다. 우리에겐 하루는 하루고 천년은 천년이다. 창세기 1장의 하루는 지금 우리가 경험하고 있는 하루를 말한다. 그러므로 우리

창조주 하나님

가 살도록 만든 시공간 속의 하루는 우리에게 동일한 하루다!

언젠가 한국의 한 대학에서 창조과학 세미나를 마쳤을 때였다. 지구의 나이에 대해 강의하고 학교를 떠나며 차에 탈 때였다. 배웅하던 생물학과 교수님이 한마디 툭 던졌다.

"엿새 동안 창조했다는 것을 믿으면 기분은 좋지요."

이 교수님은 스스로 크리스천 과학자라고 이야기하는 분이었다. 하지만 그는 창세기 1장을 진화론적으로 해석한 타협이론을 받아들이는 분임에 틀림없었다. _{타협이론은 책의 마지막 장을 참고} 과연 창조과학자들이 엿새 동안 창조했다는 사실을 믿는 것이 기분 때문인 걸까? 오히려 그 반대다. 진화론과 창세기 1장을 타협시키며 자신의 기분에 맞추어 만든 이론이 타협이론이다. 창조과학자들이 오늘날의 엿새 동안 창조했다는 고백을 빼놓지 않는 이유는 만족스런 기분을 위해서가 아닌 성경 때문이다. 그리고 하나님이 성경 그대로 행하셨기 때문이다.

성경은 오래전에 기록되었다. 그러나 성경은 항상 새롭다. 바로 시간의 창조자께서 계시해 주셨기 때문이다. 그러므로 성경은 진리며 오직 사실만이 기록된 날마다 새로운 책이다. 진화론이 더 최근에 발표되었다고 새로운 것일까? 그러므로 진화론이 신학문이고 창세기는 구학문일까? 또한 창세기를 그대로 믿는 것보다 수십억 년의 진화 과정과 타협한 이론들이 더 새로운 학문일까? 과거 사실은 아무리 새로운 이론이 나왔다고 낡은 것으로 취급될 수 있는 대상이 아니다. 우리 안에 남아 있는 진화론의 찌꺼기가 말끔히 제거되어야 한다.

구조가 비슷하다고 진화의 증거일까?

사람의 손, 개의 앞발, 고래의 가슴지느러미, 박쥐의 날개, 새의 앞날개 등을 함께 그려 놓은 그림을 본적이 있을 것이다. 그리고 이 그림과 함께 이런 설명도 함께 읽어 보았을 것이다.

"모습은 다르지만 해부학적으로 기본구조가 동일하다는 것은 공통 조상에서 갈라진 진화의 증거를 보여 준다."

진화론자들은 이와 같이 모양과 기능은 다르나 해부학적 기본 구조가 같은 기관을 '상동기관'이라고 부른다.

그러나 이것을 진화의 증거라고 말하는 것은 받아들일 수 없는 주장이다. 왜냐하면 사람의 발명품도 동일한 목적을 갖고 있을 경우 유사한 모습을 갖고 있지 않은가? 예를 들어 자전거, 리어카, 자동차, 유모차 등은 모두 사람이 만들었지만 그 모양이 비슷하다. 이유는 간단하다. 땅 위에서 움직여야 하고, 중력의 영향을 받아야 하며, 비슷한 재료를 이용했기 때문이다.

하나님께서 사람과 각 동물을 똑같이 대기에서 숨을 쉬게 하시고, 물을 먹도록 하시고, 같은 중력을 받게 하셨으므로 이들을 동일한 구조로 만드신 것은 당연한 이치다. 사람뿐 아니라 각종 동물과 새도 동일한 재료인 흙으로 만드신 것을 아는가? 하나님은 사람뿐 아니라 각종 짐승과 새도 흙으로 지으셨다.[창 2:7, 19] 그러므로 같은 재료로 동일한 환경 조건에 살도록 창조하셨으니 구조가 서로 유사한 것은 결코 놀랄 일이 아니다. 이것은 진화의 증거가 아니라 같은 조건에서 살게 하면서 각기 다른 기능을 하도록 창조하신 하나님의 지혜로운 설계를 보여 주는 것이다.

각 동물들의 신체 구조는 부모에게서 받은 유전 정보에 의해 결정된다. 그런데 고래의 가슴지느러미를 만드는 유전 정보를 아무리 다양하게 조합해도 결코 개의 앞발이나 사람의 손, 혹은 박쥐나 새의 날개로 변화시킬 수 없다. 이는 유전적으로 불가능하며 우연히 전환이 된다는 것도 불가능한 일이다. 또한 이런 실험은 과학자들조차 해 본 적이 없으며 생물학적인 가능성도 전혀 없다.

진화론자들이 상동기관이라고 부르는 것들을 보면 각각의 기관이 자신들의 생활에 알맞게 디자인되었다는 것을 알 수 있다. 사람의 손은 손가락을 이용하여 마음대로 움직일 수 있도록 디자인되었으며 개는 특수한 관절을 사용해 빨리 달리는 데 아무 문제가 없도록 만들어졌다. 또한 고래의 가슴지느러미는 헤엄치는 것을 용이하게 하고, 박쥐의 날개는 날면서 마음대로 방향을 바꿀 수 있게 하며, 새의 날개는 공기의 저항을 이용하여 날 수 있게 하는 등 각각의 필요에 맞춰 특수하게 설계되었다.

결국 상동기관은 단지 창조자를 개입시키지 않고 각 동물들의 기관을 설명하려는 시도에서 만들어 낸 억지 이론으로, 보이는 것만 가지고 모든 것을 설명하려는 진화론자들의 자연주의적 발상에서 나온 것이다. 이보다는 오히려 모든 것을 초월하신 하나님이 각 동물들을 목적에 맞게 창조하신 놀라운 솜씨가 보이지 않는가?

엄마 배속에 있을 때는 서로 닮았을까?

생물 교과서에서 224페이지의 그림을 본 적이 있을 것이다. 사람과 동물들의 배아^{난자와 정자가 수정되어 모태 안에 있는 초기 상태}를 나열한 그림이다. 교과서는 이 그림에 대해 이렇게 설명하고 있다.

> "척추동물들의 배아가 모태 안에서 그 모습을 구분하기 어려울 정도로 비슷한 것은 모두가 한 조상에서 진화되었다는 증거다."

이 그림은 1874년 그러니까 지금으로부터 140여 년 전, 독일인 진화론자 헤켈 ^{Ernst Haeckel}이 발표한 논문 속의 그림이다. 그는 이 그림을 보여 주며 "척추동물의 배아가 발생하는 모양은 진화 과정을 반복해서 보여 준다"라고 주장했다. 그리고 이를 '발생반복설'이라고 불렀다. 이 논문으로 헤켈은 유명해졌고, 당시 사람들에게 진화론을 믿도록 하는 중요한 역할을 했다.

그러나 헤켈의 이 논문은 이미 학계에서는 "생물학에서 가장 유명한 위조 논문"으로 악평이 나 있다. 진화론자의 리더였던 굴드^{Stephen J. Gould} 박사조차도 다음과 같이 말할 정도였다.

> "백 년 동안이나 그렇게 많은 교과서에서 이 그림들을 지속적으로 사용해 온 무심함에 대하여 심히 부끄러워해야 한다."

헤켈은 자신이 믿고 있던 진화론 쪽으로 답을 유도하기 위해 배아의 일부를 부분적으로 변형 또는 삭제하여 서로 비슷하게 손질한 것이다. 실제로 나열된 그림들이 위의 조작된 사람과 각 동물들의 진짜 배아의 모습이다. 정말 다르지 않은가? 어떤 것은 그 크기가 진짜보다 열 배 이상 차이 나는 것도 있다. 헤켈의 논문은 발표 당시에도 생물학자들에게 많은 비평을 받았다. 결국은 헤켈 자신도 그림을 부분적으로 조작했음을 스스로 시인하기에 이르렀다.

그럼에도 불구하고 이 그림이 그렇게 오랫동안, 지금까지 교과서에 남아 있다는 것이 놀랍지 않은가? 미국은 몇 년 전에서야 생물 교과서에 이 그림을 제거하기 시작했다. 사실 사람과 동물들은 수정란 분할부터 다르며 초기 배아 상태에서부터 그 기능이 분명히 구분된다.

더 심각한 문제는 학교에서 헤켈의 그림을 가르치기 시작하면서부터 일어났다. 이것은 단지 교과서 안에만 머물러 있지 않고, 이 그림을 보는 학생들에게 인간은 동물 중의 하나라는 진화론적 사고를 넣어 준 것이다. 특별히 엄마 배속에 있을 때는 인간과 동물이 동일하다는 생각을 심어 주어 인공 낙태가 증가하는 그릇된 계기를 만들었다.

기독교가 건국 이념인 미국에서는 일찍 진화론을 받아들였던 유럽과는 달리 1960년대에 들어서서 비로소 국립초중고교에서 진화론을 가르치기 시작했다. 이때까지만 해도 미국에서는 인공 낙태가 그리 많지 않았다. 하지만 진화론 교육이 시작된 지 10년쯤 지난 1970년대에 들어서면서 인공 낙태가 급속히 증가하기 시작했다. 이는 진화론을 배우고 헤켈의 배아 그림을 배운

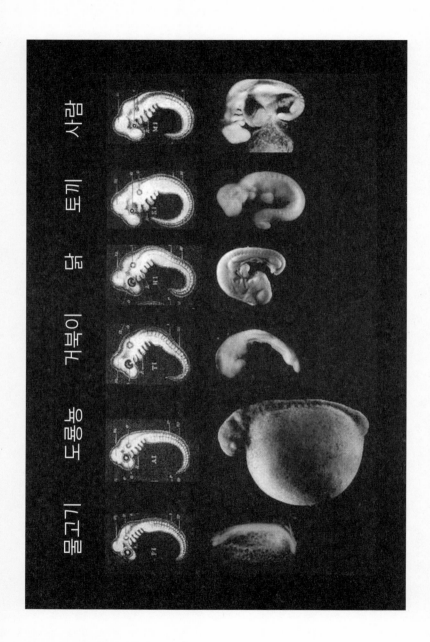

사람 토끼 닭 거북이 도롱뇽 물고기

창조주 하나님

학생들이 학교를 졸업하기 시작한 시기였다. 이 결과를 보면 진화론은 단지 그릇된 과학 이론으로 교실 안에서만 끝나는 것이 아니라 한 개인의 삶과 사회 공동체에도 영향을 끼친다는 것을 알 수 있다.

성경은 사람이 엄마 뱃속에 있었을 때를 뭐라고 표현할까?

"내 형상이 이루기 전에 주의 눈이 보셨으며…"시 139:16

"너를 지으며 너를 모태에서 조성하고 너를 도와줄 여호와…"사 44:2

우리 모두는 아빠 엄마의 정자와 난자가 만나는 순간부터 하나님께 주목을 받고 있던 소중한 사람이다.

"나는 배아 시절이었던 적이 없었다."

이런 사람은 아무도 없다. 우리 모두는 한때 배아였다. 기억이 나지 않는다고 해서 그 시절이 없던 것이 아니다. 기억나지도 않는 엄마 배속에서부터 하나님은 우리를 사랑하시려고 계획하셨다. 그리고 우리는 바로 그 하나님의 형상이다.

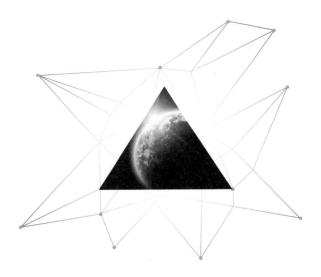

창조의 완성

천지와 만물이 다 이루어지고 안식하셨음이니라

우리는 처음이 좋았다. 여기에 더욱 가슴 벅찬 것은
처음 이전도 좋았다는 사실이다. 그 하나님의 영광
과 사랑의 산물이 하나님의 형상인 우리라는 사실
을 알아서 더할 수 없이 기쁘다. 그것이 기록된 성경
이 내 손에 있어서 말할 수 없이 기쁘다.

"천지와 만물이 다 이루어지니라 하나님이 그가 하시던 일을 일곱째 날에 마치시니 그가 하시던 모든 일을 그치고 일곱째 날에 안식하시니라 하나님이 그 일곱째 날을 복되게 하사 거룩하게 하셨으니 이는 하나님이 그 창조하시며 만드시던 모든 일을 마치시고 그날에 안식하셨음이니라"창 2:1-3

하나님이 엿새 동안 창조를 마치시고 제 칠 일에 쉬셨다. 이때 매 절마다 한 번씩 등장하는 단어가 "다 이루어지니라", "마치시니", "마치시고"이다. 영어로는 finished, completed, accomplished 등으로 번역되었고 끝마쳤다는 의미다. 더 이상의 창조는 없다는 것이다.

우리도 일상생활에서 '숙제를 마쳤다' 또는 '일을 마쳤다'라고 말한다. 그러나 과연 우리가 정말 일을 끝마친 적이 있을까? 자동차가 공장에서 나오면 완성품이라고 한다. 그러나 정말 작업이 다 끝난 완성품이라고 할 수 있을까? 타다 보면 문제가 생겨 고쳐야 할 경우도 생기며 여러 가지 면에서 부족한 부분이 발견되기도 하여 더 업그레이드된 제품이 나온다. 엄밀히 말해 우리는 감히 '마쳤다'라는 말을 쓸 수 없다. 이는 오직 전능자 이외에는 사용할 수 없는 말이다.

하나님이 자신의 형상대로 인간을 창조하신 후에 세 번씩이나 '마치셨다'라는 표현이 나온다. 이는 그분이 전능자이심을 드러낸 말이다. 하나님은 완전하신 분이기 때문에 마치실 수 있으며 실제로 그렇게 하셨다. 진화론은 하나님의 이 성품도 부정한다. 지금도 계속 진화되고 있다고 하니 말이다.

성경에는 이 "다 이루었다"finished라는 말이 한 번 더 등장하는데, 예수님께서 십자가에서 돌아가시기 직전이다.

"예수께서 신 포도주를 받으신 후에 이르시되 다 이루었다 하시고 머리를 숙이니 영혼이 떠나가시니라"요 19:30

하나님이 창조하실 때 마지막으로 하셨던 말씀을 예수님이 돌아가실 때 마지막으로 그대로 하신 것이다. 다 이룰 수 있으신 분은 전능하신 분뿐이다. 예수님이 바로 그 분이시다. 자신의 형상이 죄악 때문에 갈 수 없었던 그 처음에 심히 좋았던 곳에 갈 수 있도록 그 일을 완수하신 것이다. 마지막 아담으로서의 일을 완수하신 것이다. 우리가 하나님 자신이 죽으실 만큼 사랑받을 존재임을 확증하는 일을 마치신 것이다.

우리는 끝을 아는 분께 의지해야 한다. 끝을 아는 분은 시간을 창조하신 분, 모든 것을 아시는 분이다. 끝을 아는 분외에는 누구도 구원자가 될 수 없다. 그분은 다 이룰 수 있으며, 정말 다 이룬 예수 그리스도를 통하지 않고는 알 수 없는 분이시다.

안식일의 주인

2001년 뜨거운 여름 아리조나 피닉스에서 세미나를 인도하고 숙소로 돌아왔을 때 누군가 문을 두드렸다. 문을 열어 보니 두 명의 젊은 외국 여성이 서 있었다.

"저희 방 에어컨 끄는 것 좀 도와주시겠습니까?"

미국인처럼 보이는데, 에어컨 작동을 못한다는 것이 조금 이상하기는 했지만 내 방 에어컨을 보여 주며 끄는 법을 설명했다. 그러자 손을 내저으며 "저희는 에어컨을 끄지 못합니다. 유태인이고 오늘이 안식일입니다. 직접 방으로 와 주세요"라고 말했다.

그러고 보니 그날은 토요일, 이들에게 안식일이었던 것이다. 방으로 들어가 보니 에어컨이 언제부터 켜 있었는지 방 안이 얼음장 같았다. 에어컨을 끄고 돌아와 과연 유태인에게 안식일이 무엇인지 성경을 찾아보았다.

"엿새 동안은 일하고 일곱째 날은 너희를 위한 거룩한 날이니 여호와께 엄숙한 안식일이라 누구든지 이날에 일하는 자는 죽일지니"출 35:2

만약 그날 이들 중 한 명이 에어컨을 껐다면 죽어야 했다는 말씀일까? 구약성경을 보면 안식일을 여러 번 강조한다. 이는 매우 엄격해서 범할 경우 사형에 해당될 정도다. 과연 안식일이 뭐길래 하나님은 그날을 범한 사람을 죽일 만큼 철저히 벌하셨던 말인가. 그 이유가 가장 확실히 등장하는 곳은 십계명의 네 번째 계명을 주실 때이다.

> "이는 엿새 동안에 나 여호와가 하늘과 땅과 바다와 그 가운데 모든 것을 만들고 일곱째 날에 쉬었음이라"출 20:11

이 계명은 창세기 1장, 즉 하나님이 천지를 창조하시던 주간을 의미한다. 실제로 '안식'이란 단어는 창세기 2장의 일곱째 날에 처음 등장한다. 하나님이 창조를 마치시고 안식하던 때를 말씀하시는 것이다.

> "하나님이 그가 하시던 일을 일곱째 날에 마치시니 그가 하시던 모든 일을 그치고 일곱째 날에 안식하시니라"창 2:2

우리의 역사는 "태초에 하나님이 천지를 창조하시니라"에서부터 시작한다. 이때 '태초'라는 시간이 창조되었다. 그리고 이어서 하나님께서는 시간뿐 아니라 시간의 단위도 정하셨다. 바로 '날'과 '해'다. 첫째 날 하나님이 지구를 창조하실 때 '저녁이 되고 아침이 되니 이는 첫째 날이니라'창 1:5고 했다. 지구만 가지고 '날'day이란 시간의 단위를 정하신 것이다. 즉 지구는 처음부터 자전하였으며 하루라는 단위의 기준이 되었다. 그리고 넷째 날 태양을 만드신 다음에, '연한'^{year} 이란 또 다른 시간의 단위가 등장한다. 즉 훨씬 무거운 태양을 만드심으로 지구가 태양 주위를 공전하게 하셨다.

그런데 성경에서 날과 해와는 전혀 다른 주기 하나가 등장하는데 바로 '주'^{week} 다. 이 일주일은 어떤 천문학적 주기와도 일치하지 않는 특이한 주기다. 이 세상의 보이는 어떤 것도 칠 일이란 주기와 일치하는 것은 없다. 그런 의미에서 사람이 정하기에는 참으로 불편해 보이는 이 칠 일이란 주기가 사람의 생각에서 비롯되었다는 것은 상상하기 어렵다.

이 세상에 어떤 누구도 창조의 첫 주간을 경험한 사람은 없다. 첫 사람 아담조차도 여섯째 날 창조되었기 때문에 이 첫 주간을 완전히 경험하지 못했다. 오직 창조자만이 경험했다. 그러므로 눈에 보이는 날과 해는 창조 주간에 그 자리에 없었어도 알 수 있지만, 눈에 보이지 않는 일주일은 오직 처음부터 그 자리에 있었던 창조주만이 알 수 있으며, 그분을 인정하는 척도라고도 할 수 있다. 그러므로 하나님이 안식일을 범한 자를 죽이라고 하신 이유는 안식일을 통해 창조주를 앎으로써 사람을 살리기 위함이다.

하나님은 안식일을 범함 같이 사형에 처할 또 다른 죄로 해, 달, 별에게 절하는 행동을 언급하셨다. 이들도 "돌로 쳐 죽이라"$^{신\ 17:3-5}$ 고 하셨다. 둘 다 사형 죄에 해당되는 것이다.

왜 하나님은 안식일을 범하는 것과 해, 달, 별들에게 절하는 것을 동일하게 취급하셨을까? 여기서 그 의미가 확실해진다. 양쪽 모두 피조물을 생명 되신 창조주보다 위에 놓는 행위이기 때문이다. 그러므로 안식일을 범하는 자나 피조물에게 절하는 자 모두 하나님이 성경대로 창조하신 것과 그분만이 모든 피조물을 초월하신 창조주 되심을 믿지 않는 죄악을 저질렀음을 뜻한다. 생명되신 하나님을 잊었으므로 이미 죽은 몸이나 다름없다. 따라서 이는 사형에 처할 중죄에 해당되는 것이다.

　홍수 심판의 기록들을 보면 하나님뿐만 아니라 노아 역시 칠 일이란 주기를 사용하였는데 이는 그 의미를 알고 있었음을 암시한다. 하나님께서는 노아에게 홍수가 나기 칠 일 전에 방주로 들어가라고 명하셨고^{창 7:1, 4, 9, 10}, 노아는 칠 일 주기로 까마귀와 비둘기를 날려 보낸다.^{창 8:10, 12} 그러나 홍수 후 방주에서 나온 노아의 후손들은 바벨탑 사건 이후 세상으로 흩어지고 세대가 지나면서 이러한 일주일의 주기를 차츰차츰 잊어 갔다. 더욱이 일주일의 '기원'에 대해서는 가르쳐 주는 이가 없어 알 길이 없게 되었다. 이 주기는 그 어떤 보이는 것과 연관되지 않았으므로 한 세대가 잊어버리게 되면 그다음 세대는 도저히 스스로 깨달아 알 수 없다. 결국 여러 세대를 거치면서 보이는 것을 통한 날, 해, 달과 같은 시간의 단위만 남게 된 것이다.

　바벨탑 이후 하나님께서 이스라엘을 택하시고 출애굽을 인도하시는 동안 주신 십계명을 통해 일주일 주기의 기원을 다시 알려 주시며 이를 명문화하셨다. 그리고 창조를 마치신 후 일곱째 날 자신이 쉬었던 것을 기억하도록 하시면서 자신의 형상인 우리도 함께 쉬라고 말씀하셨다. 그러므로 이 쉼을 통해 우리는 곧 하나님께서는 사람이 자신의 형상임을 인정하시고, 우리는 이를 통해 사람이 하나님의 형상임을 인정하기를 원하시는 그분의 마음을 엿볼 수 있다. 이와 같이 안식일은 하나님께서 우리를 위해, 우리를 살리시기 위해 만드신 것이다.

19세기에 등장한 진화론은 수억 년을 거쳐 인간이 진화되었다고 주장함으로 창세기 1장에 기록된 엿새간의 창조와 제 칠 일을 다시 희미하게 만들어 버렸다. 그 후 크리스천들 사이에서는 하루를 지질학적인 수억 년으로 보아야 한다거나, 혹은 창세기 1장은 그저 문학적 표현일 뿐이라고 주장하는 무리가 나타났다. 그러나 이들은 모두 수십억 년의 진화 역사를 수용했기 때문에 이런 말들을 하는 것이다.

이런 생각을 받아들인다면 엿새 동안 창조하시고 제 칠 일에 쉬셨다는 것은 거짓말일까? 안식일은 아직 끝나지 않은 것일까? 아니면 이직 오지 않았다는 말일까? 일주일이라는 주기는 어떻게 된 것이며 안식일을 지키지 않은 자들을 죽이라고 하신 것은 무슨 의미일까?

교회에서 진화론을 수용한 이후, 간단히 해결될 안식일에 대한 해석이 복잡해졌다. 창조 첫 주를 그대로 받아들이지 않은 상태로 안식일에 대한 신학적 의미를 설명하려 했기 때문이다. 그리고 하나님께서 안식일을 제정한 사실보다는 그 의미가 중요하다는 식으로 넘어가려고 했다.

그러나 과연 의미가 사실보다 더 중요할까? 과연 우리의 삶 가운데 사실이 아닌데 의미가 있는 것이 있다면 말해 보라. 하나님은 엿새 동안 창조하지도 않으시고 제 칠 일에 쉬지도 않으셨는데, 그냥 그랬다고 가정하고 이를 지키지 않는 사람들은 죽이라고 했단 말인가? 어떤 사람은 안식일은 유대의 전통일 뿐이라고 말하는 사람도 있다. 그러면 하나님께서 유대의 전통 때문에 사람을 죽이신단 말인가? 하나님의 말씀인 성경 어디를 보아도 사실에 근거를 두지 않은 의미는 찾아볼 수 없다.

그런 면에서 예수님이 자신을 '안식일의 주인'^{마 12:8}이라고 말씀하신 것에 대해 우리는 주목할 필요가 있다. 그분이야말로 엿새 동안 이 모든 것을 창조하신 분이시며^{요 1:3; 골 1:16}, 칠 일의 주기를 창조하신 분이시기 때문이다. 예수님이 하신 일들은 당시 유태인들이 볼 때에는 안식일을 범하는 행동 같았다. 하지만 궁극적으로는 안식일의 참된 의미를 보여 주셨으며, 스스로 자신을 안식일의 주인이라고 하심으로써 창조자임을 드러내시는 두 가지 모두를 성취하신 것이다. 안식일은 하나님이 사람을 살리려고 정하신 날이며, 한편 우리 모두는 그 안식일의 주인을 통하여 살았기 때문에 주일 예배를 드린다. 하나님께로부터 나온 모든 것은 살리는 데 목적이 있기 때문이다.

그러므로 크리스천들이 예수님이 부활하신 날을 기념하는 '주일'에 예배드리는 것은 참으로 의미 있는 일이다. 이는 십자가에서 돌아가신 예수님이 삼일 만인 안식 후 첫날^{눅 24:1}, 지금의 주일에 부활하셨으며, 우리가 그분과 함께 죽었다가 부활했다는 것을 인정하는 것이기 때문이다. 칠 일마다 찾아오는 주일에 예배를 드리며, 예수님이 엿새 동안 모든 것을 창조하신 안식일의 주인이시며 유일한 구원자이심을 믿고 있다는 가슴 벅찬 고백하는 것이다.

그러므로 크리스천에게는 한 달, 한 해보다 중요한 것이 '한 주'다. 하나님이 한 해의 끝과 시작에 송구영신예배를 드리지 않았거나, 하루의 아침 새벽기도 드리지 않았다고 죽이라고 명하지는 않으셨다. 그러나 일주일을 지키지 않는 자는 죽이라고 하셨다. 창조과학자가 엿새 동안의 창조를 그토록 강조하는 이유가 바로 여기에 있다. 이 일주일은 실제로 하나님이 행하신 바로 그 첫 주에서 나왔으며 온 우주를 초월하신 하나님을 드러내기 때문이다. 그러므로 우리는 하나님이 만드신 시간의 주기인 한 주 한 주 every week 마다 예수 그리스도로 인해 새 힘을 공급 받아 우리의 삶을 날마다 새롭게 살 수 있는 것이다.

창세기 1장은 창조자의 성품과 능력을 보여 주는 사실이 기록되어 있다. 성경은 마태복음부터도 아니고, 아브라함이 등장하는 창세기 12장부터도 아니고, 창세기 1장부터 시작이다. 이 성경 전체가 복음을 말한다. 그 복음은 창세기 1장에서부터 출발한다.

매년 한국에서 창조과학탐사를 모집하는 두란노 바이블칼리지팀을 인도할 때였다. 버스에서 안식일의 주인의 설명을 마쳤을 때 중간쯤에 앉아 있던 자매가 이런 질문을 했다.

"하나님은 순식간에 세상을 만드실 수도 있잖아요? 그런데 왜 육

일찍이나 할애하셨나요?"

이런 질문이 나오는 것은 지극히 정상이다. 창조과학 세미나를 할 때 "어떻게 엿새 동안 세상을 창조할 수 있습니까?"라는 질문보다 더 궁금한 부분이 바로 이 부분이다. 수십억 년의 지구 역사를 주장하는 진화론 때문에 엿새라는 기간은 너무 짧게 느껴지기 때문이다. 그러나 진화론에서 벗어난다면, 창조를 순식간에 하지 않고 엿새를 할애하신 것이 더 이상하지 않은가? 하나님께서는 왜 엿새씩이나 사용하셨을까?

사실 이 질문의 답은 전적으로 하나님께 달려 있기 때문에 하나님이 이 세상을 창조하실 때 엿새 동안 창조하실 계획을 미리 세우셨느냐 세우지 않으셨느냐 문제이다. 당연히 하나님은 미리 계획을 세우셨고 물론 안식일도 계획하셨다.

계획을 하고 그 계획을 완전히 이룰 수 있는 분은 전능하신 분 외에는 아무도 없다. 하나님은 창조 이전부터 창세기 1장에 기록된 그대로 창조하실 것을 계획하셨다. 그리고 한 치의 오차도 없이 그대로 행하셨다. 창세기 1장에서 한 순간에 모든 것을 창조하지 않으시고 무려 엿새에 걸쳐 창조하신 모습을 볼 전능하신 하나님이 보이지 않는가?

창세기 1장에 여섯 번이나 등장하는 구절이 "그대로 되니라"이다. 계획한대로 그대로 되도록 할 수 있는 이는 전능하신 분 이외에는 아무도 없다. 창세기 1장의 한 절 한 절마다 그 안에 들어 있는 하나님의

창조의 완성

계획을 발견한다. 그 계획은 창세전에 이미 세우셨던 계획이다. 또한 계획하셨던 대로 빈틈없이 이루어지는 모습을 보게 된다. 그리고 맨 마지막에 다 이루셨다고 말씀하신다.

만약 계획하셨던 그대로 되지 않았다면 어떻게 됐을까? 처음 시간-공간-물질을 창조하시다가 셋 중의 하나가 문제가 생겼다면, 창조하신 빛이 제대로 그 역할을 하지 못했다면, 태양을 창조하시다 그 온도에 조금 이상이 생겼다면, 동물 중 한 마리가 문제가 생긴 상태로 창조되었다면, 아담의 갈비뼈를 꺼낼 때 조금의 실수가 있었다면 어떻게 되었을까? 아찔한 생각이 들지만 그런 일은 발생하지 않았다. 하나님께는 상상할 수 없는 일이다. 그분은 전능하신 분이시며, 전능하신 분은 결코 실수하지 않으시고 계획하신 그대로 이루시기 때문이다.

그분께서는 시공간과 지구를 먼저 창조하실 계획을 세우셨다. 지구를 이용해 하루를 만들 계획과 태양을 통해 한 해를 만들 계획을 갖고 계셨다. 자신의 형상이 거할 지구를 만들고 다듬는 데는 닷새의 시간을 할애하시고, 별들은 단 하루 만에 만드실 계획을 세우셨다. 또한 칠 일이란 주기를 정하셔서 사람들이 살면서 보이는 모든 것을 초월하신 자신을 생각하도록 하실 것을 계획하셨다. 그리고 이 모든것은 그대로 되었다.

인생은 둘 중 하나다. 계획을 어김없이 이루시는 전능자 하나님의 계획 속에 들어갈 것인가? 아니면 이루지도 못할 자신의 계획 속에서 살 것인가?

창조과학 프로그램에서 창세기 1장과 함께 안식일의 주인이신 예수님을 다루고 나면 거의 어김없이 다음과 같은 반응이 나온다.

"안식일이 확실한 만큼, 안식일의 주인이신 예수님도 확실해지는 것 같아요".

"안식일을 범하는 것이 죄인 만큼, 죽음에서 자유를 주신 안식일의 주인께 감사가 나옵니다."

"정말 주일 예배를 드리는 것이 감격입니다."

"하나님께서 정말 엿새 동안 창조하시고 제 칠 일에 쉬셨다는 것이 사실로 믿어집니다."

유일한 길 Only Way

"예수님의 복음을 한번도 듣지 못한 사람들은 구원받지 못하나요?"

언젠가 유학생 창조과학탐사여행 마지막 날 한 참가자가 개인적으로 다가와서 물었다. 그리고 이렇게 덧붙였다.

"예를 들어, 이순신 장군 같은 분 말이죠."

이 질문을 했던 학생은 답변을 기다리면서도, 한편 자신이 갖고 있던 기존의 생각이 바뀔지도 모른다는 다소 조심스런 표정이었다. 이런 종류의 질문들을 창조과학탐사가 막바지에 도달할 때쯤이면 자주 받곤 한다. 어쩌면 창조과학탐사여행 동안에 성경 역사가 사실이라는 것을 알고 났을 때 일종의 찌꺼기처럼 남아있는 의문이라고 해야 할까?

"학생도 결혼을 하면 자녀를 낳겠지요? 그 자녀에게 복음을 전하지 않았다면, 그 자녀는 어떻게 될까요?"

"…."

그는 말로 대답을 하진 않았지만, 구원받지 못할 것이라는 머릿속 생각을 표정에서 볼 수 있었다.

성경이 만들어지기 이전에 사람들의 구원 여부에 대한 궁금증은 복음이 창세기부터가 아니라 신약의 예수님 탄생부터라는 생각이 마음 깊숙이 자리 잡고 있거나, 설령 창조부터라고 생각할지라도 성경의 역사가 곧 우리의 역사로 확실히 이어지지 않는 다는 생각 때문에 등장한 것이다.

아담과 하와는 범죄로 인해 창조 당시의 좋았던 상황이 변하여 가시덤불과 엉겅퀴가 나고, 인류에게 죽음이 들어왔다는 사실을 자식들에게 전달해야만 했다. 하지만 전달이 바르게 되지 않아 전 인류에게 홍수 심판이 찾아왔다. 홍수 심판으로 인류가 죽고 노아의 가족 8명만이 살아남았다. 아담과 마찬가지로 구원받은 노아 가족은 창조부터 홍수 심판까지의 역사를 홍수 후에 낳은 자식들에게 정확히 전달했어야만 했다. 그러나 이 진짜 역사는 바르게 전달되지 않았고 불과 몇 세대도 지나지 않아 그의 자손들은 바벨탑을 쌓으며 하나님을 대적했다.

그래서 하나님은 인간의 언어를 혼란케 하셔서 소통이 되지 않게 하는 방법으로 인류를 흩으셨다.

아담과 노아가 창조와 심판의 진짜 역사를 다음 세대에 정확하게 전달하지 못했던 것과 마찬가지로 바벨탑 사건을 경험했던 세대 사람들 역시 혼잡하고 불편하게 된 언어에 관한 진짜 역사[이유]를 다음 세대에 정확하게 전달해야 할 책임을 다하지 못했다. 결국 사방으로 흩어진 인류는 자신들의 진짜 역사를 모두 잊어버리게 된다. 창조자와 창조자가 하신 일 그리고 자신들의 선조가 행했던 죄악들, 이 모두를 통째로 잊어버린 것이다. 이러니 창조자만이 나의 구원자가 되신다는 사실은 더더욱 알 수가 없게 되었다.

이와 같이 진짜 역사가 잊혀져 가고 있을 즈음 하나님은 이 역사가 기록된 성경을 이스라엘 민족에게 주신다.[롬 3:2] 예수님이 구약성경에 기록된 그대로 이 땅에 오심으로써 인간을 향한 하나님의 사랑을 확증하셨던 것이다.

우리가 오늘날 다음 세대에게 바르게 역사를 전달하지 않으면 다음 세대가 구원을 받지 못하는 것처럼, 이전의 조상들이 다음 세대에게 참된 역사를 바르게 전달하지 않았기 때문에 결국 그 후손들 모두가 구원받지 못하게 되었다.

따라서 왜 예수님께서 "내가 곧 길이요 진리요, 생명이니, 나로 말미암지 않고는 아버지께로 올 자가 없느니라"[요 14:6]고 자신이 구원에 대한 "유일한 길"이라고 말씀하셨는지는 성경을 완전한 사실 역사로 인정할 때만 이해할 수 있다. 예수님이 이 땅에 오셨을 때 인간은 이 세상을 창조하셨던 진짜 하나님을 까맣게 잊고 있었다.

한 번도 복음을 듣지 못한 사람들이 어떻게 되었는지에 관해 성경에서는 분명하게 말하고 있다.

"모든 사람이 죄를 범하였으매 하나님의 영광에 이르지 못하더니"롬 3:23

행위에 대하여 완전한 자가 없다는 의미다. 이는 위인전에서 완벽하게 묘사된 이순신 장군도 예외일 수 없다. 세상은 '사람이 살다가 죽는다'라고 말하지만, 성경은 거꾸로 말한다.

"하나님을 잊어서 모두 죽었는데, 그 아들 하나님을 믿음으로 살게 되었다."

그러므로 복음이 전파된 곳만 살 수 있는 가능성이 있는 것이다. 복음이 전파된 곳이란 예수님이 부활하신 후에 이스라엘을 떠난 성경이 도착한 곳을 말한다.

"하나님께서 전도의 미련한 것으로 믿는 자들을 구원하시기를 기뻐하셨다"고전 1:21

하나님의 기본적 방법은 변함이 없다. 하나님은 아담, 노아, 바벨탑을 경험했던 조상들에게 그랬듯이 우리의 진짜 역사인 성경을 받은 우리에게도 동일한 사명을 맡기셨다. 참으로 감격스럽지 않은가? 이 사실의 전달자로 우리가 선택되었으며 우리가 하나님을 몰라 죽은 사람에게 생명을 불어넣는 일에 사용되고 있다니!

하나님은 정말로 인간이 그분의 형상임을 인정하신 것 같지 않은가? 하나님은 우리를 죄에서 구원하셨을 뿐 아니라, 구원받은 자를 사용하시기를 원하신다. 간혹 이렇게 말하는 사람도 있다.

"복음을 듣지 못했던 시대의 사람들은 하나님의 어떤 특별한 조치가 있으실 거야."

그러나 이렇게 애매모호한 답변을 하는 사람들은 여전히 창조-타락-홍수 심판-바벨탑 혼돈이라는 창세기 역사와 예수님의 복음의 연관성을 제대로 알지 못하기 때문에 '자신'의 생각을 말하는 것이다. 이런 대답에 대하여는 당연히 '하나님의 다른 조치가 있다면 복음을 듣지 않았어도 되는 것 아닌가?'라는 의심이 떠오르기 마련이다. 정말로 복음의 감격을 떨어뜨리게 하는 생각이 아닌가? 과연 이런 생각으로 죽었다가 살아난 복음의 감격이 있겠는가?

"예수 그리스도를 통한 믿음만으로 구원받는다"라는 말이 옳은 말이지만, '창세기의 확신을 통한 예수 그리스도에 대한 믿음'은 필수적이다.

창세기는 예수님이 창조주이시며 그분이 행하신 일과 인류가 저질렀던 일들이 기록되어 있다. 하지만 오늘날 대부분의 사람들에게 창세기의 그림이 그려지지 않는다는 사실은 참으로 안타까운 일이다. 이

것은 바로 수십억 년이라는 진화 역사가 성경의 역사에 대한 믿음을 가로막고 있기 때문이다. 이런 장애물에는 하나님이 진화를 사용하셨다는 유신론적 진화론이나 유사 이론까지 포함한다.

진화론에서 벗어나 창세기의 역사를 그대로 받아들이며 예수 그리스도의 복음을 만났을 때, 말씀이 그대로 믿어지며 감격하게 된다. 그리고 죽은 자들을 살리는 일에 우리를 사용하시는 하나님께 감사하게 된다.

"그런즉 그들이 믿지 아니하는 이를 어찌 부르리요 듣지도 못한 이를 어찌 믿으리요 전파하는 자가 없이 어찌 들으리요 보내심을 받지 아니하였으면 어찌 전파하리요 기록된바 아름답도다 좋은 소식을 전하는 자들의 발이여 함과 같으니라"롬 10:14-15

언제나 좋았다

"태초 이전에는 어땠나요?"

창조과학탐사에서 "처음이 좋았다"는 사실을 너무 여러 번 강조하니까, 마지막 날쯤이면 이 질문이 자주 등장한다. 하지만 처음도 깨달아 알 수 없거늘 처음 이전이야 어떻게 알 수 있을까? 결국 이 궁금증에 대하여도 성경만이 유일하게 답변을 줄 수 있다. 그리고 이에 대한 성경 기록을 더하지도 빼지도 않고 그대로 믿으면 된다.

성경에는 태초 이전에 대한 언급이 거의 없다. 그래도 살짝 엿볼 수 있는 곳이 있는데, 바로 예수님이 최후의 만찬 때 제자들을 위해 기도하는 장면이다. 요한복음 17장 전체에 기도 전문이 등장한다. 이때 예수님은 "창세전"前이란 말씀을 두 번 하신다.

"아버지여 창세전에 내가 아버지와 함께 가졌던 영화로써"요 17:5
"아버지께서 창세전부터 나를 사랑하시므로"요 17:24

예수님과 아버지 하나님은 서로 '영광'을 주고받으며 '사랑'하고 계셨다. 그러니까 우리는 처음이 좋았을 뿐 아니라, 처음 이전도 좋았다. 우리는 어떤 흠도 없는 오직 하나님끼리 영광과 사랑을 주고받으시는 거룩한 상황에서 창조된 것이다. 하나님의 형상이란 하나님의 영광과 사랑의 산물이다.

하나님은 태초 이전부터 우리와 서로 하나 되어 사랑하려고 계획하셨다. 창조될 당시 사용된 '하나님의 형상'이란 단어 안에 이 모든 하나님의 뜻이 함축된 것이다. 그 태초 이전부터 있었던 그분의 창조 계획과 사랑은 인간이 범죄했을 때 오히려 이를 기회로 삼았고 예수님을 통해 인간을 향한 사랑을 보여 주시는 확증의 기회가 됐다.

우리가 범죄했을 때 하나님의 마음은 우리가 상상할 수 없을 만큼 아프셨을 것이다. 그렇다고 해서 과거에 있었던 일을 되돌리는 일을 하실 수는 없었을 것이다. 그것은 하나님 자신을 거짓말하는 자로 만들기 때문이다.

오히려 이 위기를 아들 예수님을 세상에 보내는 일을 통해 사랑을 확증하실 기회로 삼으셨다. 이 기회란 창조하실 때마다 "보시기에 좋다"라고 하셨던 사실, 우리가 하나님의 형상이라는 사실, 우리 안에 있었던 생명이 하나님 자체라는 사실과 같은 창조 이전부터 계획하셨던 모든 일들을 확증하시는 기회를 말한다.

예수님은 이 창세전 아버지와 아들이 했던 영광과 사랑이란 단어를 앞에 앉은 제자들에게 동일하게 사용하신다.

"내게 주신 영광을 내가 그들에게 주었사오니"요 17:2
"아버지께서 나를 보내신 것과 또 나를 사랑하심같이 그들도 사랑하신 것을 세상으로 알게 하려 함이로소이다"요 17:23

그 영광을 제자들에게 주시며, 그들에게 그 사랑을 세상에 알리도록 하는 일을 맡길 계획이셨다. 예수님의 계획이 앞에 앉아 있는 제자들에 국한되는 것일까? 예수님의 기도는 제자들뿐 아니라 그들을 통해서 예수님의 말씀을 믿게 될 우리에게 까지 들어 있다.

"내가 비옵는 것은 이 사람들만 위함이 아니요 또 그들의 말로 말미암아 나를 믿는 사람들도 위함이니"요 17:20

그러므로 예수님이 최후의 만찬에서 하신 기도는 앞에 앉은 제자들만을 위한 기도가 아니다. 지금 우리에게도 동일하게 주시는 기도이다.

우리는 물론 처음이 좋았다. 그러나 더욱 가슴 벅찬 것은 처음 이전도 좋았다는 사실이다. 그 하나님의 영광과 사랑의 산물이 하나님의 형상인 우리라는 사실을 알아서 더할 수 없이 기쁘다. 그것이 기록된 성경이, 정확한 증거가 내 손에 있어서 말할 수 없이 기쁘다. 그리고 태초 이전부터 계획하신 사랑을 확증하신 예수님을 생각할 때 감격할 수밖에 없다.

+DAY

창조론 vs 진화론

하나님이 보시기에 좋았더라

우리는 불쌍한 자가 아니다. 앞으로 예수님과 영원히 함께 산다는 사실 때문에 누구보다 부요한 자다. 진화론을 회피한다는 말은 진화론을 믿는다는 것이다. 창세기 1장이 한 편의 시라는 믿음은 창세기 1장을 믿지 않는다는 말과 다름이 없다.

타협이론 1 간격 이론: 창세기 1장 1절과 2절 사이에 수십억 년?

수십억 년의 지구 나이를 주장하는 진화론이 거세지자 크리스천들 중에서도 진화는 틀렸고 성경 역사가 사실이라는 것을 변증하기 보다는 진화가 사실이기 때문에 성경 해석의 틀을 진화론으로 바꾸려는 사람들이 등장했다. 그리고 이 진화 역사를 바탕으로 창세기 1장에 손을 대는 크리스천 과학자와 신학자들이 나왔다. 이처럼 성경과 진화론을 함께 믿으려 하는 것을 '타협이론' 또는 '유신론적 진화론'이라고 부른다.

타협이론에는 여러 가지가 있는데 그중 첫 번째가 간격 이론^{gap theory}이다. 간격 이론은 창세기 1장 1절과 2절 사이에 진화론자들이 말하는 수십억 년의 오랜 시간적 간격을 넣는 이론이다. 하나님께서 세상을 창조하신 후^{1절} 커다란 심판이 있었으며, 그 후^{3절} 지금의 세상을 다시 창조하셨다는 것이다. 다른 말로는 '재창조설'이라고도 부른다.

간격 이론은 17세기에 등장했으나, 믿을 만한 이유가 없어 거의 폐기되다시피 했다. 그러다가 19세기 초, '오랜 지구 나이'가 등장할 때 차머스^{Thomas Chalmers}와 목사이면서 진화론적 지질학자인 버클랜드^{William Buckland}에 의해 다시 대두됐다. 그 후 이 이론에 대한 몇몇 글들이 발표되었는데 이것이 교회에 크게 파급된 것은 1970년에 커스탄스가 자신의 책 《혼돈과 공허》[1]에서 간격 이론을 옹호한 것이 계기가 되었

---

1 *Without form and Void*: 책의 내용상 여기서는 혼돈과 공허라는 번역이 어울림

창세기 1장 1절

태초에 하나님이 천지를 창조하시니라.

THE GAP?

수십 억년 지구나이 • 지질 시대 • 루시퍼의 홍수

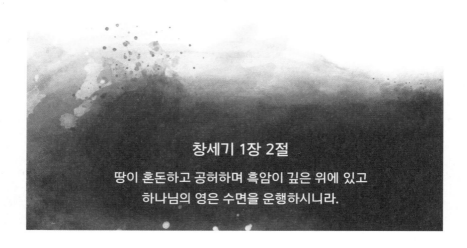

창세기 1장 2절

땅이 혼돈하고 공허하며 흑암이 깊은 위에 있고
하나님의 영은 수면을 운행하시니라.

다. 이 후에 간격 이론으로 창세기 1장을 해석한 주석성경들이 많이 나오면서 교회 안에도 이 이론이 널리 퍼지게 되었다. 이들 주석성경들은 한결같이 그 내용에서 진화론을 지지하고 있다. 예를 들면, '수십억 년 지구 나이에 동의할 때, 창세기 1장 1절과 2절 사이에 수십억 년을 넣게 되면 창세기와 과학 사이의 모순이 사라진다'라는 것이다. 한국의 보수교단 신학교에서도 창세기 1장을 해석하는데 이 이론을 많이 수용하고 있다.

간격 이론은 간격 없는 2절 앞에 수십억 년의 기간을 넣었기 때문에 성경에는 언급되어 있지 않은 자신들이 만든 수많은 상상의 이야기를 그 안에 넣었다. 실제로 옹호자들은 성경의 난해한 문제들을 이 간격 안에 넣는 일을 서슴지 않았다. 사탄이 이 간격 때 타락했으며, 이때 타락한 사탄을 가두기 위해서 재창조를 했다고 말하기도 한다. 그리고 이때 사탄인 루시퍼의 홍수가 있었다고도 말한다. 자신들이 임의대로 만든 간격이기 때문에 이들은 간격 동안에 일어난 사건도 쉽게 만들어 버린다. 실제로 사탄과 귀신을 강조하는 이단들이 이것을 이유로 이 이론을 사용한다.

간격 이론을 주장하는 사람들의 가장 큰 특징은 지구가 창조되었을 때의 모습인 2절을 대혼란chaos 또는 무질서로 보는 것이다. 개역개정 성경에서도 '혼돈과 공허'라고 번역하여 무질서하고 혼란스러운 분위기가 느껴진다. 그러나 영어 성경은 대부분 'without formed and void', 우리말성경에서도 영어와 같이 '형태가 없고 비어 있다'라고 번역되었다. 즉 이 단어는 무질서와는 다른 중립적인 표현이다. 실제로 창세기 1장 전체를 살펴보면 이러한 모습 역시 '보시기에 좋았던' 모습의 일부임에 틀림없다. 필즈[Weston Fields][2]는 간격 이론이 얼마나 잘못되고 위험한지를 설명하기 위해 이 구절의 번역에 관해 한 권의 책을 썼다. 그에 따르면 2절의 모습은 무질서가 아닌 'unformed and unfilled' 즉, 아직 '형태가 이루어지지 않았고 채워지지 않은' 창조의 한 과정으로 번역하는 것이 가장 바르다고 주장했는데 가장 타당한 해석이라 생각한다.

또한 히브리 성경을 보면 창세기 1장 1절부터 2장 3절까지, 즉 창조 첫째 날부터 일곱째 날 안식하실 때까지 매 절마다 '그리고'[and]를 의미하는 히브리어 접속사 'wow'가 들어 있다. 영어번역 가운데 접속사를 하나도 빼지 않은 KJV나 NASB 등으로 보면 매 절마다 맨 앞에 있는 'and'가 쉽게 눈에 들어올 것이다. 이는 창세기 1장 전체의 창조 과정 가운데 어떤 곳에도 시간적 빈틈이 없다는 의미다.

그런데 이런 긴 시간을 넣으려는 간격 이론자들의 의도는 무엇일까? 이유는 성경과 진화론을 함께 믿어 보려는 시도다. 성경 어딘가에 진화론적 긴 연대를 넣어야만 믿어질 것 같은 마음에서 출발한 것이다. 그러나 지구 상에 지질시대라는 진화 역사가 존재하지 않는 한 이런 이론을 억지로 만들 필요는 없다. 또한 오랫동안 대혼란이 있다가 그 이후부터 성경 기록대로 창조되었다는 식의 역사는 진화론자들도

---

2 Fields, Weston, Unformed and Unfilled, Master Books, 1976 and 2005.

받아들이지 않는다.

모든 타협이론의 특징은 이를 쫓아가다 보면 부분적으로는 진화론과 일치하는 것 같이 느껴 만족하지만, 결국 성경 전체로는 심각한 모순에 빠지게 된다는 점이다. 그리고 성경에서 드러난 하나님의 능력과 성품, 하나님의 형상인 인간을 창조한 목적, 예수님의 복음까지 성경 전체에 손상을 가하게 된다.

만약에 그런 엄청난 심판이 있었다면 아주 심각한 내용이 어딘가 적혀있어야 할 터인데, 성경에는 그런 혼돈에 대하여 어떤 언급도 없다. 오히려 창조를 하실 때마다 "보시기에 좋았더라"는 감탄사만 등장하며, 죄 이전의 어떤 고통도 명시되어 있지 않다. 그것이 선하신 하나님의 성품이기 때문이다. 단지 하나님의 형상인 인간의 죄 때문에 환경이 변하고 죽음과 고통이 들어온 것이다.^{창 3:18; 롬 8:22} 성경은 아담을 첫 사람이라고 했으며, 그 한 사람으로 죄가 들어왔다고 말한다.^{고전 15:45, 롬 5:12} 이 간격 이론대로라면 그 화석이 모두 이때 만들어졌으므로 아담 이전의 모든 것들이 고통과 함께 죽었던 적이 있어야만 한다. 그러므로 간격 이론을 받아들이면 하나님의 성품에 치명적인 흠집을 남기며 인간의 죄의 결과도 약화시킨다.

"하나님께서 첫째 날 무엇을 창조하셨나요?"

"빛이요!"

첫째 날 창조된 것에 대한 질문에 많은 사람들은 '빛'이라고 대답한다. 그러나 성경은 첫째 날 빛만 창조했다고 말하지 않는다. 1절에

"태초에 하나님이 천지를 창조하시니라"고 함으로써 시간, 공간, 그리고 첫 물질인 지구를 창조하셨다. 이어서 2절에 그 창조된 지구에 대한 묘사가 기록되어 있다. 그리고 같은 날 빛이 창조된 것이다. 이 모두가 첫째 날 하루 동안에 일어난 것이다. 그런데 첫째 날 빛만 창조하셨다는 생각을 심어 준 것은 다분히 간격 이론의 영향이라 할 수 있다.

타협이론 2 날—시대 이론: 창세기 1장이 지질시대였을까?

두 번째 다룰 타협이론은 '날-시대 이론'Day-age theory 이다. 지금은 주장하는 사람이 거의 없지만, 그래도 한동안 기독교인들의 생각을 지배해 왔고, 지금도 이런 생각을 하는 사람들이 적지 않다.

진화론자들은 지구가 오래되었다는 생각으로 진화론적 지질학자들은 화석을 통해 지구 역사를 고생대, 중생대, 신생대 등 여러 단계로 구분했다. 그리고 이 세 가지를 더 구분하여 12개의 더 작은 기간으로 구분했다.

날-시대 이론이란 크리스천 과학자와 신학자들이 창세기 1장을 진화론적 지질시대의 틀에 맞춰서 재해석한 이론이다. 즉 창세기 1장의 하루를 수천만 년의 지질시대의 긴 기간으로 해석한 것이다. 지질시대를 사실로 믿으면서 창세기를 보고 있는 크리스천이라면 이런 시도를 하고 싶은 것은 당연한 유혹이다. 하지만 아무리 성경을 지질시대에 꿰어 맞추려 해도 맞춰지지 않는다. 겉보기에 일단 창세기 1장과 진화론적 지질시대는 순서가 서로 일치하지 않는다. 대표적인 차이점은 아래 표를 참조하면 쉽게 이해할 수 있을 것이다.

창세기 1장	vs	진화 순서
지구가 태양과 별들보다 먼저		태양과 별들이 지구보다 먼저
바다가 뭍보다 먼저		뭍이 바다보다 먼저
과일나무가 물고기보다 먼저		물고기가 과일나무보다 먼저
산소가 식물보다 먼저		식물이 오늘날 산소를 생산
식물이 태양보다 먼저		태양이 식물보다 먼저
빛이 태양보다 먼저		태양이 지구의 첫 번째 빛
조류가 파충류보다 먼저		파충류가 조류보다 먼저

표에서 보여 주는 것뿐 아니라 창조 기간을 늘리면 늘릴수록 더 많은 문제점이 보인다. 예를 들면 꽃과 곤충은 정상적인 논리에서 볼 때 오랜 세월 따로 있을 수 없으나 날-시대 이론으로는 오랫동안 따로 생존해야 한다는 모순에 빠질 수밖에 없다. 실제로 완벽한 우주와 생물은 시간을 길게 늘이면 늘일수록 불완전한 기간도 함께 길어져서 문제점만 더 드러내며 이를 위하여 상상할 수 없는 가설을 또 첨가해야 한다.

날-시대 이론의 가장 대표격인 사람은 캘빈대학의 데이비스 영

^{Davis Young} 박사다. 그러나 그가 스스로 자신의 주장을 포기함으로써 사실상 이 이론은 결말이 났다. 포기한 가장 큰 이유도 역시 창세기의 순서와 지질시대의 순서가 결코 맞지 않기 때문이라고 했다.

중요한 것은 진화론자들이 주장하는 지질시대란 지구 상의 그 어느 곳에도 존재하지 않는다는 점이다. 또한 간격 이론과 마찬가지로 날-시대 이론은 성경적 관점에서 봤을 때 심각한 문제점들을 내포하고 있다. 진화론을 받아들임으로써 하나님께서 사람을 창조하시기 이전에 약육강식, 멸종, 파멸, 죽음 등의 과정을 오랫동안 묵과하신 분으로 만들어 버렸다. 그러나 이런 생각은 창조를 마치시며 하신 '매우 좋았다'^{very good}라는 감탄과는 전혀 어울리지 않는다. 성경은 인간의 죄로 인해 이런 안 좋은 결과들이 나왔다고 가르치지만, 날-시대 이론을 받아들이게 되면 죄가 있기 전에 이런 참혹한 일이 일어났음을 인정하는 셈이 된다.

성경은 오직 사실만 기록하고 있다. 이 진리의 책은 타락한 인간에게서 나온 상상과는 도무지 타협할 수 없다. 오히려 무엇이 그릇된 것인지를 분별하도록 도와주며 이를 통해 진짜 역사를 배울 수 있다.

타협이론 3 점진적 창조론: 창조와 멸종이 반복됐을까?

1961년을 현대 창조과학운동의 기점으로 본다. 당시 버지니아테

크 수리공학과의 헨리 모리스[Henry Morris] 박사와 그레이스신학대학교 구약학과의 존 위트컴[John C. Whitcomb] 박사가 쓴《창세기 홍수》[Genesis Flood]가 이때 출판되었기 때문이다. 이 책은 진화론의 오류를 과학적, 성경적으로 체계 있게 풀어 나갔다. 그 후 산발적으로 흩어져서 진화론의 비과학성을 성경적으로 변증하던 과학자들이 캘리포니아의 샌디에이고에 모여 미국 창조과학연구소[ICR]를 설립하면서[1997] 창조과학운동은 비로소 구심점을 갖게 되었다.

이때만 해도 창조과학의 주된 타깃은 세상에 널리 퍼진 진화론이었다. 물론 교회 안에도 진화론과 성경을 타협하는 사람들이 있기는 했지만 이런 사람들도 결국 진화론이 틀렸다는 것을 알게 되면 자신의 이론을 버리게 됨으로 세상을 대상으로 삼았던 것이다. 그런데 1980년대 말, 교회 안에 독특한 이론이 하나 등장한다. 바로 '점진적 창조론'이다.

점진적 창조론이란 진화론자들이 주장하는 수십억 년 동안 하나님께서 진화의 순서대로 창조와 멸종을 반복하셨다는 새로운 타협이론이었다. 이것의 등장은 창조과학계 안에서는 적잖은 당황스러움이 있었다. 왜냐하면 이들은 분명히 진화론자들은 아니었기 때문이었다. 이들은 묘한 입장을 고수했는데 진화를 반대하면서 성경도 반대했다.

이들의 주장은 네 가지 정도로 요약된다.

1. 우주는 수백억 년 전에 빅뱅에 의해 창조되었다.

2. 하나님은 수십억 년의 기간에 걸쳐 창조와 멸종을 반복하셨고 마지막에 아담과 하와를 창조하셨다.

3. 하나님이 동물^{화석}을 죽인 것은 인간의 죄악 때문이 아니며, 화석들은 인간 창조 이전에 일어난 멸종의 결과다.

4. 창세기 홍수는 전 지구적이 아닌 지역적 사건이다.

점진적 창조론은 1990년 초에 캐나다 사람으로 크리스천 천문학자인 휴 로스^{Hugh Ross}라는 사람에 의해 주도되었다. 이들은 성경이 하나님의 감동으로 쓰였다고 말하면서도 과거 역사에 대하여 아는 것은 현대 과학을 따르자고 했다. 여기서 현대 과학을 따른다는 말이 참으로 중요하다.

1980년에 시카고 자연사박물관에서 '대진화'라는 제목으로 당대 최고의 진화론 과학자들을 포함해서 160명이 모인 회의가 열렸다. 이 회의 결과는 한 기자에 의해 《사이언스》에 실리게 되었다.[3] 제목은 "해고될 위험에 있는 진화론"^{Evolutionary theory under fire}이었다. 이 모임에서 진화론자들이 진화론 자체를 포기한 것은 아니지만 적어도 두 가지 치명적인 문제점을 드러냈다.

1. 소진화가 축적되어 대진화가 일어나는 메커니즘의 부재

2. 화석에서 전이 형태의 부재

---

3 Lewin, Roger, *Science*, 21 November 1980: Vol. 210 no. 4472 pp. 883-887.

소진화가 한 종류 안에서 변하는 변이와 다르지 않다는 말은 이미 앞에서 다루었다. 그러므로 첫 번째 그들의 결론은 이 변이로 종류가 변하는 대진화가 설명될 수 없다는 말이다. 이는 진화론에 대한 생물학적 접근의 실패를 의미한다.

다른 하나는 화석에 관한 내용이다. 화석은 과거에 살았던 생물의 시체인데, 그 화석에서 진화되는 과정인 중간 단계의 전이 형태가 발견되지 않았다는 것이다. 이는 진화론에 대한 지질학적 접근의 실패를 의미한다. 사실상 진화론의 핵심인 이 두 가지의 과정을 설명할 수 없고 증거를 찾지 못했다는 것이다.

점진적 창조론은 이와 같이 진화론자들의 자세가 변하는 시대적 배경에서 등장했다. 즉 진화론자들이 대진화에 대한 회의적 결론과 전이 화석의 부재를 선언하던 시점이었다. 하지만 빅뱅, 지구의 나이, 진화의 순서 등 기존의 진화론자들이 고수하는 것들은 그대로 남겨 놓았다. 불행하게도 많은 미국 교회는 이 이론을 환영하였고 교회에서 가르치기도 했다.

진화의 역사를 그대로 받아들였기 때문에 성경의 역사를 바꿀 수밖에 없었다. 이들은 화석은 아담의 범죄 이전 창조의 증거라고 하고, 홍수 심판은 지역적 사건이라고 주장했다. 창조를 얘기하면서 결국은 성경을 변경시켰던 것이다! 그러나 성경 어디에 사람이 죄를 짓기 전에 이런 일들이 일어났으며 홍수 심판이 지역적으로 일어났다고 말하고 있는가? 점진적 창조론의 역사에서는 하나님께서 사람을 창조하시기 이전에 이미 수백억의 동물^{화석의 숫자}들을 죽이신 셈이 된다. 하나님은 분명히 창조하실 때마다 "보시기에 좋았더라"고 하셨는데 도대체 어떤 이유로 이들을 죽이셨단 말인가? 이들은 창조주의 실패한 작품이었단 말인가?

동물의 피는 인간의 피와 비교할 순 없더라도 예수님께서 오시기 전까지 인간의 속죄를 위해 사용되었던 결코 소홀히 할 수 없는 생명의 상징이었다. 홍수 심판 이후에 육식을 허용하셨을 때도 피째 먹지 말라고 할 정도로 동물의 죽음은 가벼운 일이 아니다. 그런데 사람이 태어나지도 않았고 죄를 짓기도 전에 그렇게 많은 동물을 죽이셨단 말인가?

여기 옷 만드는 사람이 한 사람 있다고 하자. 그는 자신이 만든 옷을 보며 "정말 좋다!"라고 감탄하고서는 태워 버리고 또 다른 옷을 만들고 나서도 "정말 좋다!"라고 감탄하고서는 또 태워버렸다. 이런 짓을 계속 반복한다면 그는 정말 이상한 사람이지 않은가? 점진적 창조론은 하나님을 전능하지도 않으면서 비정상적인 분으로 바꾸어 버렸다. 성경 어디에도 사람의 창조 이전에 이런 일이 일어났었다는 기록은 없다. 이러한 이론을 만든 이유는 진화론자들이 버리지 않은 수십억 년의 지질시대표를 그들 자신도 버리지 못했기 때문이다.

최근에 한국에서 다중격변론이란 또 다른 타협이론이 등장했다.[4] 점진적 창조론에 격변론을 꿰어 맞춘 이론이다. 그 내용은 이것이다.

---

4 양승훈, 《창조와 격변》, 예영, 2006.

하나님께서 점진적 창조론과 같이 수십억 년 동안 창조와 멸종을 반복하셨는데, 멸종시키실 때마다 격변을 일으키셨다는 내용이다. 한마디로 점진적 창조론에 격변이란 단어를 추가한 것뿐이다.

이 이론도 결국 기존 진화론자들의 태도가 바뀌자 등장한 것이다. 최근 들어서는 진화론적 지질학자들도 과거의 지질 과정이 오늘날과 같은 느린 속도로 발생했었다는 동일과정설을 버리고 갑작스런 격변에 의해 형성되었다는 격변론으로 전환했다. 즉 지층, 화석, 석탄 등모든 지질 과정은 오늘날 경험하지 못한 격변으로만 설명할 수 있다는생각으로 바뀐 것이다. 그러자 다중격변론이라는 또 다른 타협이론을만들어 낸 것이다. 그 동기는 점진적 창조론과 다를 바 없다. 진화론자들이 자세를 바꾸니 자신도 바꾼 것이다. 그리고 아직까지 진화론자들이 포기하지 않는 지질시대표, 수십억 년의 지구 나이, 빅뱅 이론은 그대로 간직한 것이다.

과연 점진적 창조론이 미국의 다음 세대를 책임졌을까? 다중격변론이 한국의 다음 세대를 책임져 줄까? 그 결과는 어떻게 되었을까?이에 대해서는 '진화의 반대는?' 장에서 살펴보자.

타협이론 4 구조가설: 창세기가 한 편의 시?

진화론이 보편화되었을 때 성경보다 진화론을 더 신뢰했던 신학자들은 진화론과의 '타협'과 '회피'라는 두 가지 자세를 취했다.

한편 1920년 이후 신학자들 사이에 진화론을 언급하지 않고 회피하고자 하는 자세가 등장했는데 그 대표적인 것이 '구조가설'framework hypothesis이다. 구조가설은 한마디로 진화론과 대립되는 창세기 1장에서 11장의 사건들을 역사적 사실로 보되 그것을 구체적 시간의 흐름에서 인정하는 것이 아니고, 어떤 신학적 의미를 나타내기 위한 시나 설화처럼 문학 작품으로 놓고 해석하자는 태도다. 즉, 내용의 역사성 보다는 그 의미가 더욱 중요하다는 입장을 취하자는 자세다. 그렇기 때문에 이를 주장하는 신학자들은 각 날 별로 창조의 내용은 읽지만, 창세기의 엿새 동안 창조의 시간적 순서나 길이는 불필요하다고 생각하며 인정하지도 않는다. 특별히 창세기 1장에 대해서는 더욱 철저히 문학 작품으로 접근하려 한다. 구조가설은 오늘날 신학생들이 창세기에 대하여 가장 많이 배우는 해석 방법이다.

간단하게 다음과 같은 예를 들 수 있다. 창세기 1장을 보면 하나님이 첫째 날에는 빛과 어둠을 나누시고, 둘째 날에는 물과 궁창을 만드셨으며, 셋째 날에는 뭍과 식물을 창조하셨다. 그리고 이어서 넷째 날에는 빛을 내는 해와 달과 별을, 다섯째 날에는 물에 사는 물고기와 공중에 사는 새들, 마지막으로 여섯째 날에는 땅에 사는 육상동물과 사람을 창조하셨다. 그런데 이 장면을 3일씩 나눠서 보게 되면 후반부의 3일이 전반부 3일의 공간을 채우고 있는 듯이 보인다.

다음 설명이 도움이 될 것이다.

첫째 날: 빛과 어둠을 나눔 → 넷째 날: 해, 달, 별 창조

둘째 날: 물을 궁창으로 나눔 → 다섯째 날: 물고기와 새의 창조

셋째 날: 뭍과 식물의 등장 → 여섯째 날: 육상동물과 인간의 창조

언뜻 보기에는 이 표는 그럴 듯해 보인다. 그러나 창세기 1장을 조금만 자세히 읽어도 위와 같은 패턴이 맞아 떨어지지 않는다는 것을 쉽게 발견할 수 있다.

첫째 날에는 단지 빛과 어둠만이 등장하지 않는다. 시간, 하늘, 지구도 등장한다. 하지만 구조가설로 보려는 시도는 1장 1절부터 등장해서 창세기 1장에 20회나 언급되는 땅^{earth}의 중요성을 파악하지 못하게 한다. 2절을 보라. 첫째 날의 지구가 형태가 갖추어지지 않고 비어있고 흑암이 깊음 위에 있다는 묘사는 지구에 초점이 있는 것이지 어두움에 초점을 둔 것이 아니다.

둘째 날의 궁창 위의 물에 대해 다섯째 날에서는 언급이 없다. 순서로 보자면 물고기는 둘째 날이 아닌 셋째 날 창조된 바다를 채우는 것이 더 어울리는 해석이다. 셋째 날에 바다가 창조되었음에도 불구하고 여섯째 날에는 바다 생물에 대한 아무런 언급이 없다.

위의 예는 여러 구조가설들 중의 하나일 뿐이다. 여기서 구조가설에 대한 모든 예와 문제점들을 일일이 열거할 필요는 없다. 그러나 각 구조가설들은 늘 불완전하며 맞아 떨어지지 않는다. 창세기 1장은 하나님이 문학 작품으로 계시하신 것이 아니라 시간적 순서대로 기록한

사실이기 때문이다. 그럼에도 불구하고 창세기 1장에 대한 이런 시도는 크리스천들에게 인기를 끌고 있는데 대개 이런 시도를 하는 사람들은 남들에게는 없는 통찰력이 자신에게만 있다고 생각하기도 한다.

성경을 읽으면서 이런 시도를 하고 있는 이유가 뭘까? 가장 큰 이유는 창세기 1장이 그대로 믿어지지 않기 때문이다. 그리고 그 의심의 뿌리에는 진화론을 발견할 수 있다. 진화론이 옳다고 말하진 않지만 그 안에는 이미 진화론을 수용했기 때문에 창세기 1장을 그대로 받아들일 수 없는 것이다. 창세기 1장의 창조 과정은 우리의 입맛에 맞게 순서를 정한 것이 아니다. 이들이 말하듯이 '저녁이 되고 아침이 되니', '보시기에 좋았더라'는 말씀은 사람이 짓는 시의 후렴구처럼 들어간 것이 아니다. 이는 하나님의 창조 행위며 이루어져가는 과정을 그대로 적은 것이다.

나 역시 신학교에서 창세기의 많은 부분이 하나의 문학 작품으로 취급되는 것에 실망한 적이 있다. 성경이 사실이라는 기초 위에 믿는 이유가 무엇인지 배우려 간 것이지, 두괄식 미괄식 등의 문학 작품을 다루려고 간 것이 아니기 때문이다. 창세기 1장, 아담과 하와 이야기, 노아 홍수, 바벨탑 사건 등이 훌륭한 문학 작품일까? 그렇다면 이렇게 훌륭한 문학 작품을 선지자들은 어째서 사실처럼 인용했을까? 단지 훌륭한 문학 작품을 성취하기 위해서 예수님께서는 십자가에 달려 돌아가셨는가?

성경 기자들은 수없이 창세기의 전반부를 사실로 인용하며 역사

적 교리적으로 사실로 받아들였다. 모세는 창세기 1장을 6일로^{출 20:11,}
^{31:17} 바벨탑도 사실로 묘사했다.^{신 32:8} 여호수아는 아브라함의 조상을
창세기 11장에 기초해서 언급했다.^{수 24:2} 역대상에는 창세기 5장의 족
보를 그대로 반복했으며 욥은 창조와 홍수를 그대로 받아들였다. 시편
기자들도 마찬가지였다. 잠언도 창조를 언급한다.^{8:22-31} 선지서를 보아
도 그들은 창세기를 그대로 받아들였다.^{사 40:26; 45:18, 렘 10:11-13, 겔 14:14, 20, 미}
^{5:6, 슥 5:11}

신약에 와서도 이는 마찬가지다. 바울은 아담과 하와를 처음 사람
이라 했고^{롬 5:12-19, 고전 11:7-12, 15:21-22, 고후 11:3, 딤전 2:13-15}, 히브리서 기자는 창조
의 완성과 안식^{4:1-11}, 그리고 믿음의 선진들을 11장에서 그대로 기록하
였다. 베드로는 홍수를^{벧전 3:20, 벧후 2:4-5, 3:5-6}, 요한은 가인과 아벨을^{요일 3:12},
유다는 가인, 에녹, 아담을^{6, 14} 그대로 언급한다.

무엇보다 예수님이 직접 인용하셨다. 결혼^{마 19:3-6}, 노아의 날^{눅 17:26-}
²⁷, 아벨^{마 23:35}, 하나님의 창조^{막 13:19}, 에덴동산^{요 8:44} 등 기본적인 사실에
대한 판단 근거를 모두 창세기 전반부에 두었다. 창세기 내용들을 인
용한 부분을 더 이상 나열하려 해도 지면이 허락하지 않는다. 창세기
의 많은 부분이 문자 그대로 인용된 것뿐만이 아니다. 실제로 창세기
12장에서 계시록까지의 모든 성경은 창세기 전반부를 역사적 근거로
하고 있으며 기독교 교리의 기초 또한 그것에 있다. 만약에 창세기 전
반부를 설화나 문학 작품으로 여긴다면 기독교의 교리 또한 그와 같이
취급될 수 밖에 없다.

언젠가 한국을 방문해서 신학자들 모임에서 노아 홍수를 주제로 한 세미나를 가졌다. 세미나를 마치고 질문을 받는 시간이었다.

"성경이 사실이 아닌데, 그렇게 사실로 놓고 설명해도 되나요?"

이것이 첫 번째 받은 질문이었다! 나는 이렇게 대답했다.

"질문을 이렇게 바꾸셔야 하겠군요. '나는 성경을 사실이 아니라고 믿는데, 당신은 사실로 믿고 있군요'라구요."

마지막 토의 시간에 나왔던 말이 재미있다.

"성경을 그대로 믿는 사람을 참으로 오랜만에 만났습니다."

모든 신학자들이 모두 이렇게 생각하진 않는다. 그러나 그 모임에서 필자는 신학자들의 한 단면을 보는 것 같아서 안타깝고 씁쓸했다. 과연 이들의 신학으로 다음 세대에 신앙을 전수할 수 있을까?

창조과학탐사를 마칠 때쯤이면 이런 고백들을 쉽게 접할 수 있다

"예전엔 사실보다 의미가 중요하다고 생각했었어요"

"적용보다 사실이 먼저라는 것을 알았습니다."

사실이 먼저다. 사실을 알 때에 바른 의미를 알고, 제대로 적용할 수 있다. 이런 고백들이 많이 등장한다는 말은 이런 류의 신앙을 갖고 있는 사람들이 많다는 말이다. 우리는 '하나님이 계시다고 치자'라고 하며 믿는 것이 아니다. 하나님께서 정말 계시기 때문에 믿는 것이다. 하나님이 먼저다. 만약에 어떤 일이 믿는 사람에겐 사실이고 믿지

않는 사람에겐 사실이 아니라면 그것이 사실일 수 있겠는가? 사실이란 믿지 않아도 변함없이 사실인 것이다. 믿지 않았어도 사실인 것을 우리가 믿고 있다는 것이 감격으로 다가오지 않는가! 앞으로 가게 될 하늘나라도 믿지 않아도 존재하고 있는 것이다.

"만일 그리스도 안에서 우리가 바라는 것이 다만 이 세상의 삶뿐이면 모든 사람 가운데 우리가 더욱 불쌍한 자이리라"고전 15:19

우리는 불쌍한 자가 아니다. 앞으로 예수님과 영원히 함께 산다는 사실 때문에 누구보다 부요한 자다. 진화론을 회피한다는 말은 진화론을 믿는다는 것이다. 창세기 1장이 한 편의 시라는 믿음은 창세기 1장을 믿지 않는다는 말과 다름이 없다.

몇 년 전 창조과학탐사를 마치며 참가자가 했던 간증이 CGN-TV에 그대로 담겨서 방송되었다.

"이제까지 신화나 동화로 알고 있던 창세기가 다큐멘터리로 바뀌었습니다!

진화론에 빠진 세상

미국 캘리포니아 주 샌디에이고 시에 창조과학연구소가 운영하

는 창조과학박물관이 있다. 연구소는 몇 년 전 텍사스 주로 이전해, 지금은 크리스천 유대인 기업가가 인수해 운영하고 있다. 연구소에서 근무할 때 박물관을 둘러보는 것이 큰 기쁨이었다. 그곳은 세상의 박물관과 판이하게 다르다. 보편적인 박물관이 진화 역사의 순서로 배열되어 있다면, 이곳은 창세기 1장 1절부터 현재까지의 성경 역사 순서로 배열되어 있다. 창조, 타락, 홍수 심판, 바벨탑 사건과 흩어진 나라들이 만든 우상과 종교, 예수님의 십자가 사건 등을 거쳐 현재에 나의 모습을 만날 수 있는 특별한 공간이었다.

그곳에 들어서면 누구나 벽에 걸린 세 가지 질문을 받게 된다.

"나는 어디서 왔는가?" Where did I come from?
"산다는 것은 무슨 의미인가?" What is the meaning of life?
"죽은 후엔 어떤 일이 일어날까?" What happens after I die?

과거, 현재, 미래에 대한 이 세 가지 질문에서 벗어날 수 있는 사람은 어디에도 없다. 이 질문에 대한 답이 자신의 삶이기 때문이다.

다윈의 《종의 기원》[1859, 영국]이 출판되었을 때 온 세상이 떠들썩했다. 진화론이 위의 세 가지 질문을 건드렸기 때문이다. 진화론은 단지 진화론으로 끝나지 않고 각 사람의 삶을 통째로 바꿔 버렸다.

문제는 하나님의 말씀[성경]을 중심으로 삼는 교회였다. 진화론이 등장했을 때 교회의 반응이 너무나 중요했다. 우리는 진화론의 등장에 따른 교회의 태도와 그 결과에 대해 살펴볼 필요가 있다.

유럽 교회의 태도와 결과

진화론이 처음 등장했을 때 가장 크게 영향을 받은 곳은 유럽이다. 진화론이 처음 등장한 곳이기도 하고 그 당시 유럽은 삶의 판단에 대한 보편화된 기준이 성경에 두고 살았기 때문이다. 처음 진화론이 등장했을 때 대표적인 크리스천 과학자들은 진화론을 반대했다. 미생물학의 아버지 파스퇴르, 곤충학의 아버지 파브르, 유도 전류를 발견한 페러데이, 전자기 합병을 했던 맥스웰, 절대 온도를 발견한 캘빈 등 당대 과학자들은 진화론을 적극 반대했다. 이중 어떤 이는 진화론자와 공개 논쟁을 벌이기도 했다.

하지만 진화론은 확산되었고 결국 교과서에까지 실리게 되자 상황이 달라졌다. 교과서에 한번 실린 내용은 보편화되어 버리는 독특한 속성이 교과서의 힘이다.

이때 유럽 교회는 어떻게 했을까? 대부분의 교회는 진화론을 맥없이 수용해 버렸다. 오히려 신학자들은 성경과 진화론을 함께 믿어 보려는 타협이론을 재빨리 만들기도 했다. 진화론을 수용하지 않으면 시대에 뒤떨어진다는 염려때문이었다. 그리고 대부분의 교회는 타협이론을 쉽게 받아들였다. 진화론이 과학적 증거에 입각한 사실인 것 같았고 따라서 이를 받아들이지 않으면 전도와 다음 세대의 신앙 전수에 어려움이 있을지 모르는 두려움 때문이었다. 그러나 타협이론을 수용한 결과는 어떻게 되었을까? 오히려 다음 세대가 교회를 떠나버리게 된다. 우리가 하나님을 믿는 근본적인 이유는 무엇인가? 바로 '성경이 사실'이기 때문이다. 그런데 이미 타협이론은 교회 안에서 성경이 사실이 아니어도 된다고 말해 버린 것이다.

여기서 분명히 해 두어야 할 것이 하나 있다. 진화의 반대는 창조도 하나님도 아니다. 진화론은 창조와 하나님의 존재만을 반대하는 것이 아니다. 과거에 이 세상이 겪었던 역사가 진화의 과정이라고 말함으로써 성경의 역사를 부정하는 것이다. 그러므로 진화를 믿으면 성경 역사를 믿지 못하게 되는 것이다.

엄밀히 '진화의 반대는 성경'이다! 왜냐하면 역사는 단 하나뿐이기 때문이다. 이 역사 외에는 모두 거짓 역사다. 진화론이 등장했을 때 교회는 이 대답을 할 줄 몰랐다. 진화의 반대가 무엇이냐는 질문에 창조 혹은 하나님이라고만 단순하게 대답했다. 그래서 진화론을 수용한 타협이론을 만든 것이다. 간격 이론은 창조도 말하고, 하나님도 말한다. 그러나 이는 곧 성경이 틀렸다고 말하는 것이다. 날-시대 이론도 창조와 하나님 모두를 인정하나 성경이 틀렸다고 말한다. 성경에 기록된 창조 과정과 그 이후의 창세기 역사가 틀렸다고 말하는 것이다. 그러므로 진화를 받아들인다는 말은 곧 성경이 틀렸다고 말하는 것과 같다.

영국은 1800년대 선교를 주도했던 나라다. 그러던 영국이 진화론이 확산되던 1900년대에 들어서면서는 신앙이 쇠퇴하기 시작한다. 영국 교회는 1969년 이래로 2007년까지 28년 동안 1,500여 교회가 마

창조주 하나님

지막 예배를 드렸다. 쉽게 말해 교회가 문을 닫았다는 말이다. 오늘날 영국인의 교회 출석률은 전체 인구의 2퍼센트이며 그나마도 대부분이 노인들이다.

타협이론을 받아들인 교회는 다음 세대를 붙잡을 수 없었다. 이미 교회 안에서 성경이 틀렸다고 선언한 것이나 마찬가지기 때문이다. 마지막 예배를 드렸던 1,500여 교회는 모두 100년 전에는 부흥하던 교회였다. 교회가 문을 닫은 뒤에도 여전히 남아 있던 빈 교회 건물들은 무엇으로 사용되고 있을까? 모두 다 나이트클럽, 식당, 극장, 대중음악 연습장, 암벽 등반 연습장 등으로 사용되고 있다.

진화론이 등장했을 때 유럽 교회가 "진화론은 틀렸다"라고 말했기 때문에 다음 세대를 잃어버린 것이 아니다. 진화론을 수용했고, 침묵했기 때문에 다음 세대를 잃어버렸다. 이는 곧 성경이 틀렸다고 말한 것과 마찬가지였다.

그런 면에서 타협이론은 진화론보다 더욱 위험하고 무섭다. 성경을 부정하고 결국 교회를 무너뜨리기 때문이다. 이 타협이론은 마치 신화 속에 나오는 트로이 목마 같지 않은가? 마치 선물로 포장된 적군과 같다. 타협이론을 받아들이고 모든 것이 해결된 것처럼 만족했는데 자녀들이 죽고 만 것이다. '죽는다'라는 말이 부담스러운가? 생명 되신 예수님을 떠나면 우리는 죽을 수 밖에 없다. 영국뿐이 아니다. 유럽의 다른 나라들 역시 마찬가지였다. 아니 오히려 사태가 더 심각하다.

미국 교회의 태도와 결과

2009년 5월 미국에서 주목할 만한 책이 한 권 출판되었다.《이미 떠나 버렸다!》*Already Gone!* 라는 책이다. 이 책은 10대에는 교회를 출석했었으나 지금은 교회를 떠난 20대를 대상으로 한 설문조사 결과를 바탕으로 엮은 책이다. 이 책에 따르면 교회를 떠난 20대의 90퍼센트는 고등학교 졸업 전에 이미 성경에 대한 신뢰를 잃어버렸다고 응답했다. 이 결과를 근거로 미루어 추측해 볼 때 오늘날 교회에 출석하는 10대 청소년의 대부분은 이미 성경을 믿지 않는다고 할 수 있다.

같은 해 4월,《뉴스위크》는 '미국은 더 이상 기독교 국가가 아니다'라는 기사로 표지를 장식했다. 이는 과장이 아니다. 오늘날 미국에서 교회에 출석하고 있는 30대 이하는 5퍼센트를 넘지 못한다. 무엇이 미국 교회를 이렇게 만들었을까?

미국은 유럽과 달리 1900년대 초만 해도 진화론에 대해 소극적인 태도를 보였다. 진화론이 과학적 사실이 아니며, 미국 사회에 들어왔을 경우 많은 사회적 문제를 예상했기 때문이었다. 또한 크리스천적인 사고가 지배적이었던 당시 미국 사회의 분위기도 진화론에 대해 부정적인 시각으로 보는 것에 한몫을 했다. 이렇게 부정적이었던 미국 대중 속에 진화론이 들어오는 중요한 계기가 된 사건이 있다. 이것은 단지 미국뿐 아니라 한국에 진화론이 들어오는 시기와 무관하지 않기 때문에 주목해야 한다. 바로 1925년에 발생한 '원숭이 재판'이다. 이것은 미국 사회에 진화론을 끌어들이는 데 중요한 역할을 한 사건이다.

미국의 테네시 주의 대이턴^{Dayton, Tennessee}이라는 작은 시골 마을에서 공립학교 임시 체육 교사인 스콥스^{John Scopes}가 수업 중 진화론을 가르쳤다. 그리고 이에 대해 크리스천들이 그를 고소함으로 사건이 시작된다. 당시 테네시 주 교육법상 공립학교에서 진화론을 가르치는 것은 금지되어 있었다. 사실 이 사건의 배후에는 진화론을 이슈화시키기 원하는 미국자유연맹^{ACLU}이 있었다. 첫 번째 공판을 보기 위해 이 작은 시골 마을에 200여 명의 기자들이 몰려들었으며, 공판 사상 처음으로 전국에 라디오로 생중계가 될 정도로 관심이 집중되었다. 재판은 피고의 유죄판결과 100달러의 벌금형으로 끝이 났다.

그러나 문제는 재판이 끝난 이후였다. 특히 재판에 대한 언론들의 왜곡된 보도는 그 자리에 없던 대중들의 판단을 흐리는 것에 결정적인 영향을 미쳤다. 대부분의 기자들은 처음부터 창조론자들을 공격하려는 생각으로 취재를 시작했으며, 이들은 하나같이 "고집쟁이 크리스천들에게 핍박 받는 진취적인 교사"와 같은 제목의 기사를 썼다. 결국 이 기사를 읽은 많은 미국인들 속에 진화론의 씨가 떨어진 것이다.

실제로 재판은 시작부터 본질에서 벗어났다. 재판의 시작은 교육법에 대한 범법행위 때문이었지만, 진화론을 주장하는 측은 진화론 자체의 정당성을 주장하는 것에 열을 올렸다. 그들은 성경의 난해한 부분을 집요하게 물고 늘어지며 공격했다. 물론 이에 대해 창조론을 지지하는 측의 변론도 만만치 않았다. 진화론의 문제점을 지적하고, 그들의 공격적인 질문에 잘 대답했다. 그러나 실제 상황보다 재판에 대한 언론의 해석이 미국 대중들에게 더 많은 영향을 끼쳤다. 이 사건으로 미국 대중에게 진화론이 각인되었으나, 이때까지는 교과서에 실리는 것을 허락하지 않았다.

그 후 의도적으로 재판을 왜곡시킨 영화 〈바람의 상속자〉Inherit the Wind가 정확히 35년이 지난 1960년 전국에 개봉됐다. 이 영화는 네 부분에 걸쳐 아카데미상 후보에 오를 정도로 세간의 주목을 받았다. 이 영화는 실제 재판의 과정과 결과를 거짓으로 꾸몄다. 심지어 일부분은 사실과 반대로 묘사하기도 했고 진화론을 반대하는 크리스천들의 모습을 이기적이고, 난폭하게 미화했다.

예를 들면, 임시 체육 교사인 스콥스는 생물학 교사로 둔갑시키고, 진화론 측 변호사는 아주 부드럽고 지적인 지성인으로 묘사한 반면, 창조론 측 변호사는 자기밖에 모르는 꽉 막힌 근본주의자로 그렸다. 또한 재판 당시에는 없던 목사를 등장시켜 진화론자들을 저주하는 장면을 넣기도 했다. 그러나 실제 재판 기록을 보면 창조론 측 인물들은 재판이 진행되는 내내 바른 자세를 유지했던 반면에 진화론 측 변호사는 거친 행동으로 인해 몇 번이나 판사의 경고를 받았다는 기록이 남아 있다. 더욱이 영화 속에는 재판이 시작되기 전에 크리스천들이 재판정 앞에서 큰소리로 찬송을 부르면서 행진하고 진화론을 반대하는 구호를 외치며 심지어 스콥스에게 돌을 던지는 장면도 나온다. 그러나 재판 당시의 기록을 보면 데이튼 시의 분위기는 재판이 진행되는 내내 차분했으며 사람들은 친절했음을 알 수 있다.

나도 신학교에서 공부할 때 도서관에 비치된 이 영화의 비디오를 빌려 보았다. 개인적으로는 원숭이 재판에 대한 실제 상황을 이미 알고 있었음에도 불구하고 영화 속의 크리스천들의 행동에 실망했다. 나도 모르게 영화의 영향을 크게 받고 있었던 것이다. 몇 년 후 미국 창조과학연구소에 들어와 이 영화가 어떻게 왜곡되었는지 알고서 놀랐던 기억이 있다. 아직도 많은 미국 고등학교에서 원숭이 재판을 배울 때 이 영화를 보여 준다고 한다.

일단 상영된 영화는 막을 수 없었다. 미국 여론이 흔들렸다. 사실보다 무서운 것이 여론이다. 이 영화 한 편으로 인해 미국이 흔들리고 교육계가 흔들렸고, 1960년부터 미국의 공립학교 교과서에 본격적으로 진화론이 실리게 된다.

1950년대의 미국 교회는 최고의 전성기를 구가했다. 그러다 1960년대에 들어서 갑자기 하향세로 접어들었다. 교실 안에 침투한 진화론이 자녀들에게 영향을 주기 시작한 것이다.

이때 미국 교회들은 어떻게 대처했을까? 아쉽게도 많은 교회들이 유럽의 모습과 다르지 않았다. 타협이론을 가르치기 시작한 것이다. 실패한 유럽의 방법을 받아들인 것이다. 이유는 유럽 교회와 다를 바 없다. 진화론을 수용하지 않으면 시대에 뒤떨어질까 봐, 진화론이 사실인 것 같았고, 진화론을 받아들이지 않으면 전도가 안되고, 다음 세대에게 신앙이 전수되지 않을 것 같아서 였다. 진화론과 성경을 함께 믿을 수 있을 것으로 착각한 것이다. 유럽 교회와 같이 타협이론을 받아들인 미국 교회는 그들처럼 다음 세대를 잃어버렸다.

다음 세대가 계속 줄어드는 상황 속에서 1990년대 초에 새로운 타협이론이 등장했다. 하나님께서 진화 순서대로 수십억 년 동안 창조와 멸종을 반복하셨다는 '점진적 창조론'이다. 창조란 단어를 더 많이 사용해서일까? 놀랍게도 대부분의 교회에서 이 새로운 타협이론을 환영했다.

그런데 그 결과는 어땠을까? 정말 다음 세대를 교회에 남게 했을까? 성경 어디에 아담을 창조하기 전에 하나님께서 수많은 동물을 멸종시키셨다고 말하는가? 당연히 다음 세대는 더 빠른 속도로 교회를 떠났다. 그러나 교회들은 돌아가는 상황을 제대로 파악하지 못했다. 그리고 그 결과는 지금 우리가 보고 있는 그대로다. 점진적 창조론을 가지고 '창조'도 외치고 '하나님'도 외쳤는데 젊은 세대들은 교회에 남아 있지 않는 것이다. 수십억 년의 진화 순서는 성경이 틀렸다고 말하기 때문이다.

그러면 그 찬란했던 미국의 예배당들은 어떻게 되었을까? 유럽과 같이 텅 빈 좌석뿐이다. 3,000명 좌석의 예배당에 수십 명이 앉아 예배를 드리고, 수백 명 좌석의 예배당에 겨우 몇 명의 노인들만이 자리를 지키고 있는 것이 흔한 일이 되었다. 미국의 남부를 제외한 모든 지역에서 텅 빈 예배당을 보는 것은 이제 놀라운 일이 아니다. 이미 식당, 나이트클럽, 태권 도장 등 다른 용도로 바뀐 이전의 교회 건물들도 쉽게 볼 수 있다.

다시 말하지만 진화의 반대는 '창조'가 아니다. 진화론이 등장했을 때 교회와 크리스천 부모들이 가장 실수한 것이 바로 이것이다. 진화의 반대를 창조로 너무 쉽게 생각한 것이다. 진화의 반대는 성경이다! 진화를 믿으면서도 우주가 누군가에 의해 시작되었다고 믿는 사람들이 너무도 많다. 그 하나님은 진짜 하나님이 아니다. 진짜 하나님은 성경대로 창조하시고, 성경대로 행하신 분이다.

최근에 잘 알려진 미국의 대형 교회들도 젊은이들의 숫자가 급감하고 있다. 내가 살고 있는 캘리포니아의 LA주위에도 몇몇 대형 교회들이 있다. 그런데 건물 크기를 보면 재미있다. 유년부 건물은 정말 크다. 그런데 중등부 건물은 갑자기 작아진다. 고등부 건물은 중등부의 반만하다. 청년 대학부는 아예 건물도 없다. 미국 교육제도는 초등학교 5년, 중학교 3년, 고등학교 4년으로 나눈다. 그러면 건물 크기도 이 숫자에 비례해야 하는데 실제는 그렇지 않다. 교회의 목사님께 이런 식의 건물 양상에 대하여 물어보자, 이 교회의 가장 큰 고민거리라고 말했다. 교회가 중고등학교 학생들을 붙잡지 못하고 있는 것이다.

장년 부모님들의 숫자만큼이나 젊은이들이 남아 있는 교회들도 있는데 이러한 교회의 특징은 바로 창조과학을 적절하게 사용하고 있다는 점이다. 그 한 예로 2013년 10월에 소천하신 척 스미스Chuck Smith 목사님이 시무하셨던 갈보리채플Calvary Chapel Church 교회를 들 수 있다. 이 교회에는 여전히 많은 젊은이들이 출석한다. 그리고 매년 두 번씩 전 교인을 대상으로 창조과학 세미나를 연다. 반복적으로 교육시킨다. 들었어도 또 듣게 한다. 세상에선 진화론을 반복적으로 주입시키기 때문이다. 생전에 척 스미스 목사님은 창조과학자와 함께했던 집회에서 이런 제목으로 설교를 하셨다.

"창조 신앙과 함께 하면 왜 건강한 교회가 되는가?"

물론 여기서 목사님이 사용하신 창조 신앙이란 성경 그대로 믿는 창조를 말한다.

1517년에 마르틴 루터가 종교개혁을 이끌었다. 개신교 크리스천들이 명심해야 할 것은 종교개혁은 가톨릭교회에서 일어났다는 점이다. 가톨릭 신부 중에서 "오직 성경뿐!"Only the Bible이라고 주장한 사람에게서 시작된 것이다. 이때 루터가 가톨릭 교회에 던진 95개 조를 읽어보면 발견되지 않는 조항이 하나 있다. 바로 '성경은 무오하다'란 조항이다. 루터는 이 중요한 조항을 왜 빠뜨렸을까? 이유는 간단하다. 성경이 무오하다는 사실은 가톨릭도 믿고, 루터 자신도 동일하게 믿고 있었기 때문이다. 둘 다 동의하고 있는데 넣을 이유가 없었던 것이다. 당시의 종교개혁은 가톨릭 교회의 그릇된 면만 지적하기 위함이었다.

여기서 우리는 중요한 점을 발견할 수 있다. 종교개혁이 일어날 수 있었던 원동력은 당시 가톨릭 교회는 보편적으로 성경이 무오하다는 자세를 갖고 있었으며, 루터 역시도 성경에 대하여 같은 자세를 갖고 있었다는 점이었다. 과연 성경이 사실이라는 믿음이 없었다면 루터가 무슨 근거로 95개 조항이 옳다고 주장했겠는가? 그 조항들은 모두 성경이 사실이라는 근거로 주장한 것이다.

복음은 마태복음부터가 아니다. 아브라함이 등장한 창세기 12장 부터도 아니다. 창세기 1장 1절부터다. 이 책 서두에 인용했던 성경 말씀을 다시 한 번 읽어 보자.

"이 복음은 하나님이 선지자들로 말미암아 그의 아들에 관하여 성경에 미리 약속하신 것이라"롬 1:2

예수님은 약속대로 오신 하나님이시다. 근거 없이 오신 분이 아니다. 선지자들이 구약성경에 나와 있는 대로 예수님에 대한 약속을 끊임없이 전한 것이다. 그리고 성경에서는 선지자 중에 모세와 같은 자가 없다고 말한다.

"그 후에는 이스라엘에 모세와 같은 선지자가 일어나지 못하였나니 모세는 여호와께서 대면하여 아시던 자요"신 34:10

모세가 쓴 첫 번째 책이 무엇인가? 바로 창세기 아닌가? 과연 창세기 없는 성경을 상상해 보라. 예수님은 왜 이 땅에 오신 걸까? 그분이 나를 위해 죽는 다는 것은 무슨 이야기 일까? 내가 누구길래, 또 하나님이 죽는다는 이상한 말은 무엇인가? 예수님이 행하신 모든 일은 창세기에 근거한다. 그러므로 예수님께서 아래와 같이 분명히 말씀하셨다.

"모세를 믿었더라면 또 나를 믿었으리니 이는 그가 내게 대하여 기록하였음이라" 요 5:46

창세기가 없어도 예수님을 전할 수 있다고 생각하는가? 어림도 없는 말이다. 창조가 아니라 창세기다. 창세기 그대로 행하신 분이 예수님이기 때문이다.

1977년 미국 시카고에서 국제성경무오성심의회 ICBI, International Council on Biblical Inerrancy 가 창설된 적이 있다. 여기에 참석했던 실행 위원들은 이름만 들어도 알 수 있는 당시 교회와 신학을 이끌었던 거장들이었다. 이 ICBI가 창설된 이유는 1970년대 초부터 미국 목회자와 신학자들 가운데 불길한 상황 변화가 일어나고 있었기 때문이다. 즉 그들이 성경의 정통적인 가르침으로부터 염려될 만큼 멀어진 모습을 보인 것이다. 당시에 그들은 스스로 복음주의자라고 하면서 성경을 사실보다는 의미가 더 중요하다는 해석으로 접근하며, 자신들의 생각대로 복음주의를 재정의하려고 노력했다. ICBI에서 참가했던 리더들은 간절한 글로 이들이 성경으로 돌아올 것을 호소했다.

그러나 ICBI의 경고와 노력에도 불구하고 당시의 '신복음주의' 신학자들은 이들의 말에 귀 기울이지 않았다. 성경으로 돌아오라는 말을 무시했다. 오히려 자신들을 자칭 복음주의자라고 하면서 복음주의란 단어의 참 의미마저 모호하게 만들어 버렸다. 오늘날 '복음주의'라는 단어는 '자유주의'란 단어와 다름없이 사용된다는 것은 신학계 안에서는 잘 알려진 사실이다. 이들은 신학을 자신들의 성경 분석을 위한 지적 활동의 영역으로 변질시켜 버렸다. 타협이론인 점진적 창조론을 만든 사람도 자신을 복음주의자라고 말한다. 그러나 엄밀히 이런 자들은 복음주의자가 아니라 신복음주의자며 '복음주의적 진화론자' evangelical evolutionist 가 가장 맞는 표현이다.

그러나 아쉽게도 당시 ICBI에 참석했던 리더들 가운데 어느 누구도 교회와 신학교가 왜 변질되고 있는지를 지적할 정확한 단어를 사용하지 않았다. 바로 '진화론'이란 단어였다. 그 뿌리를 지적하지 않았다. 단지 성경의 무오성이란 무엇이며, 이것이 왜 중요한지만 반복적으로 설명했다. 연사들은 핵심을 몰랐던 것이다. 어쩌면 이 단어를 사용하는 것을 주저했다는 말이 더 어울릴지도 모른다. 진화론은 과학분야이기에 신학자인 자신이 이 단어를 사용하는 것이 부담이었을지도 모른다. 진화론을 지적했을 때 오는 비판이 두려웠을지도 모른다.

그러나 당시 교회가 변질되고 있었던 핵심에는 진화론이 있었다. 그러므로 이를 말하지 않고서는 말하는 자나 듣는 자나 무엇이 옳은지 파악하기 정말 힘들었다. 당시 ICBI 리더들도 젊은 세대 신학자들이 중고등학교에서 무엇을 배웠었는지 정확히 알지 못했다.

이러한 배경의 시기인 1970년대 초 크리스천 과학자들 사이에서 현대 창조과학운동이 일어나기 시작했다. 당시의 창조과학자들은 교회와 신학교에서 일어나는 문제의 근본적인 원인이 수십억 년의 진화와 멸종을 주장하는 진화론임을 알고 이를 지적하기 시작했다.

여기서 크리스천에게 창조과학이 모든 것이라고 말하려는 것이 아니다. 진화론은 창세기를 정면으로 공격하고 있으며, 결국 다음 세대를 잃게 만든다는 점을 말하고 있는 것이다. 그러므로 지적할 때는 정확히 '진화론'이란 단어를 사용해야 한다.

미국 교회는 지금 갈 바를 모르고 있다. 지금도 여전히 신학교, 기독교 방송, 기독교 대학이 수없이 있으며 기독교 서적의 출판도 활발하다. 그런데 왜 기독교 인구는 날마다 감소하고 있는 것일까? 이 세대는 성경이 믿어지지 않는 것이다.

일본 교회의 태도와 결과

최근 수년 동안 매년 일본을 방문했다. 많은 일본인들이 창조과학 탐사에 참석하기 위해 매년 미국을 직접 방문한다. 일본은 교회를 정기적으로 출석하는 사람이 전체 인구의 0.2퍼센트에 불과하며 이들의 대부분은 노인이다. 작은 동해 바다를 가운데 두고 우리나라는 세계 선교를 주도하는 나라가 되어 있고, 일본은 3,000여명이나 되는 선교사가 들어가 있어도 열매가 없는 나라가 되었다. 도대체 어떤 차이가 있을까?

일본에서의 세미나는 일본 창조과학회 우사미 미노르宇佐神 実 회장과 함께 인도한다. 우사미 회장은 나와 미국 창조과학연구소에서 함께 공부했던 친구이기도 하다. 2009년 함께 세미나를 인도할 때 우사미 회장은 일본의 근대 역사의 중요한 사실 하나를 발표했다. 그의 발표는 오늘날 일본의 복음화가 왜 이렇게 어려운지 이해할 수 있는 귀한 자료다.

일본 땅에 첫 개신교 선교사가 도착한 해가 1859년이므로 한국보다도 26년이나 더 빠르다. 처음 선교사가 일본에 들어갔을 때는 복음이 비교적 빨리 전파되었다. 그 증거로써 1860-70년대 일본의 소학교 교과서를 보면 알 수 있다. 성경 내용이 그대로 교과서에 들어 있다. 그 교과서에는 아담과 하와에 이어 홍수 심판이 아담 창조 후 1,650년 만에 일어났다는 창세기 5장의 족보와 함께 하나님께서 거주의 경계를 세우신 것과 심지어 그리스도를 통해 구원받을 수 있다는 십자가 사건까지도 그림과 함께 그대로 실려있다.

이랬던 일본이 메이지유신^{1868-69년} 이후 서양 문물과 함께 1874년에 진화론도 받아들이게 되는데 그 후 불과 3년 만인 1877년 교과서에 진화론이 실리게 된다. 우사미 회장에 따르면 그때 당시 교과서에서 성경 역사가 빠지고 진화의 역사가 들어가는 과정에서 크리스천이었던 문부경^{文部卿, 한국의 교육부장관}이 암살됐던 미묘한 사건도 있었다고 한다. 어쨌든 일본은 이때부터 교실에서 진화론을 가르치는 나라가 된 것이다. 성경 역사를 가르치던 나라가 순식간에 진화 역사를 가르치는 나라가 되어 버린 것이다. 빨라도 너무 빨리 상황이 바뀌었다. 이로써 일본은 유럽의 그 어떤 나라보다도 먼저 진화론이 학교에 들어간 나라가 되었다.

우사미 회장은 또한 "이때부터 진화론적 세계관을 갖게 된 일본이

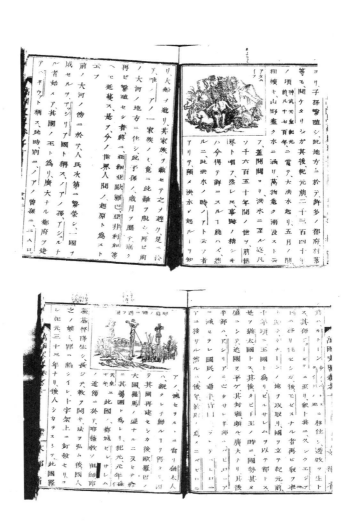

이후에 결국 제국주의의 길을 걷게 되었다"라며 진화론과 제국주의와의 연관성도 지적했다. 교과서에 진화론이 들어간 직후인 1880년에 신약성경이 일본어로 번역 출판되었고 이어서 1890년에는 구약성경이 번역 출판되었지만 주목을 받지 못했다. 일본인들의 마음속에 진짜 역사인 성경이 들어가기 전에 거짓 역사인 진화론이 먼저 들어갔기 때문이었다. 복음의 열매가 익기도 전에 떨어진 셈이다.

일본인들이 창조과학탐사에 참석해서 놀라는 것은 바로 이런 이유 때문이다. 진화가 사실이 아니라니! 성경이 역사적 사실이라니! 예수님께서 육신으로 지내시던 이스라엘에 가서도 만나지 못했던 그분을 그랜드캐니언에 와서 만난 것이다.

일본인들은 자신들도 모르게 진화론적인 사고 방식과 생활양식을 갖고 있다. 백발의 노인들도 어렸을 때부터 진화론 교육만을 받았기 때문이다. 실제로 일본 목사님들의 대부분은 거의 신약을 가지고만 설교를 한다. 창세기는 더더욱 펼치지 않는다. 이는 설교하는 자신도 창세기를 믿고 있지 않으며, 설령 설교를 한다고 하더라도 거기에 따른 후 폭풍을 감당할 자신이 없기 때문이다.

도쿄 중심에 있는 요도바시^{淀橋} 교회의 미네노^{峰野 龍弘} 목사님이 창조과학탐사를 마치던 날 하신 간증은 그때 버스에 탔던 일본인들의 감동을 대신하기에 충분했다.

"내 눈에서 비늘이 벗겨졌습니다!"

일본 목사님들이 창세기를 설교했기 때문에 전도를 못했던 것이 아니었다. 창세기를 설교하지 않았기 때문에 전도를 못했던 것이다. 교회에서 진화론이 틀렸다고 말해서 다음 세대가 교회를 떠났던 것이 아니다. 진화론에 대하여 침묵했기 때문에 다음 세대를 잃어버린 것이다. 그래서 일본을 생각하면 안타까움이 있다.

한국 교회의 태도와 결과

어떤 면에서 한국은 다른 나라들보다 오랫동안 진화론으로부터 보호 받았다고 할 수 있다. 복음이 전해진 나라들 중에서는 가장 늦게 진화론이 교과서에 들어갔기 때문이다. 한국은 해방 이후 수차례 교과서 개정이 있었는데, 이 중 1973년에 이루어진 3차 교과서 개정 전까지는 과학 교과서에서 진화론을 그다지 심각하게 다루지 않았다. 특히 국민학교^{지금의 초등학교}와 중학교에서는 거의 다루지 않았다. 그러다가 1973년 제3차 교과서 개정 이후에 진화론이 본격적으로 들어갔는데 이제는 한물간 진화의 증거들이 그때 모두 교과서에 들어가게 되었다. 이 증거들은 오늘날에는 진화의 증거가 아니라고 결론이 난 것들이다. 1877년에 교과서에 진화론을 실은 일본과 비교하면 약 100년이나 늦은 것이며, 미국과 비교해도 13년이나 늦은 것이다. 이는 미국의 교과서에 진화론이 들어가게 된 것이 1960년이라는 사실과 결코 무관하지 않을 것이다.

이런 상황 때문에 대부분 한국인은 1973년 이전까지는 성경을 역사 기록으로 받아들이는 데 큰 불편함이 없었다. 그러다 1973년부터 학교에서 진화론을 배우게 되었다. 이때부터 한국 교회도 본격적으로 진화론의 공격을 받게 된다. 이 공격은 총칼이 아닌 '공부'란 이름으로 포장된 공격이었다. 또한 그 효과는 즉시 드러나기도 하지만, 이를 배운 자녀들이 고등학교를 졸업하고 부모 곁을 떠나면서부터 더 분명하게 드러나게 됐다.

한국 교회의 최고 전성기는 1970년대 말에서 80년대 초로 본다. 1980년대 중반부터는 하향세로 접어들었다는 말이다. 한국 교회의 성장과 침체 역시 진화론 교육과 밀접한 관계가 있음을 알 수 있다. 창조과학 프로그램을 인도하다 보면 가끔씩 나이 든 어른들께서 이렇게 말씀하시는 것을 듣게 된다.

"나는 학교에서 진화론을 배웠던 기억이 별로 나지 않는데?"

이는 틀린 말이 아니다. 한국에서는 1970년대 초까지 학교 교실 안에서 진화론을 그리 강조하지 않았었기 때문이다. 또 이렇게 말씀하시는 어르신들도 계신다.

"녀석들 이런 바보 같은 진화론을 왜 믿는 거야!"

그러나 이는 자녀들의 교실 상황을 잘 모르기 때문이다. 자녀들은 학교에서 진화론을 사실로 배우고 있으며 시험을 치르기 위해 암기도 한다. 그러니 우리도 이 상태를 그대로 방치해 두면 수십 년 후엔 지금의 일본의 모습과 크게 다르지 않을 것이다. 최근에 대부분의 자료들은 모두 공통적으로 한국에서 청소년의 교회 출석률이 전체 청소년 인구의 4퍼센트 이하라고 말한다. 더 큰 문제는 이들이 고등학교를 졸업해서 대학교나 사회에 진출하면 그 출석률은 더욱 떨어진다는 것이다. 각 대학교의 기독교 동아리들이 어려움을 겪고 있다는 것은 벌써 오래된 이야기다.

몇 년 전 한국에서 새로운 타협이론인 다중격변론이 등장했다는 소식을 들었을 때 마치 미국의 1990년도의 점진적 창조론이 등장할 때의 전철을 밟는 것 같았다. 여러 기독교 신문들은 그 저자와의 대담을 기사로 실었다. 그해 내가 한국을 방문했을 때 만나는 목사님들마다 다중격변론에 대해 궁금해 하시며 질문을 하셨다. 필자는 질문하시는 목사님들께 동일하게 질문했다.

"목사님 그 책을 읽으셨나요?

하지만 그 책을 읽으셨다는 목사님은 한 분도 안 계셨다. 신문에서 인터뷰만 접하신 것이다.

"하나님께서 수십억 년 동안 창조와 멸종을 반복하다가 인간을 창조하셨는데, 멸종시킬 때마다 격변을 사용하셨다는 이론입니다."

그 내용을 들으신 목사님들께선 한결같이 놀라셨다. 그리고 화도 내셨다. 나는 그 책을 아주 상세하게 읽었다. 마음이 답답했다. 그것은 성경이 틀렸다고 말한다. 당연히 과학적 근거도 허술하기 그지없었다. 과연 다중격변론이 한국의 다음 세대를 잡는 대안이 될 수 있을까? 창세기 1장에 대한 질문을 하는 자녀에게 이를 이용해 대답해 줄 수 있을까? 점진적 창조론을 받아들이는 미국 교회마다 다음 세대를 잃어버렸다는 것을 명심해야 한다.

> "누구든지 이 음란하고 죄 많은 세대에서 나와 내 말을 부끄러워하면 인자도 아버지의 영광으로 거룩한 천사들과 함께 올 때에 그 사람을 부끄러워하리라"막 8:38

하나님의 말씀을 부끄러워하면 안 된다. 실제로 진화론보다 타협 이론이 더 무서운 것이다. 이는 조용히 교회에 들어와서 교회를 흔들고 사람들을 혼미하게 만들기 때문이다. 엿새 동안 창조하신 하나님의 말씀을 부끄러워하면 안된다. 재차 말하지만 진화의 반대는 창조가 아니다. 진화의 반대는 성경이다! 역사는 하나밖에 없는 것이다. 우리는 유럽, 미국, 일본의 예들을 보지 않았는가! 그들의 전철을 밟아서는 안된다. 창세기가 사실이라고 말했기 때문에 다음 세대가 교회를 떠나는 것이 아니다. 사실이 아니어도 믿을 수 있다고 했기 때문에 떠나는 것이다.

한국에는 지금 신학교와 기독교 대학, 기독교 TV와 라디오 뿐만 아니라 기독교 서적과 자료들이 넘쳐 나고 있다. 대한민국 역사 이래로 이렇게 봇물 터지듯 쏟아진 경우는 한 번도 없었다. 그런데도 왜 우리의 자녀들은 교회를 떠날까? 교회가 타락했기 때문일까? 맞는 말이다. 그런데 교회는 왜 타락하게 된 것일까? 결국은 말씀이 무섭지 않기 때문이고 그 내면을 들여다 보면 성경에 대한 신뢰가 사라졌기 때문이다. 성경이 사실이라는 믿음이 약해진 것이다.

아담이 살아 있을 때 가인이 아벨을 죽였다. 노아가 살아 있을 때 다음 세대가 바벨탑을 쌓았다. 하나님을 빨리 잊기는 이스라엘도 마찬가지였다. 여호수아 때 하나님께서 놀라운 일들을 많이 행하셨지만, 그 일들을 보았던 조상들이 죽자 다음 세대는 바로 하나님을 잊어버렸다.

"그여호수아 세대의 사람도 다 그 조상들에게로 돌아갔고 그 후에 일어난 다른 세대는 여호와를 알지 못하며 여호와께서 이스라엘을 위하여 행하신 일도 알지 못하였더라"삿 2:10

가인이 아벨을 죽일 때 그 역시 하나님께서 살아 계신 줄을 알았다. 바벨탑을 쌓았던 사람들도 하나님을 알았다. 그러나 이들은 하나님이 계신다는 것만 알았지 하나님이 어떤 분인 지는 몰랐다. 하나님께서 무엇을 싫어하시고 무엇을 원하시는지를 몰랐다. 지금 이 세대의 부모들이 이런 실수를 하고 있는 것은 아닐까? 하나님은 자신이 어떤 분이라는 것을 우리가 알기 원하신다. 창조자며, 전능하시며, 선한 분이시며, 죄악은 어떤 모양도 미워하시며, 자신의 계획은 반드시 성취하시는 분이다. 그분의 이 모든 성품과 능력이 고스란히 담겨 있는 성경을 통해서만 우리는 하나님이 누구신지 알 수 있다.

이 세상에서 가장 어려운 일은 다음 세대에 신앙을 전수하는 일이다. 크리스천들은 교과서에서 진화론이 사라지기를 간절히 바란다. 그러나 하나 알아야 할 것은 우리만큼이나 교과서에 있는 진화론을 정말로 빼기 싫어하는 존재가 있다는 점이다. 바로 사탄이다. 자신이 어떤 전술을 써서 교과서에 진화론을 넣었는데 이제 와서 순순히 물러나고 싶겠는가! 사탄은 한 가지만 달성하면 목표를 이룬 것이다. 인간에게 과거에 하나님과 자신이 행한 일들을 잊게 하는 것이다. 이 사실이 기록된 성경을 잊게 하면 성공한 것이다. 궁극적으로 우리는 이 영적인 면까지 보아야 한다. 한국도 다른 나라와 같이 거짓 역사인 진화론이 마음과 교회 한구석에 자리 잡고 있다.

UFO는 정말 있을까?

우주의 기원에 대한 세미나를 하면 빠짐없이 등장하는 질문이 UFO 또는 외계인에 관한 것이다. 사람들은 UFO, 즉 미확인 비행물체와 외계인을 구분하기도 하지만, 사실 두 단어 모두 외계의 지적 존재들을 믿는 사람들에게서 나온 단어이기에 굳이 분리할 필요는 없다.

외계인의 존재 여부에 대한 것은 단순히 외계에 지적 존재가 있는지 없는지 만의 문제가 아니다. 이것은 여러 세계관이 복합적으로 섞이며 등장한 것이기 때문이다. 외계인에 대한 관심은 역으로 외계인 찾기에 대한 바른 답을 발견하면, 성경적 세계관을 갖출 수 있는 좋은 기회가 된다. UFO에 대해서는 네 가지 방법으로 접근해 볼 수 있다.

본 사람이 있다던데: 증거적인 측면

SETI^{외계지적존재연구소, Search for extraterrestrial intelligence}는 외계인 탐사로 세계에서 가장 유명한 기관이다. 연구소의 리더이자 선임 연구원인 쇼스택^{Seth Shostak}의 다음과 같은 발언은 외계인 탐사의 현주소라고 할 수 있다.

"어떤 것도 외계 생명체라고 증명된 것은 없다. 그럼에도 나는 낙관적이다. 앞으로 지금까지 인류가 보았던 별보다 1,000배나 많은 별들을 관찰할 것인데, 그렇다면 외계에서의 신호를 잡아낼 가능성이 높아진다. 외계 생명체로부터의 신호가 잡히면 인류 역사상 가장 큰 뉴스가 될 것이다. 그렇다면 지금까지의 생각을 모두 뒤집을 새로운 지식을 얻게 될 것이다."

즉 아직까지 없다는 말이다. 쇼스택은 단지 외계인이 있다는 자신의 개인적인 믿음만을 반복해 말한다. 2010년에 한국을 방문한 그는 "죽을 때까지 외계 신호가 잡히지 않는다면 인생이 너무 허무하지 않겠는가?"라는 기자의 질문에 이렇게 대답했다.

"내가 죽는 날까지 신호가 잡히지 않는다면 이런 유언을 남길 것 같다. 지금의 외계인 탐사 방법에 심각한 오류가 있는 듯하다. 포기하지는 말고 다른 방법을 찾아라."

1900년에는 프랑스의 과학 아카데미에서 외계인과 처음 접촉하는 사람에게 10만 프랑을 수여하기로 했다. 이 상금은 아직도 주인을 찾지 못한 채 그대로 남아 있다.

이런 말들만 미루어 짐작해 보더라도 UFO로 발표되었다가 거짓으로 결론 났던 이야기를 일일이 다룰 필요는 없을 것이다.

UFO는 과학에서 출발한 것 아닌가? : 과학적인 측면

만약 달에다 꽃을 피우려고 한다면 지구와 같은 온도, 습도, 공기뿐 아니라 방사능을 차단해 주는 자기장이나 오존층까지 준비되어야 한다. 또한

지구와 같이 흙과 미생물이 그 행성에 이미 존재해야 한다. 달에다 지구와 똑같은 조건의 캡슐을 만들어 어떻게 해서 꽃을 피웠다고 해 보자. 벌과 나비와 같은 곤충이 함께 있어야 씨를 맺고 또 다른 꽃을 피울 수 있다. 그만큼 지구는 생물이 살 수 있는 최소한의 적합한 환경을 갖추고 있다는 것이다. 그러나 무엇보다 달에 꽃을 피우는 중요한 것은 꽃씨를 지구에서 수입해야만 한다는 점이다.

UFO의 관심에 대한 속내에는 진화론이 밀접하게 연관되어 있다. UFO는 '지구에서 우연히 생명이 발생하여 오랜 시간이 지나면서 진화가 일어났다면, 수많은 별들 어딘가에도 생물체가 존재하지 않을까?'라는 진화론이 그 시작이다.

가끔씩 천문학자들의 "어느 행성에 물이 있었던 흔적이 있는 것 같다"라는 발표를 하게 되면 모든 방송과 신문은 앞을 다퉈 기사화한다. 그러나 언제나 그 기사는 "생명체 존재의 실마리가 될 가능성이 있다"라고 가설로 결론을 맺는다. 이런 기사는 스스로 "나는 진화론을 믿고 있다"라는 고백을 한 것이나 마찬가지다. 물의 발견과 그것이 생명이 살았을 지도 모른다는 가설은 진화론적 신념일 뿐이다. 과학자가 지금까지 얻은 유일한 사실적 결과는 '생명은 생명으로부터'이다. 생명체가 물을 마시는 것과 물에서 생명체가 나온다는 것은 전혀 상관이 없는 일이기 때문이다.

UFO를 믿는 사람들의 공통된 생각 중 하나는 우주가 수백억 년 되었다는 것이다. 태양계를 제외하고 가장 가깝다고 여겨지는 별이 알파 센타우리 α Centauri 인데, 지구에서 무려 4.37광년 떨어져 있다. 빛으로도 4년 이상 걸리는 어마어마한 거리에 존재한다. 은하로써 가장 가까운 은하라고 하는 마젤란 성운^{Magellanic Cloud}도 지구로부터 18만 광년 떨어져 있다.

외계인을 보았다고 하는 사람들의 생각 속에는 외계인이 그렇게 먼 곳으로부터 UFO를 타고 지구에 왔으므로 우주가 그렇게 오래되었다는 진화론적 믿음이 먼저 자리 잡고 있다. UFO는 분명한 증거도 없다. 뿐만 아니라 과학에서 나온 것도 아니다. 단지 우주가 수백억 년 되었다는 진화론적 믿음에서 발생한 산물일 뿐이다.

그렇다면 성경은 UFO에 대해 뭐라고 말하고 있을까?: 성경적인 측면

성경은 여러 곳에서 별들을 통해 창조주와 그분의 능력을 알 수 있다고 말한다.

> "너희는 눈을 높이 들어 누가 이 모든 것을 창조하였나 보라. 주께서는 수효대로 만상^{starry host: 총총한 별 떼}을 이끌어 내시며"^{사 40:26}
> "하늘이 하나님의 영광을 선포하고 궁창이 그의 손으로 하신 일을 나타내는도다"^{시 19:1}
> "주께서 베풀어 두신 달과 별들을 내가 보오니"^{시 8:3}

그러나 별들을 만드신 더 구체적인 목적은 이들이 창조될 때인 넷째 날에 엿볼 수 있다.

"징조와 계절과 날과 해를 이루라"^{창 1:14}

즉 하나님은 창조하신 시간과 그 주기를 위한 장치로 별을 창조하셨다.

그러나 무엇보다 주목해야 할 부분은 창세기 1장 전체를 통해 지구가 다른 별들보다 먼저 창조됨을 알 수 있다. 지구는 첫째 날, 별들은 넷째 날 창조되었다. 또한 지구를 창조하시고 다듬는 것은 닷새나 할애하셨지만, 별들에게는 단 하루만 사용하셨다.

창세기 1장 전체에서 땅^{earth}는 20회나 등장한다. 성경은 지구가 별들 중의 하나라고 말하지 않으며, 오히려 아주 특별하고도 특별한 장소라고 말한다.

"사람이 거주하도록 그것^땅을 지으셨으니"^{사 45:18}

지구는 하나님의 형상이 거할 곳이기 때문이다.

우주 공간이 크고 별들이 많다고 해서 중요한 것이 아니다. 하나님께서 중요하게 여기시는 것이 중요한 것이다. 눈에 보이는 것만으로 모든 것을 이해하는 것은 자연주의의 틀 안에 갇혀 있는 것이다. 보이는 것이 전부라고 생각하면, 우리는 엄청난 우주 속의 티끌만도 못한 존재가 된다. 실제로 미국 천문학적 진화론을 심어 주는 데 중요한 역할을 했던 칼 세이건은 외계인 존재의 필연성과 함께 "인류는 아침 하늘에 떠다니는 티끌이다", "만약 다른 생명체가 없다면 우주는 공간을 낭비하고 있는 것이다"라고 서슴없이 말했다. 하지만 하나님께서 지구에만 인류를 창조하셨다고 해서 이 엄청난 우주 공간이 정말 낭비된 것일까? 하나님은 우리가 우주에 떠다니는 티끌이라고 말씀하시는가? 크리스천인 우리도 이 말에 동의하는가? 우리는 우주의 티끌이니 겸손하게 살아야 하는 것일까?

이 말은 너무나도 무섭고 잔인한 말이다. 자연주의와 진화론은 하나님의 형상인 인간을 별것 아닌 존재로 만들어 버렸다. 우리는 어마어마한 우주 공간의 무수한 별들을 보며 단 하루 만에 이것들을 창조하신 하나님의 무한하신 능력을 그려 보아야 한다. 그분이 높아지면 자연히 그분의 형상인 우리도 높아진다. 우리는 그 엄청난 별들을 보며 그것들과 바꿀 수 없는 자신의 귀중함을 깨닫는 것이 크리스천의 태도라고 생각한다.

창세기 1장을 꽉 붙들어야 하는 중요한 이유가 이것이다. 창세기 1장을 무시하는 빅뱅이나 진화론을 믿으면, 지구는 수많은 별들 중 하나가 되고 만다. 그리고 하나님이 행하신 일들을 바꾸게 되고 그분의 목적도 알 수 없게 된다.

"성경에 언급이 없잖아요?"

이 질문은 즉 성경에서 침묵하고 있으니 "있다, 없다 하지 말자"는 것이다. 마치 이것이 겸손한 자세인 것같이 말이다. 그러나 UFO나 외계인에 대한 생각은 왜 발생했는가? 이 단어는 누가 만들었을까? 아주 최근에 그것도 우주가 수십억 년 되었다는 진화론의 영향을 받은 사람들에 의해 만들어진 것이다. 없는 것을 성경에 없다고 침묵하자는 것은 무슨 말일까? 진화란 단어는 성경에 있을까? 진화도 19세기 중엽에 사람이 만든 말이다. 그렇다면 성경에서 진화란 말이 없기 때문에 진화에 대해 침묵을 해야 옳은 것일까? 성경은 왜 진화와 UFO에 대해 침묵할까? 존재하지 않기 때문이다. 실제로 성경이 침묵하니 우리도 침묵하자고 하는 사람은 우회적 표현일 뿐 이미 UFO가 그 마음속에 있는 것이다.

크리스천이라고 하며 UFO에 대하여 침묵하자는 자세를 취하는 사람들에겐 중요한 공통점이 있다. 수백억 년의 우주 나이를 말하는 빅뱅이론과 수십억 년의 진화순서를 말하는 지질시대표와 같은 오랜 연대를 수용하고 있는 것이다. 이런 자세를 취하는 대표적인 사람이 최근 "하나님께서 창조와 멸종을 진화순서로 반복했다"는 다중격변론을 주장하는 양승훈[5]과 이 자세를 함께 지지하는 조덕영[6]이다. 이들은 수백 억년의 우주나이를 믿고 창세기 1장은 무시한다. 그러므로 UFO에 대하여도 회색적인 입장을 유지할 수 있는 것이다. 이들은 성경에 기록되지도 않았고 하나님의 속성을 왜곡시킨 진화론과의 타협이론^{다중격변론}을 이미 만들었기 때문에 UFO에 대하여도 관대하다.

"하나님이 참으로^{really} 너희더러 동산 모든 나무의 실과를 먹지 말라 하시더냐?"^{창 3:1} 사탄은 UFO를 대하는 인간의 태도에도 이와 같은 첫 질문을 던진다.

"인간만이 정말로 유일한 지적 존재냐?", "지구가 정말로 생명체가 사는 유일한 장소냐?" 이 질문에 "꼭 그럴 필요는 없어요"라고 대답했을 때 하나

---

5 《창조와 격변》, 2006, p.132

6 《과학과 신학의 새로운 논쟁》, 2006, p. 161

님의 창조 계획도, 우리의 정체성도, 예수 그리스도의 구원역사도 망가져버린다. 성경 전체를 보라. 인간만이 유일한 지적 존재요, 지구만이 유일한 생명체가 있는 곳이다.

대체 어떤 사람들이 UFO추종자 일까? : 사회적인 면

UFO추종자들은 외계인이 우리보다 훨씬 뛰어나다고 믿는다. 외계인은 태양계 훨씬 멀리서 지구에 왔기 때문에 지구인과 비교할 수 없으니 뛰어날 것이라고 상상한다. UFO의 존재를 믿는 추종자들은 자연히 이 월등한 외계인을 숭배의 대상으로 여긴다.

1997년 미국 샌디에이고 인근에서 UFO추종자 39명이 집단 자살한 사건이 발생했다. 그 집단인 '천국의 문' Heaven's Gate 의 홈페이지는 이런 문구가 눈에 띈다.

"2천 년 전에 예수와 그의 아버지 안에 있다고 약속되었던 천국 문으로 가는 열쇠가 여기 UFO 안에 또다시 있다."

그들은 외계인을 자신들의 구원자로 굳게 믿고 있었던 것이다. 사회학자인 에벌레인의 연구 결과는 이를 정확히 반영한다.

"자신이 종교적이라고 생각하는 사람들이 특별히 외계인의 존재를 허용한다. 그들에게 UFO 연구는 하나의 대체 종교다."

미래가 불확실하다고 생각하는 이 시대 사람들이 자신들을 구원해 줄 거라고 여기면서 스스로 만든 종교가 UFO라는 것이다.

몇 년 전 창조과학탐사를 출발하려고 버스에 탈 때 50대 후반쯤 되는 참가자 중 한 분이 "UFO가 존재한다고 믿습니까?"라고 물었다. 그분이 질문할 때 주위 사람들이 그다지 곱지 않은 시선을 보내는 것을 보니 어떤 숨은 사연이 있음을 느낄 수 있었다.

"강사님의 UFO 이야기가 끝나면, 제게 마이크를 주십시오. 여기에 대해 할 말이 있습니다."

마지막 날 버스에서 UFO에 대한 강의를 마치고 약속대로 그분께 마이크를 드렸다. 마이크를 받자 그분의 경험담이 20여 분간 이어졌다.

그는 친구들과 함께 LA에서 멕시코로 내려가는 산 중턱에서 강렬한 섬광을 목격했다. 그 섬광이 너무 인상적이어서 목격했던 친구들과 그는 그것을 UFO라고 생각했다. 그 후 만나는 사람에게 자신이 UFO를 봤다고 말했다. 심지어 구역 모임에서도 UFO에 대한 언급으로 분위기를 어렵게 했다. 결국 그분은 성경에 대한 믿음까지 흔들리기 시작했다. 그러던 찰나 교회에서 창조과학탐사를 떠난다는 광고를 듣고 무언가 해결점을 찾기 위해 그곳에 왔다.

탐사여행을 마친 그는 이렇게 마무리했다.

"제가 본 것은 섬광이었습니다!"

지금까지 UFO라고 믿었었지만 강의를 들은 후에 그것은 외계 물체가 아니라 그냥 섬광이었다는 것을 알게 된 것이다. 그때까지 자신이 보고 들었던 UFO에 대한 사진과 해석이 그 섬광을 UFO로 보게 만든 것이었다. 창조과학탐사를 통해서 이분의 시력은 그대로였지만 '마음'이 바뀐 것이다.

눈은 하나의 창문일 뿐이며, 실제로는 자신의 마음으로 본다. 우리가 배우며 쌓아 왔던 선입견 즉 세계관으로 보는 것이다. 창조과학탐사를 마치고 나면, 광활하고 두터운 그랜드캐니언의 지층을 보며 쌓이고 쌓였던 오랜 세월이 아니라, 그 지층을 만들었던 엄청난 격변의 현장을 느낀다. 화석을 보고 오래전의 시대가 아니라, 이를 매몰시켰던 흙과 물이 그려진다. 계곡과 협곡을 보며 수백만 년의 세월이 아니라 노아 홍수 후 물이 빠지는 과정을 그려 본다. 시력은 변하지 않았을지라도 마음이 변했기 때문이다.

UFO라고 하며 실렸던 대부분의 사진들이 조작으로 드러났다. 그러나 섬광을 찍으며 UFO라고 말하면 확인 없이 'UFO 포착 사진'이라는 제목으로 기사가 실린다. 그리고 이런 불확실한 수많은 사진들은 사람들에게 UFO에 대한 막연한 존재감을 심어 주었다. 이런 사진을 보고 UFO라고 하는 사람은 UFO가 아니라 그것이 존재한다는 '자신의 마음'을 보여 주고 있는 것이다. 그 마음이란 지구는 수많은 별들 중 하나일 뿐이며, 머나먼 별에서 외계인이 지구에 도달하려면 긴 시간이 걸렸어야 할 수백억 년의 우주 진화 역사의 믿음에서 비롯된 것이다.

지구는 매일 UFO에 의해 공격 받고 있지는 않은가! 극장, TV, 신문, 소설, 만화 등 심지어 어린이들의 과학 잡지에도 목격담이 등장한다. 이런 UFO로 가득 찬 환경에서 꼭 UFO가 없다는 자세를 고수해야 할까? UFO에 관한 세미나를 마치고 나면 부모님에게 가끔씩 받는 질문이 하나 있다.

아이들의 상상력을 너무 제한하는 것은 아닌가요?

그러나 UFO라는 생각이 애초에 어디서 나온 것인가? 수백억 년 전에 우주가 폭발했다는 빅뱅, 수십억 년 전의 지구에서 무생물이 우연히 생물이 발생하여 지금까지 진화해왔다는 지질시대표, 그리고 유인원에서 인간으로 발전했다는 아득한 진화론에 그 뿌리를 두고 있지 않은가? 이는 UFO의 존재를 지지하는 사람들이나 존재유무를 언급하지 말자고 하는 사람들이 갖고 있는 공통적 사고가 말해 준다. 그들 모두가 진화 과정을 사실로 전제하고 있다.

왜 창조과학자들이 다른 주제의 세미나를 할 때도 UFO에 대한 질문을 자주 받을까? 존재 여부에 대한 궁금증도 있겠지만 사람들은 믿음의 기초인 성경에서 뭐라고 말하는지 더 궁금해하기 때문이다. 역으로 UFO가 존재한다면 성경과 대치될 것 같은 잠재적 이해가 표출된 것이다. 그리고 세미나를 통해 UFO가 존재하지 않으며 성경이 말하는 바가 무엇인지 알았을 때는 자신이 갖고 있던 그 잠재적인 찌꺼기가 제거되는 느낌과 함께 성경과 복음에 대하여 더 구체적으로 정리되는 상쾌함을 느낀다.

결국 UFO도 성경에 대한 문제다. 그러므로 우리 자녀들이 UFO에 대해 정리되면 기원에 관한 입장이 성경으로 돌아오게 되고 그렇게 되면 나머지 다른 가치관에 대해서도 성경적 자세를 고수하게 된다. 따라서 UFO는 과학에 관한 문제가 아니라 성경을 따를 것인가 아니면 진화론을 따를 것인가 하는 기원과 세계관에 관한 문제다.

우리 자녀들은 UFO의 공격을 매일 받고 있다. 참으로 안타까운 현실이다. 그러나 오히려 이를 기회로 삼을 수 있어야 한다. UFO에 대하여 물어 오면, 증거가 없다는 것, 과학에서 나온 내용이 아니라는 것, 성경은 이를 없다고 말하며, 우리는 너무나도 귀하고 유일한 존재라는 것 등 그 귀중한 메시지를 전할 수 있어야 한다.

성경에서 수없이 등장하는 구절 중 하나가 "… 안에서"다.

"생명의 원천이 주께 있사오니"시 36:9

생명의 시작은 과학책이 아니라 주 안에서 찾아야 한다.

"그리스도 안에서 참말을 하고"롬 9:1

참말도 주 안에서 찾아야 한다. 성경 안에서 UFO가 해결되지 않을 때 사고가 무궁무진해지는 것이 아니라 다시 진화론의 사고에 갇히게 된다.

진화론에 대처하는 우리의 자세
: 그러면 어떻게 해야 할 것인가?

사탄은 지난 150년간 진화론을 들이대는 곳마다 승리하는 것 같았다. 그러나 창조과학의 출현은 사탄을 당황하게 만들었다. 그렇다면 창조과학자는 왜 등장한 것일까? 이유는 단 하나다. 바로 진화론 때문이다. 사탄이 진화론을 통해 성경을 왜곡하고, 교회를 흔들고, 다음 세대를 빼앗아가기 때문에 나온 것이다. 사탄이 하는 일을 보고 있으면서 그냥 모른 척하고 자기가 하던 일만 할까? 우리도 타협이론을 만들어서 진화론과 성경을 함께 믿을 수 있다고 말할까? 창세기가 시나 설화이기 때문에 사실보다 의미가 중요하다고 말할까?

우리 자신에게 이렇게 물어보자.

'정말 하나님이 계실까?', '하나님은 지금 벌어지고 있는 성경과 진화론의 싸움에 관심이 있으실까?'

당연히 관심 100퍼센트다! 이것이 하나님의 일이기 때문이다. 이 싸움은 전능자 하나님께서 이기기 원하시는 싸움이다. 전능자는 사탄과의 싸움에서 결코 지지 않으신다.

다윗이 형들에게 양식을 가져다주려고 블레셋과의 싸움터에 왔을 때 이스라엘의 모든 군사는 골리앗 앞에서 떨고 있었다. 이때 다윗이 그냥 모른

척하고 돌아섰어야 했을까? 여기서 다윗은 골리앗과의 싸움에서 이길 줄 알았을까? 다윗이 사울에게 이렇게 말한다.

"그_{골리앗}로 말미암아 사람이 낙담하지 말 것이라. 주의 종이 가서 저 블레셋 사람과 싸우리이다"_{삼상 17:32}

그리고는 골리앗 앞에 나가 당당히 외친다.

"너는 칼과 창과 단창으로 내게 나아 오거니와 나는 만군의 여호와의 이름 곧 네가 모욕하는 이스라엘 군대의 하나님의 이름으로 네게 나아가노라. 오늘 여호와께서 너를 내 손에 넘기시리니, 내가 너를 쳐서 네 목을 베고 블레셋 군대의 시체를 오늘 공중의 새와 땅의 들짐승에게 주어 온 땅으로 이스라엘에 하나님이 계신 줄 알게 하겠고, 또 여호와의 구원하심이 칼과 창에 있지 아니함을 이 무리에게 알게 하리라 전쟁은 여호와께 속한 것인즉 그가 너희를 우리 손에 넘기시리라"_{삼상 17:45-47}

성경에 기록된 사람들 중에 싸움에서 승리하는 자들은 이길 수 있다는 확신에 차 있다. 이 확신은 자신의 최면에 걸려서 이길 것으로 착각하는 그런 망상이 아니다. 하나님께서 싸움에 관심이 있으시다는 것과, 싸움이 그분 전능자의 손에 달렸다는 확실한 믿음을 의미하는 것이다.

"믿음이 없이는 하나님을 기쁘시게 하지 못하나니 하나님께 나아가는 자는 반드시 그가 계신 것과 또한 그가 자기를 찾는 자들에게 상 주시는 이심을 믿어야 할지니라"히 11:6

창조과학선교회에서 창조과학탐사를 시작한 이유는 하나님이 원하시는 것을 알기 때문이다.

사탄은 거짓말 밖에 할 줄 모른다. 이것이 사탄의 한계다. 사탄은 사람들 마음에 거짓말을 심어 주고 예수님을 십자가에서 죽이면 이기는 줄 알았다. 그런데 하나님께서는 사탄의 한계를 이용하셔서 완전한 승리를 거두셨다. 사탄은 죽음이 이토록 많은 사람을 살리게 될 줄은 꿈에도 알지 못했다. 사탄은 거짓인 진화론을 심어 주기만 하면 다 끝날 줄 알았다. 그런데 하나님께서는 자신의 사람들을 심어 놓으셔서 이 상황을 역으로 이용하셨다.

자녀들이 진화론이나 성경에 대하여 물어볼 때, 당황하지 말고 드디어 우리 아이에게 올 것이 왔다고 생각하라. 이처럼 좋은 기회는 없으니까. 자녀들이 진실을 알고 싶다는 것 아닌가? 우리에겐 답이 있다. 부모가 직접 설명하던지 설명하기 어려우면, 창조과학 프로그램에 보내도 좋다. 창조과학 책을 구입해서 주는 것도 방법이다.

나는 일본이나 대만, 중국인들의 창조탐사 프로그램을 인도할 때마다 그들이 답답해 하는 모습을 늘 접하게 된다. 그들에게는 손쉽게 접할 수 있는 창조과학 자료가 없기 때문이다. 그러나 우리에게는 한글로 된 창조과학 책이 얼마나 많은가? 물론 타협이론을 말하는 책도 창조과학이라고 하는 것들이 있으니 조심해야 한다

필자가 창조과학자라고 스스로를 자화자찬하는 것이 아니다. 교회의 다른 프로그램이 필요하지 않다는 것도 아니다. 우리가 아무리 부정해도 우리는 진화론의 시대에 살고 있으며 어느 누구도 이 진화론을 피해갈 수는 없다. 정면으로 돌파해야 한다. 우리가 처한 상황을 이용해 기회로 삼는 지혜가 필요한 것이다.

창조과학탐사 때 참석자들과 자녀들이 변하는 모습을 많은 사람에게 보여 주고 싶다. 그들이 질문하는 모습이나 답변을 듣고 좋아하는 모습을 말이다. 무엇보다 이들이 마지막 날 간증하는 모습도 보아야 한다.

왜 창조과학탐사에 한 번 참석했던 교회들은 매년 반복해서 보내는 것일까? 어떤 교회는 성지순례 가던 행사를 모두 창조과학탐사로 바꾸었다. 기독교 고등학교 중에는 매년 창조과학탐사에 참여하는 학교도 있다. 아예 창조과학탐사에 참여하지 않으면 졸업이 안 된다고 입학설명회 때 부모님께 다짐을 받는 학교도 있다. 왜 그럴까? 참석해 보면 안다. 우리는 창조과학탐사에 대하여 유료 광고 한 번 내본 적이 없다. 처음부터 지금까지 참석했던 사람들이 스스로 다음 일정을 만들어 온 것이다. 그것이 지금 300회를 향해서 가고 있다.

창조과학선교회는 다음 세대 창조과학 사역자를 키우기 위해 몇 년 전부터 창조사역 집중훈련ITCM, Intensive Training for Creation Ministry을 진행하고 있다. 매년 겨울 방학 두 달을 할애해 함께 먹고 자고, 현장을 직접 다니는 프로그램이다. 위기를 기회로 만드는 다음 세대 사역자를 키우기 위해 필요한 것이다. 실제로 이를 통해 견고하고 헌신된 젊은이들이 여럿 나왔고 앞으로도 계속 나오기를 기대하는 마음으로 진행하고 있다.

우리는 위기를 기회로 만들어야 한다. 이는 선택이 아니다. 크리스천의 의무다. 나는 이 진화론 시대에 사는 것이 기쁘다. 진화론으로 가득 찬 상황이 기쁘다는 것이 아니라, 이를 이용해서 기회로 만들 수 있기 때문에 기쁘다. 성경을 사실로 믿도록 하는 사탄이 정말 싫어하는 이 사역을 하는 것이 기쁘다. 전능자는 우리 편이기 때문이다.

LA에서 목회하는 목사님들이 창조과학탐사에 참석했을 때, 그들 중 한 분이 말씀하셨다.

"창조과학선교회는 어떻게 이토록 하나님 편만 드나. 이게 너무 좋다!"

이 말씀이 얼마나 격려가 되었는지 모른다.

처음 선교사들이 조선에 왔을 때는 얼마나 힘들었을까? 그때 복음을 들었던 우리 선조들은 또 얼마나 힘들었을까? 오랫동안 이어져 내려온 익숙한 사고 방식을 바꾸기는 힘이 든다. 하지만 조선의 선교사들과 우리의 선조들이 복음을 받아들였을 때 기꺼이 기뻐하며 전파했을 때 위기가 기회로 바뀌었다. 자, 보라! 그 열매로 우리나라에 얼마나 많은 교회가 세워져 있는지를!

지금은 진화론적 사고 방식이 보편화 되어있는 시대다. 아무리 부정하려 해도 사실이다. 우리는 이 진화론을 기회로 삼아야 한다. 이 책을 읽는 여러분들도 이 진화론 시대에 사는 것을 기뻐하기 바란다. 이것이 하나님의 뜻이기 때문이다.

항상 기뻐하라 쉬지 말고 기도하라 범사에 감사하라

이것이 그리스도 예수 안에서 너희를 향하신

하나님의 뜻이니라

살전 5:16-18